너도 많이
힘들구나

그동안 얼마나 힘들었을까 가만히 너의 손을 잡는다

너도 많이 힘들구나

| 백정미 지음 |

책벌

프롤로그_ 사랑하는 이여, 삶이 힘들거든 순수를 만나라 • 8

CHAPTER 1
너도 나처럼 힘들구나
괜찮아, 순수가 있으니까

사선에 선 인간을 구할 최고의 가치는 순수이다 • 14
인생의 프로폴리스, 순수함을 체득하는 길 • 20   불순한 시대의 슬픔 • 25
거짓은 순수를 병들게 한다 • 31   세상을 정화하는 힘을 지닌 순수 • 36
맑고 향기로운 사람들의 공통점 • 41   다른 이의 아픔에 공명하라 • 45
물욕에 사로잡혀 순수함을 잃을 것인가 • 49   분별력 있는 사람은 본연의 자신을 지킨다 • 54
우리의 순수는 지금 어디로 가고 있는가 • 60

CHAPTER 2

순수와 함께라면
어떤 고난도 두렵지 않아

순수를 만나는 것은 첫사랑처럼 설레는 일이다 • 82   포근하게 사람들을 감싸 안아라 • 86
결코 절망하지 않기를. 희수, 너는 순수하니까 • 90   고고하게 타오르는 생명이란 불꽃 • 101
초롱아, 미안해 • 105   참된 우정을 지키는 힘 • 120   친구가 그 문을 나설 때까지 • 123

CHAPTER 3 역경을 이기는 순수의 힘

인생의 위기가 찾아오면 순수가 지켜줄 것이다 • 164   소희 아씨와 참빗 이야기 • 168
안개를 헤치고 앞으로 나아가라 • 180   괴로울수록 순수를 붙들어라 • 193
번쩍이는 황금이 되기보다 순수한 풀꽃이 되어라 • 196   순수한 그대가 가장 아름답다 • 200
인간의 상처를 치유하는 순수 • 205   삶을 아름답게 할 순수로의 회귀 • 208

CHAPTER 4 힘들어도 살아가라, 순수와 함께

왜 포기하려고 하는가, 그대는 이미 완벽한 존재이다 • 214
모든 게 다 부질없다, 쓸데없는 욕심을 버려라 • 219
인간은 다른 존재를 도울 때 행복을 누린다 • 224   운명은 순수하게 노력하는 자의 편이다 • 228
희망의 노래를 불러라, 자신을 위해 • 232   부정적인 생각을 떨쳐내라 • 237
눈물이 흐를 만큼 힘들거든 현명하게 울어라 • 242   외로워도 살아가라 • 245
억울해도 살아가라 • 251   기도하고 소망하라, 꿈이 이루어질 것이다 • 255
가끔 하늘을 보고, 또 가끔 풀잎을 보라 • 259   가장 행복한 순간은 지금이다 • 263
조금만 더 대범해져라 • 266   괜찮아, 우리 모두 힘드니까 • 271
사랑하는 나를 위해 갖추어야 할 예의 • 276

프롤로그

사랑하는 이여,
삶이 힘들거든 순수를 만나라

'순수', 나는 어린 시절부터 이 낱말을 연인처럼 사랑하고 동경해왔다. 이 낱말은 세상의 온갖 것들과 시름하느라 더께 앉은 내 영혼을 맑게 씻어주었으며, 삶을 더 깊이 이해할 수 있도록 보이지 않는 도움을 주었다. 순수와 더불어 좋아하는 낱말이 또 하나 있다. 그것은 '별'이다. 어떤 이유에서인지 몰라도 나는 별을 바라보는 일이 그렇게 즐거울 수가 없다. 그리고 무엇보다도 별에서 쏟아지는 순수한 빛들이 가슴을 요동치게 만든다. 그래서 내 인생이 추구하는 것을 결정하는 데에는 이 두 가지 낱말이 결정적인 역할을 한다.

우리는 모두 순수한 영혼을 지닌 사람들이다. 빈손으로 왔다가 빈손으로 떠나는 허무하기만 한 것 같은 인생이지만, 잘 관찰해보면 우리는 빈손이 아니라 순수와 사랑이라는 놀라운 선물을 가지고 이 세상에 온 고귀한 생명들이다. 인간의 눈은 그러한 순수한 기운을 담고 있는 곳이다. 지금 그대 앞에 선 누군가의 눈을 바라본다면 맑은 영혼의 고요한 일렁임이 보일 것이다. 그 일렁임이 때로는 거짓과 악행과 분노와 배신과 증오 등 부정적인 격정에 휩싸일지라도, 본래 순수한 우리는 결국 순수로 돌아갈 수밖에 없는 운명을 지닌 존재들이다. 아무리 부정하고자 해도 인간은 순수한 기운에 이끌려가게 된다.

날이 갈수록 세상은 흉포화하고 순수함을 상실한 사람들로 넘쳐나고 있다. 정의가 일부 불순한 세력에 의해 짓밟히고, 진실한 가치들이 점차 희석되고, 인간이 기본적으로 누려야 할 권리조차 무참하게 박탈되는 일들이 비일비재하게 일어나고 있다. 일각에서는 이런 행태를 보며 이제 이 사회의 순수와 정의는 회생할 수 없을 만큼 훼손되었다고 자조하기도 한다. 그렇지만 그보다 더 많은 사람들이 아직은 우리 사회가 순수함을 추구하고 정의를 갈망하는 아름다운 사회라고 믿고 있다. 이러한 믿음이야말로 억압받고 고통받는 인류를 회생시킬 미래의 희망이 아니겠는가!

순수를 잃어버린 사람들은 자신이 왜 그렇게 힘들게 삶을 살아내야 하는지에 대해 의문을 품는다. 그 의문의 답을 구하기 위해 어떤 이는 술을 먹기도 하고 어떤 이는 쾌락을 향유하기도 하지만, 순수를 구하기 전에는 결코 행복이라는 하늘의 축복을 누릴 수 없을 것이다. 나는 보이지 않는 것들을 보고자 하고 들리지 않는 것들을 듣고자 한다. 그것이 진정한 작가 정신이며 내가 원하는 이상적인 사상가의 모습이기 때문이다. 보이지 않는 것들을 보기 위해서는 일체의 가식과 거짓을 배제해야 한다. 눈앞에 드리워진 어둠의 장막을 과감히 걷어치워야 하는 것이다. 들리지 않는 것들을 듣기 위해서도 마찬가지이다. 그러지 않고서는 우주의 속살처럼 은밀하고도 고결한 진리들을 깨달을 수 없다.

순수를 잃어버린 사람은 삶이 버거울 수밖에 없다. 그것은 그가 원래 나쁜 사람이라거나, 지식이 부족하다거나, 인격적으로 파탄에 이르러서가 아니라 순수를 가슴속에 품고 그 뜻을 따르지 않기에 빚어진 서글픈 결과이다. 그러므로 자신의 삶이 죽을 만큼 괴롭고 고통스럽다면 순수가 지금 자신의 내면에 머물고 있는지를 살펴보아야 할 것이다. 그대의 순수는 지금 잘 지내고 있는가?

순수는 언제나 내 가슴속에 뜨거운 화인처럼 박혀 험난한 인생길을 함께해주었고, 한 번도 나를 내버려두고 혼자 떠나가지 않았다. 이토록 사랑스럽고도 어여쁜 순수라는 주제에 대해 한 권의 책을 쓴다는 사실만으로도 나는 기쁘고 흥분되어 어쩔 줄을 모를 정도이다. 내가 세상에서 가장 사랑하는 말이 순수이다. 아마 어머니의 배 속에 잉태된 그 순간부터 이 낱말을 품고 태어난 것이 아닌가 싶다. 왜냐하면 순수라는 낱말을 생각하거나 읽거나 들으면 마치 상사병에 걸린 듯 아득히 떨리고 행복한 감정이 밀물처럼 밀려들기 때문이다. 그만큼 순수를 진실하게 사랑한다. 신은 왜 나에게 순수를 이토록 열렬히 사랑하게 만든 것일까? 지금 이렇게 순수에 대한 글을 쓰기 위해 그런 것이 아닐까 싶다.

나는 거짓 없고 청아하며 향기로운 순수를 고스란히 간직한 삶을 살고 싶어 한다. 이것은 지극히 개인적인 바람이기도 하지만 우리 모두가 바라는 공통의 소망이기도 하다. 인간은 순수 그 자체이기 때문이다. 인간으로 이 세상에 태어난 이상 숨이 멎기 전까지 우리는 도저히 어쩔 수 없는 어려움들에 직면하고, 그것들을 해결하기 위해 부단한 노력을 기울이다가 하염없이 슬퍼하거나 턱없이 절망한다. 그래서 죽을 만큼 힘들 때가 너무나 많다. 오늘, 그대는 또 얼마나 많은 상처를 받았는가? 이 지구상에 존재하는 모든 사람들은 저마다의 고통을 짊어지고 힘겹게 살아가고 있다.

모든 것을 포기하고 싶고 눈앞에 보이는 것이라고는 컴컴한 절망의 벽뿐인 것처럼 죽을 만큼 힘들 때, 이제 그대는 혼자 힘들고 괴로워하지 않아도 된다. 순수라는 좋은 친구가 그대를 따뜻하게 보살펴주고 위로해 줄 것이기 때문이다. 순수라는 착한 친구가 그대의 상처 난 마음을 깊은 시선으로 들여다보고 거기에 알맞은 치료를 해줄 것이다. 영혼이 병든 사람은 어떤 행복도 얻을 수 없다. 순수하지 못한 삶이야말로 가장 비참한 삶이라고 볼 수 있기 때문이다. 우리는 순수에 스스럼없이 기대야 한다. 순수를 그리워하고 순수를 사랑하며 순수한 삶을 살고자 할 때, 그 인생이 행복과 평화와 진정한 영적 자유를 획득하게 될 것이다. 이 세상의 그 무엇도 순수만큼 착하고 맑을 수는 없다. 순수는 우리의 가슴속에서 우러나온 우주의 원초적인 본성이기 때문이다.

가장 깨끗한 시선으로 세상을 바라볼 수 있는 사람은 순수와 동행하는 사람이다. 더도 말고 덜도 말고 산들바람 부는 언덕 위에 청초하게 피어난 연보랏빛 풀꽃처럼 순수하라. 이상과 꿈의 가치를 더욱 빛나게 하고, 삶의 모순과 부조리들을 일순간에 사라지게 하며, 바람 한 줄기, 이슬 한 방울에도 일체의 가식 없이 감동에 젖게 하는 순수야말로 이 세상을 가장 빛낼 아름다운 가치이다. 순수하게 모든 것들을 가늠하고 용서하고 사랑하고 이해할 수 있다면 우리에게 더 이상 슬픔과 괴로움, 고통은 없을 것이다.

CHAPTER 1

너도 나처럼 힘들구나
괜찮아, 순수가 있으니까

너도 나처럼 힘들구나. 괜찮아, 순수가 있으니까

사선에 선 인간을 구할
최고의 가치는 순수이다

전방에서는 몇 년 동안 수시로 교활한 심리전을 펼치며 아군을 괴롭히던 적들이 총구를 겨누고 있다. 단 한 치의 오차도 없이 아군의 심장과 관자놀이를 관통시켜 숨을 끊어놓고야 말겠다는 결연한 각오가 멀리서도 선명하게 보일 정도이다. 아군의 총구 역시 적들을 향해 흔들림 없이 조준되어 있다. 더 이상은 참을 수 없다. 오늘로 기나긴 인내심은 끝이 났다는 듯 아군의 병사들은 꼿꼿하게 자세를 유지하고 있다.

이제 곧 피비린내 나는 전쟁이 시작될 것이다. 끔찍한 죽음이거나 운 좋게 죽음을 면하거나 혹은 실성하거나 넋을 잃고 말 상황이 전개될 것이다. 아무도 비극적 결말이 분명한 이 상황을 멈추게 할 수는 없는 것일까? 인간은 왜 위기를 자초할까? 서로가 서로에게 총구를 겨누는 이 비극적 상황에 많은 이들이 슬퍼하고 있다. 용기 있는 그 누가 전면에 나서기 전까지는 아무래도 이 상황의 전개는 부정적일 수밖에 없노라고 모두들 생각한다. 거대한 자본력과 영향력을 지닌 강대국들은 이미 이 분단국가의 대립 상황에서 멀찌감치 거리를 두고 관망하고 있다. 그들은 이

익이 없는 곳에 끼어들 의사가 전혀 없으며, 약소국들의 전쟁을 구멍가게에서 껌 하나 사서 씹는 것보다 사소한 일로 여긴다.

적군이든 아군이든 누구도 소름 끼치는 죽음의 공포에서 감히 벗어날 수 없다. 돌이킬 수 없는 참혹한 대립의 결말이 보이려 한다. 역사는 전쟁의 잔혹함에 대하여 늘 경고해왔지만, 어리석은 인간들에 의한 전쟁은 항상 어디선가 재현된다. 여기에서 전쟁이 일어난다면 제3차 세계대전으로 확전될 가능성이 농후하다고 다수의 전쟁 전문가들이 입을 모아 말했다. 결국 그것은 인류의 종말을 향해 달려갈 수도 있다는 말이다. 피를 말리는 긴장이 양측 병사들의 목을 한껏 조르고 있다. 고의적이든 실수든 어느 한쪽에서 방아쇠를 당기는 순간, 죽음을 향한 행진곡이 사방에서 구슬프게 울려 퍼질 것이다.

온 나라 사람들은 갓난아기든 노인이든 피난민 대열에 합류하기 위해 정든 터전을 떠나야만 할 것이다. 새파랗게 젊은 군인들이 꽃다운 목숨을 버리지 않으면 결코 멈추지 않을 전쟁의 서막이 열리기 시작하려는 찰나, 어디선가 낭랑한 목소리가 들려왔다. 인간의 목소리라고는 할 수 없는 가녀리면서도 힘이 넘치는, 묘하게 사람들의 심금을 울리는 소리이다.

"여러분, 멈추세요!"

그 소리는 마치 천만 송이 꽃잎들이 하늘에서 마구 쏟아지는 소리와 같았다. 형형한 아름다움을 간직한 연분홍빛 꽃잎들이 낙화한다. 지금껏 그 어디에서도 맡아본 적 없는 아찔한 향기와 함께. 막 사격 명령을 내리려던 소대장이 그 소리에 송충이 같은 눈썹을 잔뜩 찌푸렸다. 그와 동시에 그의 사각형 얼굴에 자리 잡은 네 개의 각들이 더 날카롭게 배열되었다. 그는 직감적으로 이 소리의 정체가 심상치 않은 존재임을 느낀 것일까?

"이건 무슨 소리야? 저 괴상한 소리의 출처를 확인해봐. 어느 지점에서 나는 소리인지 정확히 조사해."

"네, 알겠습니다, 소대장님! 철저히 조사하겠습니다."

유난히 키가 작고 얼굴이 하얀 통신병이 잔뜩 얼어붙은 목소리로 대답했다. 그의 얼굴은 점점 더 하얗게 질려갔다.

소대장은 그 대답이 영 마음에 안 들었다.

"확실하게 조사하라고, 정신 바짝 차리고!"

그러나 아무리 최첨단 장비를 동원해 소리의 출처를 조사해보아도 도무지 어디에서 나는 소리인지 감조차 잡을 수 없었다.

"이상합니다, 소대장님! 도저히 위치를 추적할 수가 없습니다."

통신병의 목소리가 잔뜩 겁에 질려 있었다. 하얀 얼굴은 더욱 새하얗게 변해 마치 흰 밀가루 반죽처럼 보였다. 그가 이렇게 겁먹은 이유는 소대장의 불같은 성격을 잘 알고 있기 때문이다. 소대장은 늘 병사들에게 험상궂은 표정을 짓는다. 그의 얼굴에 웃음이나 미소가 머물렀던 것을 목격한 사람은 거의 없다. 그는 감성이 메말라버린 사람처럼 별것 아닌 일에도 파르르 화를 잘 내는 사람이다. 그래서 병사들은 그를 보기만 해도 심장이 두근거릴 정도였다. 그러나 소대장이 까칠한 성격을 드러내기도 전에 그 묘령의 소리가 다시 메아리처럼 사방에 울려 퍼졌다. 다시 천만 송이 꽃잎들이 하늘에서 마구 쏟아져 내렸다. 그것은 향기로운 꽃비와 같았다. 듣는 이의 마음을 향기롭게 만들어버리는 묘한 소리였다. 적군들도, 아군들도, 전 세계에서 파견된 종군 기자들도, 생방송으로 지켜보는 수억 명의 지구촌 사람들도 저마다 마른침을 삼켜가면서 이 상황을 예의 주시하였다.

"지금 이렇게 서로 대립하고 있을 시간이 없습니다. 여러분, 어서 총을 내려놓으시고 서로 화해하세요. 저는 순수랍니다. 저의 이름을 다들 알고 계실 거예요. 아마 처음 들어보신 분들은 없으실 겁니다. 제가 돌아왔습니다. 저는 평화롭고 안정된 모습으로 이 세계가 유지되기를 바라는 존재입니다. 서로를 해치고 괴롭히고 모략하는 일들은 저의 존재 자체를 무참히 짓밟는 행위랍니다."

"순수? 그런 것도 있었던가? 어찌 됐든 당신이란 존재에 대해 처음 들어본 사람이 바로 여기 있소. 그리고 우리는 지금 매우 중대한 일을 하려던 중이오. 우리의 체제를 위협하는 저 악랄한 적군들에게 총알을 퍼부어야 한단 말이오. 귀신이거든 썩 사라지고 사람이거든 얼른 이리 나와 함께 싸움시다."

숯덩이보다 더 시커먼 눈썹을 찡그리면서 소대장이 말했다.

"여러분, 저는 여러분의 마음속 존재랍니다. 제 목소리가 들리는 곳이 어디인가요? 제 마음은 여러분이 태초에 지니고 온 마음이랍니다. 우리는 그 누구도 이렇게 서로에게 총구를 겨누며 살육하려는 의도를 지니고 있지 않았습니다. 우리는 순수 그 자체였으니까요. 순수한 사람은 타인에게 강요하지 않습니다. 그것이 무엇이든 사랑과 관대함으로 이해합니다."

순수의 말이 맞았다. 그 목소리의 근원지는 오늘따라 더욱 울상인 잿빛 하늘도 아니었고, 수풀이 무성한 건너편 산등성이도 아니었다. 바로 자신의 내부에서 들려오는 소리였다. 천천히 병사들이 술렁거리기 시작했다. 알 수 없는 기운이 그들의 가슴속에 있던 증오와 분노와 적개심을 서서히 사라지게 만들었기 때문이다.

천천히 시작된 술렁임은 아주 커다란 물결이 되어 모든 병사들의 가슴

속에서 대립의 입자들을 희석해버렸다. 차츰 소대장도, 통신병도, 일반 병사들도 모두 총을 내려놓았다. 전쟁을 지휘하려던 사단장도 지휘봉을 내려놓았고, 적군들도 무기를 내던지고 가벼운 발걸음으로 퇴각했다. 기자들도 홀가분해진 마음으로 짐을 꾸려 각자의 나라로 돌아갔다. 시청자들도 뭉클해진 마음으로 곁에 있는 사람을 다정하게 껴안았다. 마치 아침 안개가 산허리를 살며시 감싸오듯이 순수한 사랑의 기운이 시나브로 온 누리에 퍼져나갔다. 지금까지 누군가를 미워하던 사람들도 자신의 미움을 내려놓았다. 그것은 순수한 마음이 빚어낸 기적이었다. 순수하게 다른 사람을 이해하자 미워할 이유가 사라진 것이다. 지금까지 자신의 처지를 비관하던 사람들도 다시 희망의 불씨를 살려내기 시작했다. 그것 역시 순수가 선물해준 기적이었다. 순수하게 자신의 삶에 감사하기 시작하자 지금의 상태에 대해서도 만족하고 고마워할 줄 알게 된 것이다. 그 어떤 원망도 미움도 비관도 없는 평온함이 전 세계인들을 따스하게 감싸 안아주었다. 드디어 아무도 서로를 미워하지 않고 모두가 평화를 원하는 세상이 도래한 것이다.

　이제 전쟁은 일어나지 않을 것이다. 꽃다운 목숨을 버리지 않아도 평화는 유지될 것이고, 서로에게 총구를 겨누지 않아도 생명을 지켜낼 수 있게 된 것이다. 이것을 가능하게 한 것은 무엇인가? 바로 순수이다. 순수는 사선에 선 인간을 구할 최고의 가치이다. 그러나 이렇게 고마운 순수의 존재 자체도 인식하지 못하는 것이 우리 인간이다. 너무 많은 사건과 사고가 일어나기도 하거니와 하루하루 산다는 것 자체가 전쟁을 치르는 것처럼 고단하기 때문이기도 하다.

　순수를 지니지 못한 사람의 하루와 순수를 지닌 사람의 하루는 똑같은 시간이 아니다. 그것은 더럽고 눅눅한 옷을 걸치고 사는 사람과 깨끗하고 뽀송뽀송한 옷을 입고 사는 사람과 다를 바 없다. 순수하지 못한 사람은 세상의 온갖 부귀영화를 누리고 살아도 더러운 옷을 입고 생활하는 것과 같고, 순수한 사람은 세상에서 가장 가난하고 열악한 환경에 처해 있어도 스스로 빛을 내는 성자와 같은 거룩한 삶을 살게 될 것이다. 순수는 인간을 악에서 구할 것이며, 순수는 인간을 타락에서 구할 것이며, 순수는 인간을 불의에서 구할 것이며, 순수는 인간을 고독으로부터 구할 것이며, 순수는 인간을 그릇된 욕망에서 구할 것이며, 순수는 인간을 분노와 좌절로부터 구할 것이다. 순수한 사람은 죽음보다 가혹한 절망도 이겨낼 것이고, 순수한 사람은 태풍보다 강력한 시련도 이길 것이다. 왜냐하면 순수는 모든 가치들을 있게 한 궁극의 가치이며, 모든 가치들이 추구해야 할 최고의 가치이기 때문이다. 도덕도 인성도 모두 순수로부터 비롯되어야 진정한 윤리가 될 수 있다. 이런 순수를 지니지 못한다면 삶이 얼마나 가혹할 것인지 짐작이 가지 않는가.

  죽음 앞에 선 인간을 구해낼 수 있는 최고의 가치를 기억하자. '순수', 이 맑고 깨끗하고 청아하고 눈부신 이름을 고이 간직하면서 살아가라. 그대가 순수하다면 그 어떤 거짓과 불의도 삶을 뒤흔들 수 없다. 순수가 그대를 위해 기꺼이 대신 아파해줄 것이기 때문이다.

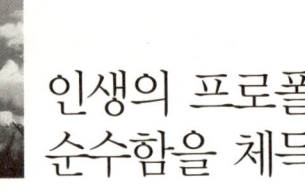

너도 나처럼 힘들구나. 괜찮아, 순수가 있으니까

인생의 프로폴리스, 순수함을 체득하는 길

    강 씨가 벌꿀을 채취하기 위해 그물처럼 생긴 보호망을 걸치고 벌집을 잘라냈다. 잘라낸 벌집 내부에서 수많은 벌들이 소란스럽게 날아올라 강 씨 주위를 어지럽게 맴돌았다. 컴프레서를 이용해 훅훅 바람을 만들어 정성껏 쏘아주었다. 남아 있던 벌들이 더 버티지 못하고 벌집에서 우르르 쫓겨났다.

    강 씨는 이 한 통의 벌꿀을 얻기 위해 잠을 설쳐가면서 고약한 말벌들을 퇴치하고 수시로 보물단지처럼 돌봐왔다. 꿀이 가득한 벌집을 들어 올리면서 강 씨가 가을 햇살처럼 환하게 웃음 지었다. 그래도 제일 아랫부분은 남겨둘 줄 안다. 왜냐하면 긴 겨울 동안 배고픈 벌들이 먹을 식량이기 때문이다.

    벌들이 어느 정도 사라지고 벌통을 정리하고 있는데 인기척이 났다. 설희가 엄마의 손을 잡고 아빠에게 온 것이다. 아내는 설희의 성화에 못 이겨 끌려 나온 것이 분명한 듯한 어중간한 표정을 짓고 있다. 그 어중간한 표정이 무척이나 사랑스럽다. 아내의 매력은 과하지 않은 감정 표현이 아닐까 하고 강 씨는 혼자 생각했다. 그녀와 결혼한 지도 어느새 이십여 년이 넘었다. 자신을 믿고 지금껏 함께해준 게 고맙고 무척이나 사랑스러운 사람이다. 혹시라도 벌에 쏘일까 봐 아이의 온몸에 아내가 둘러준 하늘색 모기장이 어느새 근사한 옷 한 벌이 되어 있었다. 그 모습이 꽤 앙증맞고 귀엽다. 강 씨의 입술에 제비꽃 같은 미소가 피어났다.

"아빠, 왜 맨 아랫부분은 남겨두셨어요?"

노루 같은 맑은 눈망울을 반짝이면서 설희가 남겨둔 벌집을 가리키며 물었다.

설희는 이제 갓 초등학생이 된 강 씨의 늦둥이 막내딸이다. 서울에서 제법 큰 규모의 잘나가는 사업을 하던 그가 사업을 정리하고 이 깊은 산중에 들어온 것도 모두 설희를 위한 것이었다. 사방을 둘러보아도 온통 푸른 숲뿐인 첩첩산중에 살게 된 것이 바로 이 귀여운 녀석 때문인 것이다. 언제 보아도 사랑스러운 딸이다. 도시의 아파트에서 살 때 설희는 지독한 아토피로 잠을 이루지 못할 정도로 아팠다. 그런 딸을 보며 강 씨와 아내는 숱한 밤을 눈물로 지새웠다. 자식이 아프다는 것은 살점이 떨어져나가는 고통을 수반하는 일이었다. 온갖 약을 다 쓰고 병원이란 병원은 다 찾아다녔지만 호전되지 않아 온 가족이 힘들어했다. 지인의 권유로 이곳에 들어온 것은 마지막 선택이라고도 할 수 있었다. 다행히 공기 좋고 물 맑은 이곳에 와서 살게 된 후로 아토피가 몰라보게 나아졌다. 강 씨는 항상 그 점을 감사하게 생각하고 있었다.

"우리 예쁜 딸, 그게 궁금했니? 이 아랫부분은 추운 겨울에 벌들이 먹을 식량이란다. 우리가 모두 가져가면 벌들은 먹이를 구하기 어려운 겨울철에 굶을 수밖에 없잖니. 그래서 이렇게 남겨두는 거야."

"아, 그렇구나! 아빠는 정말 마음씨가 좋으신 분이에요. 흥흥!"

설희가 귀여운 입술을 오므리면서 웃었다. 그 모습에 강 씨의 입에 또다시 환한 미소가 피어났다.

"벌꿀은 채취하는 방법에 따라 이름이 다양하단다. 깊은 산속 가파른 절벽이나 바위에서 채취하는 것을 석청, 고목이나 죽은 나무에서 채취하는 벌꿀을 목청이라 하고, 1년에 단 한 번 가을에 채취하는 것을 토종꿀인 한봉, 계절과 상관없이 수시로 채취하는 꿀을 양봉이라고 한단다."

강 씨가 설희에게 친절하게 벌꿀에 대해 설명해주었다. 그러자 설희는 귀를 쫑긋 세우며 들었다. 얼굴에 호기심이 가득한 설희의 모습은 진지한 연구자 같기도 했다.

"하하하! 우리 딸 이럴 때 보면 정말 어른 같아 보인단 말이야. 애고, 귀여운 것! 자, 이 꿀맛 좀 보렴. 여보, 당신도 먹어봐요."

강 씨처럼 벌꿀을 채취하는 일로 생계를 유지하는 사람들에게는 이 일이 한 해의 농작물을 추수하는 것과 같은 일이다. 이 벌꿀을 팔아 자식을 가르치고, 생활비를 충당하고, 다음 해 벌꿀 농사를 위해 재투자하기 때문이다.

벌꿀 속에 있는 프로폴리스란 성분을 아는가? 그것은 인생에서 순수와 같은 것이다. 가장 소중한 것, 가치 있고 고귀한 존재이지만 극히 소량만 존재하기에 쉽게 얻을 수 없다는 것이 서로 닮았다. 프로폴리스는 벌꿀에서 채취하는 천연 항생제라고 할 수 있다. 일벌들이 여왕벌이 산란하기 전에 소방 안에 얇은 막을 씌우는데, 이것이 프로폴리스이다. 프로폴리스는 양봉이 번창하던 고대 그리스에서 만들어진 말이다. 말 그대로 자기 벌집을 방어한다는 뜻이니, 일벌들이 여왕벌의 산란에 위험 요소가 되는 것을 방지하기 위해 만들어낸 얇은 막과 일맥상통하는 말이다. 프로폴리스의 효능이 매우 뛰어나, 고대 로마 병사들은 이것을 상비약으로 휴대하고 전쟁에 임했다고 전해진다.

우리 인생에도 프로폴리스가 있으니 그것이 순수라는 것을 기억하자. 순수는 우주가 불순한 세상의 공격으로부터 인간을 방어하기 위해 만들어낸 천연 항생제이다. 순수가 없는 사람은 프로폴리스가 없는 가여운 여왕벌 신세나 마찬가지이다. 아무런 방어막도 없이 모든 악과 불의와 부정직한 것들과 맨몸으로 맞서야 하는 것이다. 그러므로 순수함을 체득하는 길은 삶을 온전하게 지킬 보호막을 얻는 길이다.

벌꿀 한 통을 얻기 위해 양봉인들은 오늘도 잠시도 편히 쉬지 못하고 험한 산길을 오르내리며 벌통을 보살피고 있다. 그런 수고가 있기에 우리는 편안히 꿀을 구입해 속이 쓰릴 때 따뜻하고 달달한 꿀물을 타 먹고 떡을 꿀에 찍어 먹으면서 달콤하고 향기로운 맛을 느낄 수 있는 것이다. 이처럼 그대도 인생의 보호막인 순수를 채취하기 위해 노력을 기울여야 한다. 순수를 체득하는 방법은 무엇일까? 인생의 프로폴리스인 순수를 어떻게 해야 채취할 수 있단 말인가?

순수함을 체득하기 위해 먼저 인간은 자아 성찰을 해야 한다. 자신의 깊은 내면을 들여다보는 일이 얼마나 값어치 있는 일인지를 먼저 이해해야 할 것이다. 명문 대학교를 나와도 자아 성찰을 하지 않는 사람은 그 지식이 모두 헛될 것이고, 지능 지수가 천재급인 사람도 자아 성찰을 하지 않는다면 머지않아 어리석은 사람이 될 것이다. 그만큼 자아를 성찰하는 일은 어떤 지식보다 더 우선시되는 지혜이다.

자신을 세밀히 들여다보면 모든 추함, 부끄러운 일들, 감추고 싶은 비밀, 자랑스러운 일, 행복한 기억 등 갖가지가 보일 것이다. 그런 것들을 놓치지 말고 응시하라. 그리고 이어서 자기반성으로 접어들어 자신을 되돌아보고 잘못에 대해 반성하라. 이것이 순수를 체득할 수 있는 기본적인 방법이다. 벌꿀을 체에 넣고 걸러내지 않으면 불순물이 섞인 지저분한 꿀을 먹을 수밖에 없다. 자아 성찰과 자기반성은 인생의 순수하지 못한 것들을 차단할 수 있는 체의 역할을 할 것이다.

우리는 모두 인생의 프로폴리스인 순수를 지니고 있다. 다만 그것을 아직 내면에서 추출해내지 못했을 뿐이다. 희대의 엽기 살인마도 순수를 지니고 있고, 늙고 병든 노인도 순수를 지니고 있고, 갓 태어난 솜털 보송보송한 아기도 순수를 지니고 있으며, 온갖 사탕발림으로 여자들을 유혹해 희롱하는 바람둥이도 순수를 지니고 있다. 정말 믿기지 않지만 천하의 쓸모없는 인간이라고 지탄받는 사람조차 내면에는 순수함을 간직하고 있다. 그러나 벌꿀에서 프로폴리스를 얻는 것이 쉽지 않은 일이듯, 자아 속에서 순수함을 채취하여 간직하고 살아가는 일도 쉽지 않은 일이다.

그것을 가능하게 하는 기본적인 방법을 잊지 말고 실천하라. 자아 성찰과 자기반성의 두 가지를 삶에 대한 겸허한 묵상과 더불어 실행한다면 머지않아 그대도 순수함을 발견해낼 것이다. 원래 그대 안에 있었던 것, 그대를 가장 그대답게 빛나게 해줄 가치가 바로 순수이다.

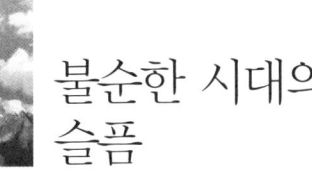

너도 나처럼 힘들구나. 괜찮아, 순수가 있으니까

불순한 시대의 슬픔

우리는 부모로부터 받은 사랑의 백만 분의 일도 갚지 못한다. 우리 모두는 불효자, 불효녀가 아닌가. 순수한 사람은 인간에 대한 예의가 있는 사람이다. 순수한 사람은 효도할 줄 아는 사람이다. 자신의 부모를 사랑하고 공경하는 것은 인간으로서 기본 도리이다. 재산 한 푼 물려주지 못한 부모라도 마땅히 공경하고 효도를 다해야 한다. 우리가 이 세상에 존재하는 것은 위대한 신의 섭리도 있지만, 부모의 헌신적인 사랑이 있기 때문에 가능한 일이다. 부모는 우리의 뿌리요, 시작이다. 순수한 사람은 자신의 부모를 위해 자신의 목숨도 버릴 줄 아는 사람이다. 그렇게 한다고 해도 우리는 부모에게서 받은 사랑의 절반도 다 갚지 못할 것이다.

다음 이야기는 현대 사회의 슬픈 단면이다. 그대는 오늘 효도하고 있는가? 행복한 인생, 성공한 인생을 원한다면 순수하게 효도하라. 때늦은 후회로 가슴 아프지 않도록.

빗방울이 떨어진다. 어떤 이에게는 아무런 감흥도 주지 않을 저 한 방울의 빗물이 떨어질 때마다 김옥분 할머니의 한숨은 영겁처럼 깊어진다.

양동이에 추락하는 빗방울 소리가 마치 누군가 심장에 사정없이 대못질을 하는 것처럼 아프게 들렸다. 태풍이 몰려오기 전인데도 벌써부터 지붕에서는 물이 샌다. 오래된 슬레이트 지붕이 제구실을 못한 지 오래였다.

"우리 집은 지붕에서 물이 제법 많이 새네. 자네 집은 괜찮아?"

김 할머니가 옆집에 사는 강 씨 할머니에게 찐 고구마 몇 개를 가져다 주면서 물었을 때, 강 씨 할머니의 표정이 애매했다. 그것은 미안함과 안타까운 표정이 조금씩 뒤섞인 것이었다. 김 할머니의 아들이 단 한 번도 찾아오지 않았다는 것을 잘 알기 때문에 괜한 자기 자랑이 될 것 같아서였다. 그래도 조심스럽게 입을 열었다.

"난 우리 큰아들이 자주 와 살펴주어서 그럴 일이 없지. 내가 우리 아들한테 말해볼까?"

"아니야, 바쁠 텐데 말하지 말게. 난 괜찮아. 내가 알아서 고쳐야지."

아흔이 다 된 노구의 몸으로 굽은 허리를 절반도 세우지 못하는 김 할머니가 그것을 수리하기에는 벅찬 일이므로, 다음 주에 예정된 자원봉사 팀의 지붕 씌우기를 애타게 기다릴 뿐이었다.

마을 입구의 최 씨 할아버지의 집은 엊그제 자원봉사 팀이 푸른색 방수 천으로 단단히 덮어주었다. 그 모습을 보고 내심 부러워하고 있었는데 다행히 이제 곧 김 할머니네도 순서가 되어 자원봉사자들이 고쳐줄 것이라고 했다. 조금만 있으면 될 텐데 그새를 못 참고 내리는 비가 야속하기만 했다. 빌어먹을 하늘 같으니라고. 거친 욕이 입속에서 기어 나올 법한 날씨였다. 그러나 천성이 착한 김 할머니는 하늘도 원망하지 않았다. 모두 자신의 운명이려니 하고 받아들이면서 살아온 세월이다. 할머니는 마른침을 삼키면서 여전히 시커먼 먹구름을 품고 있는 하늘을 가만히 올려다보았다. 흐릿해진 시력만큼이나 하늘도 무채색으로 무표정하게 다가왔다.

김 할머니에게도 멀쩡한 아들이 있다. 그렇지만 그 아들은 고등학교를 졸업한 후 상경하더니 김 할머니를 단 한 번도 들여다보지 않고 있다. 이제 곧 재개발이 진행되면 김 할머니는 몇 푼 안 되는 보상비를 받아 새로운 곳으로 이사를 가야만 한다. 그러나 아직 어디로 가야 할지, 어떻게 살아야 할지 아무런 대책이 없다. 옆집에 살면서 그동안 친구로 지내온 강 씨 할머니는 아들이 사는 도시로 곧 이사를 간다. 다들 떠나가는데, 김 할머니만 아직 갈 곳을 정하지 못하고 있다. 할머니는 혹시나 아들이 올까 싶어서 매일 동네 어귀에 나가 기다렸다. 아들만 온다면 어떻게든 될 것이다. 설마 산 사람이 어디 갈 데 없겠나 싶었다.

빗방울이 눈치 없이 양동이 속으로 왁자지껄 떨어져 내렸다. 김 할머니는 고개를 숙이고 미동도 하지 않았다. 비현실적으로 앙상하게 마른 몸에 백발의 할머니는 마치 수천 년 묵은 왕실의 미라 같았다. 혹은 몰락한 황녀가 유배지에서 홀로 고독을 벗 삼아 사색에 잠긴 듯 고적한 모습이었다. 누군가 다가가 장난삼아 한 손가락으로 살짝 건들면 그대로 고꾸라질 것만 같은 육신으로 구십 년 가까운 세월을 용케 살아온 것이다.

이곳은 서울 강남에 있는, 한 채에 수십억 원을 호가하는 최고급 아파트. 윤 사장과 그의 아내와 아들이 화목하게 앉아 점심 식사를 하고 있다. 집 안에는 따뜻한 온기가 가득했다. 바깥은 올겨울 들어 최저 기온을 기록하네, 폭설이네 요란하지만 그의 아파트는 참을 수 없을 만큼 덥다.

식탁 위에는 갖가지 고급 음식들로 자리가 부족할 지경이었다. 일하는 아주머니와 요리사가 부지런히 음식들을 식탁 위에 올리고 있기 때문이다. 그렇다고 오늘이 윤 사장의 생일이거나 그의 아내 혹은 아들의 생일도 아니다. 그저 평범한 하루에 불과하다. 이와 같은 풍경은 매일 연출되는 일상적인 일일 뿐이다. 궁중 꿩 완자 전골, 벨루가 캐비어, 제비집 수프, 참치 대뱃살 초밥, 신선로, 떡갈비 등 갖은 산해진미들이 식탁 위에 널려 있다. 물론 이 음식들 중 대부분은 쓰레기통으로 직행할 것들이다. 솔직히 이렇게 느끼한 음식들을 좋아하는 것은 아니다. 윤 사장의 허영심이 그렇게 차리도록 시킨 것이다. 아내도 마찬가지이다. 새빨간 김치찌개에 개운하게 밥을 먹고 싶지만, 그런 것을 먹으면 격이 낮아진다는 남편의 무언의 압력에 의해 어쩔 수 없이 보기만 해도 속이 더부룩한 식탁 앞에 앉아 있는 것이다.

"여보, 어머니께 가끔 연락이라도 하시는 건 어떠세요?"

후식으로 차를 마시면서 아내가 지나가듯 남편에게 물었다. 그래도 그의 아내는 시어머니의 존재를 완전히 잊고 있는 것은 아니었다. 사실 결혼하기 전에도 찾아가 뵙고 싶었지만 남편이 시큰둥하게 반응하는 바람에 지금까지 그냥 모른 척 살아온 것이다. 안락한 삶을 누리며 살다 보니 시어머니가 더 떠올랐다.

"난 엄마란 사람 없어. 우리 식구만 오순도순 잘살면 되지. 신경 쓰지 말라니까. 그 노인네 그냥 그렇게 살게 내버려둬!"

남편도 없이 홀로 자신을 낳아주고 키워준 어머니인데, 그래도 좀 너무한다 싶어 아내가 한마디를 했다.

"그래도 당신 어머니잖아요?"

"그럼 당신이 모실 수 있어?"

그 말에 말문이 턱 막혔다. 함께 살 생각을 하니 아득하기만 했다.

"그건 아니지만······."

"그럼 됐다니까. 우리 오늘 비도 많이 오고 그러니까 따뜻한 온천에나 다녀올까?"

윤 사장이 출렁거리는 뱃살을 의자에서 일으켜 세웠다. 절대로 비 샐 일 없는 최고급 아파트에 살고 있는 그의 몸뚱이가 귀찮은 벌레를 털어내듯 어머니를 기억 속에서 털어내었다. 가난한 엄마, 무식한 엄마, 그 빈곤하기 그지없는 굴레를 벗어나고자 얼마나 몸부림치며 이루어낸 부(富)인가. 그런 사람은 필요 없다고 스스로에게 말한다. 그렇지만 여전히 그의 몸속에는 어머니의 피가 흐르고, 어머니의 살이 숨 쉬고 있다.

슬레이트 지붕의 균열된 부분이 점점 더 벌어지려나 보다. 화석처럼 시간 속에 응고되어 있던 늙은 황녀가 갑자기 자리에서 벌떡 일어났다.

'이대로 있다가는 집이 무너질지도 몰라.'

김 할머니는 수백 년 묵은 헛헛한 미라 같은 몸을 최대한 꼿꼿하게 세워 지붕 위로 올라가기 위해 사다리를 꺼내었다. 아흔의 노인에게는 사다리를 옮기는 것도 힘에 부치는 일이었다. 빗줄기가 거세게 내리기 시작했다. 양동이가 가득 차기 직전이었다.

"새로 양동이를 갈아주어야지. 우선 지붕 위에 뭐라도 덮어야 해."

김 할머니가 비닐을 찢어 허리춤에 묶고 사다리 위로 올라갔다. 한 계단, 또 한 계단, 마치 천국으로 오르는 계단처럼 한없이 멀기만 한 사다리 끝 지붕. 마침내 한 계단을 남겨두었을 때 사다리가 중심을 잃고 휘청

거렸다. 그리고 땅바닥으로 순식간에 곤두박질쳤다. 김 할머니도 함께 젖은 땅으로 맥없이 추락했다. 한마디 비명조차 내지를 틈도 없이 해체된 김 할머니의 육신은 어느덧 빗방울들의 즐거운 놀이터가 되었다.

옆집 강 씨 할머니가 커다란 소음에 놀라 뛰쳐나왔다.

"아니, 이게 어떻게 된 일이야? 아이고, 비가 오면 우리 집에 와서 피해 있으면 될 것을. 옥분아! 어서 눈 좀 떠봐. 아들은 보고 가야지. 아들 얼굴도 못 보고 이렇게 가다니."

빳빳하게 굳어버린 김 할머니의 싸늘한 몸이 빗방울을 삼키며 울고 있었다.

'내 아들 잘 살겠지. 어미는 간다. 하루도 네 생각 안 한 날이 없구나. 온갖 행상을 하느라 집에서 따습게 널 챙겨주지도 못하고 제대로 먹이지도 못하고, 가르치지도 못해서 이 어미는 죄스러울 뿐이다. 네가 서울에서 크게 성공해 잘산다는 소식은 어렴풋이 들었단다. 다행이다, 내 아들. 네가 잘살면 난 그저 감사한다. 그래도 사무치게 보고 싶은 건 어쩔 수 없구나. 이제 하늘나라에 가면 영혼이 되어 네 곁에도 가볼 수 있겠지. 사랑한다, 내 아들. 어미가 없더라도 슬퍼하지 마라. 네가 내 아들로 태어나준 것만으로도 난 충분히 행복했단다.'

김 할머니의 입가에 어렴풋이 미소가 지어졌다. 잦아드는 빗방울들이 한평생 고단했을 거친 할머니의 입술을 촉촉하게 적셔주었다.

너도 나처럼 힘들구나. 괜찮아, 순수가 있으니까

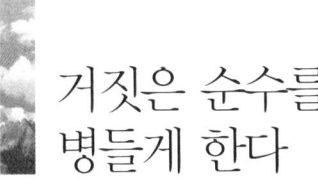
거짓은 순수를
병들게 한다

　아직 때 묻지 않은 것, 더러운 것들이 달라붙지 않은 깨끗한 것, 그런 것을 우리는 순수한 것이라고 생각한다. 어쩌면 그것은 맞는 말일 수도 있다. 그래서 인간은 은연중에 순수한 사람을 좋아한다. 얼굴에 지방 덩어리처럼 욕심이 덕지덕지 붙은 사람이나 온갖 부조리한 것들로 인격을 시뻘겋게 물들인 사람을 진심으로 가까이하고 싶어 하지 않는 것이다. 만일 어쩔 수 없이 그런 이들의 근처에서 살아가야 한다고 해도 형식적으로 친절하게 대할 뿐이다. 마음속으로는 여전히 거리를 두고 싶어 하는 것이 우리의 심리이다. 왜냐하면 인간은 순수한 사람에게 끌리게 되어 있기 때문이다.
　세상을 아름답게 밝히는 한 줄기 빛처럼 순수한 사람은 어디에서건 영롱하게 반짝인다. 요즘처럼 순수한 사람을 찾아보기 힘든 시절에는 더욱 그러하다.
　이러한 순수를 병들게 하는 것이 있다. 그것은 타인을 속이거나 스스로를 속이는 거짓이다. 거짓이라는 것은 순수를 가장 치명적으로 망가뜨리는 주적이다. 순수는 자아라는 투명하고 부드러운 껍질에 쌓여 있다.

이 자아는 상당히 민감하기 때문에 조그마한 충격에도 쉽게 찢어진다. 그런데 거짓이란 것은 날카로운 칼날처럼 순수를 보호하고 있는 껍질을 찢어버리고 순수마저 위협한다. 자아가 순수를 지키지 못하면 순수는 더 이상 버틸 힘을 잃게 된다. 거짓의 위력은 실로 막강하지 않은가. 그렇다면 거짓의 실체를 함께 지켜보자.

여기, 인간으로 환생한 거짓 씨가 있다. 그는 본래 거짓이었다. 그런 그가 왜 이 세상에 온 것일까? 무슨 의도로, 어떤 목적을 가지고 평화로운 인간 세상에 출현하게 되었는지 궁금하지 않은가?

"아, 오늘처럼 구체적이지 않고 모호한 날씨는 거슬려."

창문을 열고 어제와 마찬가지로 투덜거리던 거짓 씨는 거울을 꺼내 자신의 얼굴을 비추며 한참을 뚫어져라 들여다본다.

"이 정도면 괜찮군. 그렇게 튀지도 않고, 그렇다고 혐오스럽지도 않은 얼굴이야. 사람들을 속이기에 딱 좋은 얼굴을 갖추게 되었어. 흐흐!"

음흉한 미소를 지으면서 거짓 씨가 혼잣말을 했다. 오전 아홉 시가 다 되어가지만 하늘은 여전히 어두웠다. 거짓 씨는 자신의 이력을 속여 일류대학을 나온 것처럼 입사 원서를 내고 수년 전부터 대기업에 다니고 있다. 그가 인간으로 환생한 후 가장 큰 변화는, 이렇게 돈을 벌기 위해 매일 성실하게 직장에 다닌다는 사실이다.

"거짓 씨, 오늘 아침엔 조금 늦으셨네요?"

같이 근무하는 봉달 씨가 웃으면서 말했다. 거짓 씨는 눈썹도 까딱하지 않고 대답했다.

"제가 아침에 갑자기 배가 아파서요. 한참을 앓았습니다. 그래서 조금

늦었네요. 죄송합니다."

거짓 씨는 배를 움켜쥐면서 아직도 아픈 듯 얼굴을 삶은 우거지처럼 찌푸렸다.

"그러셨군요. 약은 드셨어요? 병원에라도 다녀오셔야 하는 것 아닌가요?"

걱정이 된 봉달 씨가 가까이 다가와 거짓 씨의 배를 바라보며 말했다. 착한 봉달 씨는 거짓 씨가 정말 아프다고 믿었다.

"조금 아프긴 하지만 견딜 만합니다. 봉달 씨, 아침부터 이런 부탁하기 조금 그렇지만……."

거짓 씨가 약간 머뭇거리는 듯하더니 말을 이었다.

"사실은 저희 어머니께서 지금 병원에 입원해 계십니다. 곧 수술을 하셔야 하는데 수술비가 부족하네요. 봉달 씨에게는 정말 무리한 부탁인 줄 알지만 돈을 좀 융통해주실 수 있을까 해서요. 어머니께서 당장 수술을 받지 않으시면 생명이 위독한 지경이라서……."

거짓 씨가 눈물을 쥐어짜 내어 훌쩍이면서 말을 잇지 못했다.

봉달 씨가 깜짝 놀란 표정으로 거짓 씨의 어깨를 상냥하게 다독거렸다.

"당연히 도와드려야지요. 제가 얼마나 보태드리면 될까요? 거짓 씨만큼 효성이 지극한 사람이 어디 있을까요. 늘 전화로 어머니 안부를 확인하시고, 주말에는 항상 어머니 모시고 여행도 다녀오시잖아요."

그랬다. 거짓 씨는 먼 지방에 산다는 어머니와 전화 통화를 한다면서 회사 직원들이 다 듣도록 큰 목소리로 통화했고, 주말이면 전국의 유명 관광지며 해외까지 어머니와 함께 다녀왔다고 자랑스럽게 말했던 것이다.

그런데 그것은 모두 거짓 씨의 쇼였다. 어머니와 통화한 것이 아니라 혼자 떠들어댄 것이었고, 주말에는 실컷 집에서 잠을 자고 빈둥거리다가 일요일 밤에 인터넷 검색으로 유명 관광지를 알아내어 마치 다녀온 듯 떠벌리고 다녔던 것이다. 그래서 회사 직원들 그 누구도 그를 의심하지 않았다. 모두 지극한 효자인 줄 알고 있는 것이다. 게다가 그는 겸손한 사람이었다. 자신의 아이디어로 상사가 진급을 하게 되었어도 자신이 그 아이디어를 냈노라고 따지지 않았고, 오히려 상사의 진급을 축하해준 멋진 사람이었다.

동료들과 상사들에게 그는 이상적인 파트너였다. 하지만 그것도 알고 보면 그의 아이디어가 아니었다. 그 아이디어 역시 다른 사람의 것을 자신의 것처럼 교묘하게 바꾸어 낸 것이었다. 운 좋게 발각되지 않았기 때문에 마치 거짓 씨의 아이디어인 것처럼 보였던 것뿐이다. 결국 거짓 씨의 거의 모든 행동들은 진실이 결여된 것들이다.

회사에서 그의 위상은 날로 높아갔다. 그가 거짓말을 능숙하게 하면 할수록 그를 신뢰하는 사람들이 더 생겨났다. 신기한 일이었다. 진실을 말하고 진실에 대해 토로하는 사람은 얼마 못 가서 퇴사를 종용받거나 스스로 사표를 던지고 회사를 떠났다. 반면, 거짓을 진실인 척 위장해 사람들을 속여 환심을 산 거짓 씨만은 회사에서 공로를 인정받는 사람이 되었고 더 빨리 승진했으며, 다른 회사에서도 그를 스카우트하려고 야단이었다.

봉달 씨는 그런 거짓 씨에게 자신의 통장에 있는 전 재산이나 다름없는 이천만 원을 선뜻 빌려주었다. 봉달 씨는 사람을 잘 믿었다. 순박하며 계산적이지 않고 가식적이지 않은 봉달 씨를 보고 직원들은 수군거렸다.

"저 사람은 너무 착하고 순수해. 저렇게 세상 물정 모르고 누구에게나 자신의 진심을 다 보여주다가는 이용당하기 쉬운데 말이야."

"그러게요. 봉달 씨는 참 순수하죠. 예전에 사기도 많이 당했대요. 너무 사람을 잘 믿어요."

그래도 봉달 씨는 자신에게 사기를 친 사람들을 원망하지 않았다. 간혹 그가 있는 자리에서도 그런 염려를 하면, 그는 사람 좋은 웃음을 지어 보이며 이렇게 말했다.

"고맙습니다. 절 순수하게 봐주신다니. 각박한 세상에 저 같은 사람도 있어야 되지 않을까 싶습니다. 하하하! 도심 속에 있는 공원의 나무들처럼 제가 누군가에게 피톤치드를 전해드리는 존재가 되면 좋지요."

그렇게 봉달 씨가 말할 때면, 거짓 씨는 남들에게 들키지 않게 입술 근육을 일그러뜨리며 속으로 조용히 웃었다.

'바보 같은 녀석! 그래 봤자 넌 늘 우리 같은 사람들에게 이용당하고 말지. 그렇게 순수하게 사는 건 맹수 앞에 자신의 알몸을 내던지는 것처럼 무모한 짓이야. 우리는 너처럼 욕심 없고 거짓말을 못하는 사람들을 경멸해. 거짓이 없는 세상은 재미없지. 사람을 속이는 게 얼마나 재미있는지 너도 경험해보면 알걸. 후후!'

지금도 곳곳에는 거짓이 활개치고 있다. 거짓으로 인해 순수는 병들고 아파하고 있다. 그렇지만 거짓은 좀처럼 사라질 기미가 보이지 않는다. 그것의 뿌리는 단단하게 인간의 심중에 박혀 있기 때문이다. 혹시 자신의 마음속에 거짓의 잔뿌리가 도사리고 있지는 않는지 되돌아보자. 순수한 사람이 성공하고 진실한 사람이 인정받는 사회가 되지 않는다면, 우리의 미래는 어두울 수밖에 없다.

거짓 씨와 봉달 씨가 서로를 바라보았다. 거짓 씨는 봉달 씨를 보며 어리석고 바보 같다고 비웃었지만, 봉달 씨는 그런 거짓 씨를 너그럽게 용서했다. 그것이 순수한 사람의 아름다운 심성이다.

너도 나처럼 힘들구나. 괜찮아, 순수가 있으니까

세상을 정화하는
힘을 지닌 순수

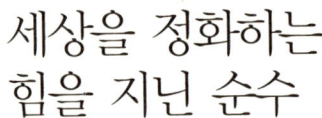

"오늘은 전국적으로 황사의 영향을 받겠습니다."

기상 캐스터의 목소리를 듣는 시청자들의 얼굴이 우울해진다. 황사가 도시를 점령하면 다시는 맑은 하늘을 볼 수 없을 것만 같은 막막함이 밀려온다. 기관지와 폐가 약한 사람들에게 황사는 죽음의 사신과도 같이 섬뜩한 존재이다. 중국에서 날아온 모래바람인 황사에는 폐 기능을 급속히 악화시키는 망가니즈(망간)와 납, 철, 알루미늄, 아연 등 유독성 물질이 대량 포함되어 있다. 그래서 사람들은 밖에 나갈 때는 마스크를 쓰고, 되도록 외출을 자제하는 등 피해를 예방하기 위해 노력한다.

그렇지만 미세한 먼지는 어떻게 해서든 인간의 내부를 야무지게 공격해온다. 마치 세상을 조금씩 파괴하는 어둠의 입자들처럼 황사 먼지는 맑은 하늘을 어둠의 기운이 가득한 기피 대상으로 만들어버리고, 푸르른 초원을 오염 물질의 향연장으로 바꾸어버리는 것이다.

세상을 파괴하는 어둠의 입자들은 황사 먼지보다 더 치밀하게, 또 집요하게 인간을 공격해온다. 그것들의 이름은 다양하다. 불신과 증오와 과욕과 이기심, 멸시, 우월감, 편견, 분노, 부정직함 등 수많은 어둠의 입자들이 호시탐탐 이 세계를 노리고 있다. 그것들은 황사가 순식간에 온 누리를 집어삼키듯 방심한 인간을 단번에 추악한 모습으로 변화시켜버린다. 그렇게도 온순하던 사람이 어느 날 갑자기 끔찍한 살인을 저질렀다거나, 사랑스런 모습으로 사람들에게 온정을 베풀던 사람이 사실은 이웃들의 피 같은 돈을 노리고 접근한 악랄한 사기꾼이었다는 이야기들은 모두 그런 어둠의 입자들에 의해 정신을 유린당한 인간의 모습이다.

그렇다면 황사는 영원히 치유될 수 없는 존재인가? 다행히 그렇지 않다. 황사를 정화하는 그 무엇이 있다. 황사 먼지를 정화하는 것은 무엇일까? 그것은 빗물이다. 비가 내림으로써 자동차 위에, 도로 위에, 건물의 지붕 위에 똬리를 틀고 앉아 있던 황사 먼지들을 씻어낼 수 있는 것처럼, 인간의 마음을 어지럽히고 사악한 기운으로 가득 차게 만드는 어둠의 입자들을 말끔히 제거하기 위해서는 이것이 필요하다. 이것이 없다면 인간은 어떤 방법으로도 자신의 본모습을 발견해낼 수 없다. 이것은 무엇인가?

여러분이 예상한 대로 이것은 순수이다. 순수는 세상을 정화하는 힘을 지니고 있다. 그것은 순수의 본질이다. 순수가 존재하는 이유이며 신이 인간에게 선물한 가장 획기적이고 안전한 오염 물질 제거제이다.

지금 마음이 심란하고 삶이 고단하다면 순수가 필요한 것이다. 순수함으로 인해 얻게 될 이익은 무궁무진하지만, 가장 크게 감사해야 하는 것은 우리의 마음에 어지럽혀진 온갖 시름들을 깨끗이 청소해주는 기능이다. 누가 우리의 고통과 상처와 아픔, 그리고 온갖 번민거리들을 치워주겠다고 자원할 수 있겠는가. 아무리 부모와 자식 간이라도, 사랑하는 연인관계라고 해도 그것은 어려운 일이며 불가능한 일이다.

　인간이라면 누구나 마음속에 수많은 번민거리들이 있으므로 타인의 것까지 신경 쓸 여력이 부족하다. 그러므로 우주는 그런 인간에게 섬세한 배려를 한 것이다. 순수는 우주로부터 부여받은 신성한 가치이다. 먼저 우리의 마음속을 정화하는 순수는 더 나아가 세상의 모든 모순과 불의를 어떠한 대가를 바라지 않고 스스로 정화한다. 그러므로 개개인이 모두 순수를 지니게 된다면 세상이 얼마나 빨리 깨끗해지겠는가. 한 사람만 순수하게 살아간다고 해서 세상이 변화될 수는 없다. 가족도 친구도 이웃도 모두 순수하게 변해야 세상을 정의롭고 살기 좋은 곳으로 만들어갈 수 있다는 사실을 기억하라.

　그렇다면 어떤 힘으로 순수는 세상을 정화하는 것일까? 우리의 실생활에서 사용되고 있는 오수 정화 처리 방법을 보자. 오수 처리 방법에는 세 가지가 있다. 물리적 처리 방법, 화학적 처리 방법, 생물학적 처리 방법 등 세 가지 처리 방법이 있지만, 그중 주로 생물학적 처리 방법을 이용한다. 생물학적 처리 방법에는 미생물이 이용된다. 미생물은 오수에서 유기물을 섭취하여 무기물, 물, 가스로 변화시킨다. 분열에 의해 증식하는 미생물은 단독 혹은 군체로 생존하며, 점점 증식해나가면서 오수를 맑은 물로 정화하는 것이다. 이런 생물학적 처리 방법에서 침전, 여과, 소독 등의 물리적 처리 방법은 보조적으로 사용되는 것이 보편적이다. 한마디로 오수 정화의 주인공은 바로 미생물이다.

　순수도 마찬가지이다. 어지러운 세상, 온갖 추악한 것들이 넘치는 세상이지만 물리적 방법에 의존해 강압적으로 누군가를 변화시키는 것은 바람직하지 않다. 폭력과 강압은 폭력과 강압을 증가시키고 악순환시킬 뿐이다. 자신의 말을 듣지 않는다고 국민을 몽둥이로 때리거나 감옥에 집어넣는 위정자는 훗날 비참한 최후를 맞이할 뿐, 결코 존경받을 수 없다는 것을 우리는 잘 알고 있다. 어리석은 자는 자신의 힘을 타인을 제압하는 데 사용하지만, 현명한 사람은 자신의 힘을 타인을 일으켜 세우는 데 사용한다. 모든 일을 해결하는 데에는 물리적이고 강압적인 방법보다 자연스러운 해결이 중요함을 기억하라. 미생물처럼 자연의 힘에 의해 오수가 처리될 때 가장 안전하고 효과가 뛰어나듯, 세상의 오염 물질들도 순수라는 자연스러운 힘에 의해 분해되어야만 이상적인 것이다.

순수가 지닌 힘은 미생물이 지닌 힘과 비슷하다고 할 수 있다. 오수 속의 유기물을 섭취하여 스스로 증식해나가는 미생물처럼 순수는 세상에 포함된 온갖 부정하고 아름답지 못한 것들을 달게 삼키면서 인간을 정화하고 세상을 정화한다. 이것이 순수의 힘이다. 그것은 끊임없는 자기희생이다. 그러므로 그대가 순수하고자 한다면 희생정신이 있어야 할 것이다. 자신보다 어려운 이웃, 배움이 부족한 소외된 이들, 이성을 통제하지 못하는 성격 이상자, 누구도 거들떠보지 않는 최악의 사람에게조차 자신이 가진 소중한 것을 나누어줄 수 있겠는가? 그들의 만행을 참고 인내하며, 악을 악으로써 단죄하지 않고 사랑과 지혜로 그들을 교화할 수 있겠는가? 가르치고 사랑하면 변하지 않을 사람은 없다.

나는 반평생을 살아오면서 많은 이들을 용서했다. 그리고 그들에게 순수한 마음을 전하고자 노력했다. 상식 밖의 일을 하는 사람들, 예절이 실종된 사람들, 인격이 미성숙한 사람들이 어디 한둘인가. 내가 그들과 똑같은 자세로 대할 때 그들은 더 무모해졌고, 잔인해졌고, 악에 받쳐 분노했다. 하지만 내가 그들과 달리 순수한 사랑의 마음으로 대할 때 그들은 조금은 덜 무모해졌고, 덜 잔인해졌고, 덜 분노했음을 목격할 수 있었다. 그대도 그렇게 살아라. 마음을 다스려 순수로써 세상을 밝혀라. 세상을 정화하는 순수의 힘을 믿고 자신의 마음속 순수에 의지해 인생을 살아라. 순수한 마음으로 희생하고 봉사하면서 살아가면 그대가 바로 이 세상을 정화하는 주인공이 될 것이다. 신은 그런 그대를 진실로 사랑할 것이다.

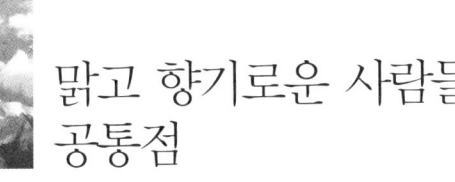

너도 나처럼 힘들구나. 괜찮아, 순수가 있으니까

맑고 향기로운 사람들의 공통점

향기가 유난히 그윽한 꽃들 중에 봄날 신부처럼 수줍게 피어나는 히아신스가 있다. 그리스 신화에 의하면, 아폴론은 어느 날 수레를 타고 가다가 히아신스라는 유난히 예쁜 소년을 보게 되었다. 그 후 아폴론은 히아신스를 특별히 아끼고 사랑하며 가까이 지냈다. 그러나 이 둘의 사랑을 질투하는 얄미운 훼방꾼이 있었으니 바로 바람의 신인 제피로스였다. 하루는 아폴론과 히아신스가 즐겁게 원반던지기 놀이를 하고 있는데, 제피로스가 의도적으로 바람의 방향을 바꾸어 원반이 히아신스의 머리에 부딪히게 만들었다. 결국 히아신스는 아폴론이 손쓸 틈도 없이 그 자리에서 피를 흘리며 숨을 거두었다.

그 후 히아신스가 묻힌 무덤에서 한 송이 아름다운 보라색 꽃이 피어나자, 아폴론은 무덤을 어루만지면서 통곡했다.

"히아신스, 나는 절대로 너를 잊지 않을 것이다. 너를 닮은 이 꽃을 볼 때마다 난 너를 기억할 것이다."

그때부터 이 꽃은 기억이라는 뜻과 소년의 이름을 따서 히아신스라고 불리게 되었다는 슬픈 이야기가 전해진다. 그래서인지 히아신스는 봄날에 피어나는 수많은 꽃들 중에서도 가슴을 적시는 애틋한 향기가 있다. 긴 겨울을 보내고서야 비로소 피어나는 히아신스, 죽음으로 헤어진 연인 앞에 영원한 사랑을 맹세하듯 피어난 이 꽃처럼 인생의 열매도 긴 고난의 시절을 보내야만 알차게 영글어갈 수 있다.

　우리 주변에도 유난히 향기가 그윽한 사람들이 있다. 그들은 예외 없이 맑은 영혼을 지닌 사람들이다. 추하고 탁한 영혼을 지닌 사람이 향기가 날 일은 없을 것이다. 만일 향기가 났다면 그것은 인공적으로 만든 가짜 향일 가능성이 높다. 억지로 만들어낸 향기란 것은 사람의 마음을 오래 붙잡아둘 수 없는 한계점이 있다. 억지로 만든 인공 향에는 온갖 화학약품이 첨가되어 있어 건강에도 치명적이지 않은가. 그와 다르게 은은하게 발산하는 히아신스의 향기처럼 맑은 영혼으로부터 우러나오는 참향기는 사람의 마음을 송두리째 빼앗아갈 만큼 매혹적이다. 그래서 우리는 그런 사람을 사랑하고 그리워하게 되는 것이다.

　그렇게 맑고 향기로운 영혼을 지닌 사람들에게는 순수함이 깃들어 있다. 그들 중 순수함이 깃들어 있지 않은 사람은 단 한 사람도 없다고 보아도 맞다. 순수함이란 조건 없이 베푸는 사랑을 지닌 마음을 의미한다. 어떠한 악행도 기꺼이 용서하는 너그러운 마음도 포함된다. 순수한 사람에게는 모든 인간이 하나의 의미이다. 바로 사랑스러운 사람들인 것이다. 우리는 아기가 기어 다니느라 물병을 엎었다고 해서 버럭 화내지 않는다. 그 어린 아기가 자라 걸음마 연습을 하다가 여기저기 물건들을 어지럽혔다고 해서 분노로 치를 떨거나 죽을 만큼 미워하지 않는다.

　그렇지만 어른들에게는 작은 실수조차 참지 못하고 화를 내는 것이

왜일까? 순수함이 결여되어 있기 때문이 아닐까 자문해보자. 지금 그대를 몹시 실망시키고 괴롭게 하며, 심지어 삶의 의욕마저 상실하게 하는 한 사람이 있다고 할 때에 어린 아기를 바라보는 심정으로 그를 보아줄 수 있겠는가? 그가 비수처럼 날카로운 언어로 그대를 사정없이 찌르고 해치려고 해도 그의 행동 하나하나를 아무런 조건 없이 사랑할 수 있기를 소망하라. 그것이 순수한 사람의 고운 심성이다. 이것이 얼마나 어려운 주문인지 잘 안다. 이것은 평생의 과제일 수도 있다. 그만큼 실천하기가 어렵고 지속해나가기가 어렵다는 뜻이기도 하다. 그러나 평화로운 인생, 행복한 인생, 인간답게 살아가기 위해서는 반드시 익혀야 하는 자세이다. 어른이든 아이든 모두 순수한 눈으로 바라보자. 착하든 못됐든 모두 순수한 사랑으로 이해하자.

다른 사람의 어떠한 실수나 고의적인 악행까지도 이해하고 용서할 수 있는 마음이 순수이다. 그래서 순수한 사람은 한편 바보스럽게 보이기까지 한다.

"너, 정말 바보구나. 어떻게 너한테 그토록 모질게 한 사람을 아무런 대가도 없이 용서할 수 있어?"

이런 말을 듣는 사람은 맑고 향기로운 영혼을 지닌 순수한 사람이다. 조건 없이 베푸는 사랑이란 얼마나 아득한 일인지 모른다. 조건을 걸고서도 사랑을 주는 일은 쉬운 일이 아니다. 나는 용서를 참 잘한다. 원래부터 그랬던 것은 아니다. 용서하지 않고 다른 사람들을 판단하고 그들에게 이런저런 죄목을 부여했던 시절도 있다. 예를 들면, 너는 말을 함부로 한 죄, 너는 내게 무심한 죄, 너는 내게 경제적 손해를 끼친 죄 등등. 우리는 대부분 그런 죄목을 다른 사람에게 붙이고 있다. 그러나 그 시절의 나는 결코 행복하지 않았다. 그래서 모두를 아무 조건 없이 용서하기로 했다. 그랬더니 우선 마음이 편안해졌다. 용서하고 나면 구름 위를 나는 것처럼 가뿐한 정신 상태가 된다. 마음의 수면 위에 깔려 있던 짙은 안개가 걷히기 때문이다. 그대도 경험해보라. 지금부터 자신에게 결코 용서하지 못할 짓을 저지른 한 사람을 무조건 용서해주어라. 순수한 그대라면 충분히 그럴 수 있음을 믿는다.

누군가 "사례를 넉넉히 할 테니 평생 내게 진실한 사랑을 해주시오."라고 한다고 해서 그를 평생 진실하게 사랑해줄 수는 없는 노릇이다. 왜냐하면 진실한 사랑이란 것은 억지로 꾸며서 만들어낼 수 없기 때문이다.

하지만 그대의 영혼이 순수하다면 공손히 이렇게 대답해줄 것이다.

"제게 사례를 하지 않으셔도 당신을 사랑합니다. 평생 진실한 사랑을 해드리죠. 당신이 항상 평안하고 행복하시길 진심으로 바라니까요."

여기에서 진실한 사랑이란 순간의 쾌락을 갈망하는 육체적 사랑이 아닌, 이 지구상의 모든 인간들이 가장 바라는 사랑, 즉 조건 없이 주는 순수한 영혼의 사랑이다. 이 사랑을 받게 되면 수억 원어치의 물건을 선물 받았을 때보다 더 기쁘고 감격스러울 것이다. 왜냐하면 이런 사랑은 아무나 줄 수 있는 것이 아니기 때문이다. 가장 순수한 영혼을 지닌 맑고 향기로운 사람만 줄 수 있는 사랑이며, 돈을 주고도 결코 살 수 없는 순금보다 값진 사랑이기 때문이다. 맑고 향기로운 사람들의 공통점을 잊지 말라. 그들은 모두 순수한 사람들이었음을. 그들은 누구에게도 죄목을 부여하지 않았던 사람임을 잊지 말라.

너도 나처럼 힘들구나. 괜찮아, 순수가 있으니까

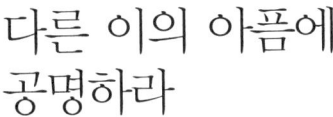
다른 이의 아픔에 공명하라

반지하 방에 혼자 살던 김 양은 어느 날 백골이 다 되어 발견되었다. 아름다웠던 뽀얀 피부는 흔적조차 없이 사라졌고, 몇 년 전만 해도 친구들과 어울려 발랄하게 교정을 뛰어다니던 그녀의 두 다리는 뼈만 앙상하게 남아 있었다. 헤어 디자이너가 되어 홀어머니에게 효도하겠다던 고운 심성을 지닌 김 양의 성실한 모습은 어디에서도 온전하게 찾아볼 수 없게 되었다. 그녀의 죽음을 아는 사람은 지난 일 년 동안 아무도 없었다는 것이 부인할 수 없는 명백한 사실로 드러난 순간이었다. 좀처럼 발견되지 않았던 스물여섯 해의 꿈결 같던 삶, 신문과 방송에서는 김 양의 죽음을 무관심한 이 사회의 어두운 일면이라는 시각으로 다루며 충격적이라는 말을 꼭 덧붙여 기사화했다.

"쯧쯧, 얼마나 이웃들이 무관심했으면 이렇게 되나. 가족도 없었나봐. 친구들이라도 들여다봤어야지."

"그러게요. 정말 이 나라가 어떻게 되려고 이러는지 모르겠어요. 바로 옆집에 누가 사는지도 모르고, 길거리에서 괴한에게 폭행을 당하는 사람이 있어도 아무도 도와주려고 하지 않고 오히려 슬금슬금 피해 간다고 하잖아요."

그렇게 혀를 끌끌 차면서 사회를 개탄하던 사람들도 정작 자신의 이웃집에 사는 사람의 이름조차 모르고, 가족들의 생일도 챙겨주지 못한 채 살아간다. 김 양의 죽음에 잠시 이웃을 돌아보려던 사람들도 바쁜 일상에 쫓기다 보면, 어느새 이웃은 고사하고 매일 보는 동료들의 마음도 헤아려주지 못하기 일쑤이다.

만일 이런 식으로 모든 사람들이 자신이라는 울타리 안에 갇혀 편협하게 살아간다면, 언젠가는 자기 자신도 다른 사람의 관심과 도움이 절실하게 필요할 때 철저히 외면당하게 될 수밖에 없을 것이다. 이 세상 그 누구도 완벽하게 삶을 조정할 수 없으므로 필연적으로 그렇게 될 것이다. 그런 불행한 상황을 예방하기 위해서라도 우리는 순수가 인간에게 전하는 메시지에 귀를 기울이는 지혜를 가져야 한다. 순수는 인간들에게 말한다. 타인의 아픔에 공명하며 살아가기를 바란다고.

타인의 아픔에 공명한다는 것은 무엇을 의미하는 것인가? 슬플 때 함께 울어주고, 괴로울 때 함께 고통스러워하고, 고독할 때 함께 외로움을 나누는 일이 바로 타인의 아픔에 공명하는 것이다. 모든 물체는 각각 고유한 진동수를 가지고 진동한다. 인간도 마찬가지이다. 모든 인간들도 각각 고유한 진동수를 가지고 진동한다. 공명이란 것은 진폭과 에너지를 전하는 일이다.

인간에게 진폭이란 것은 무엇인가? 세상살이에서 느끼는 감정적 충격과 심리적 압박감, 정신적 내상 등이 진폭이 된다. 에너지는 말 그대로 생명을 지속시킬 힘이다. 즉, 사람에 대한 관심과 사랑, 배려, 존경, 이해심, 삶에 대한 긍정적 이해 등이 이에 속한다. 그러한 진폭과 에너지를 충분히 서로에게 전할 수 있기 위해서는 서로 가깝게 연결되어야만 한다. 진동체가 서로 연결되어 있는 경우에는 그렇지 않은 경우보다 에너지의 교환이 더욱 쉽게 이루어진다는 것이 공명의 조건이기 때문이다.

지금보다 더 가깝게 타인을 끌어당겨라. 그것이 바로 공명을 하기 위한 전제 조건이다. 언젠가부터 멀어진 서로의 간격을 메우기 위해 지금보다 조금만 더 노력하면 될 것이다. 조금만 더 관심을 기울이고, 조금만 더 이해해주고, 조금만 더 용서해준다면 그동안 소원했던 관계들이 한결 가까워질 수 있다. 타인은 곧 나 자신이다. 나의 얼굴이 어두우면 나를 바라보는 사람의 기분이 좋을 리 없듯이, 타인이 고통스러워하고 슬퍼한다면 나의 마음이 온전히 편할 수 없는 까닭이다.

우리는 혼자 살기 위해 이 세상에 태어난 것이 아니다. 그랬다면 애초에 남녀가 존재할 필요도 없었을 것이다. 그러나 우주의 창조주는 인간을 남과 여로 구분 지어 만들었으며, 그로 인해 인간이란 종이 멸하지 않고 계속 생존할 수 있었던 것이다. 그리고 지구에는 수십억의 인류가 살아가고 있다.

만약 어느 날부터 사람들이 서로 완전히 무관심해지고 타인의 아픔을 헤아리기를 멈추고 자신만을 위해 살아간다면, 인류의 멸망은 환경 오염이나 소행성 충돌이나 핵폭발 같은 요인 때문이 아니라 무관심과 지독한 이기심 때문일 것이다. 그만큼 타인의 아픔을 공감하고 공유하는 것은 중대한 일이다. 그리고 타인의 아픔에 공명하는 것은 더 절실한 일이다.

지금 옆집에 누가 사는지 모르고 있다면 오늘 오후에는 김치전이라도 부쳐 들고 가서 밝은 표정으로 문을 두드려라. 그 김치전이 비록 전혀 간이 맞지 않거나 약간 탔다고 해도 이웃은 당신을 맞이하면서 따스한 마음을 느낄 것이다. 요즘 들어 전화도 뜸하고 연락이 없는 가족에게 먼저 안부 전화를 해라. 그는 지금 아픔을 나눌 누군가를 기다리고 있을 것이다.

친구, 직장 동료, 선배, 후배 모두에게 친근한 미소를 나누어주어라. 그리고 그들의 아픔을 헤아려주어라. 이것이 순수가 원하는 인간의 삶이다. 가까이 다가가 그대의 긍정적인 에너지를 고통 속에 있는 그들에게 나누어주면 그들의 운명이 바뀔 수도 있다. 한 사람이 죽음의 수렁에서 빠져나와 생명의 빛을 얻을 수 있는 것이다. 이토록 놀라운 기적을 만들 수 있는 사람이 바로 그대이다.

너도 나처럼 힘들구나. 괜찮아, 순수가 있으니까

물욕에 사로잡혀
순수함을 잃을 것인가

얼마 전, 어느 결혼 정보 회사의 등급 분류표가 사람들의 심기를 매우 불편하게 만들었다. 소나 돼지도 아니고 이 사람은 1등급, 저 사람은 10등급 하는 식으로 구분한다는 자체도 기분 나쁘거니와, 무엇보다 더 울적하게 한 사실은 그것을 구분하는 기준이 바로 얼마나 부유한가 혹은 앞으로 얼마나 더 많은 돈을 벌 수 있는가라는 것이었다.

새벽녘에 우시장에 끌려온 소들이 순진한 검은 눈망울을 끔벅이며 자신의 시세를 짐작해보는 주인의 즐거운 얼굴을 물끄러미 바라보는 모습처럼, 결혼이라는 시장에 자신의 신상을 전부 공개하고 등급이 매겨지기를 기다리는 처량한 신세가 되어야만 하는 것이 요즘 젊은이들이다.

그렇다고 조건을 일일이 맞춰가면서 결혼한 사람들이 모두 행복한 결혼 생활을 영위하는 것도 아니다. 완벽한 조건을 갖춘 남녀가 만났어도 성격이 맞지 않거나 가치관이 달라 결국 헤어지는 경우도 많다. 돈만 많으면 정말 행복할 것 같았는데, 조건에 맞는 배우자를 만나 막상 돈을 움켜쥐고 남부럽지 않은 생활을 하게 된다고 해도 왠지 행복한 기분을 느낄 수 없는 것은 왜일까? 오로지 상대방의 물질만 염두에 두고 한 결혼은 반드시 후회를 동반하게 된다. 왜냐하면 상대방에 대한 순수한 사랑이 결여되었기 때문이다.

　우리는 물욕(物慾)에 사로잡히는 순간 순수함을 잃는 비극을 겪게 된다. 정작 자신은 눈치 채지 못하지만, 세상에 있는 재물 따위를 소유하려고 집착하면 내면에 있던 본래의 심성을 잃게 되는 것이다. 금이 간 항아리에서 물이 새면 처음에는 모른다. 조금씩 새어 나오는 물이 점점 항아리의 균열을 깊이지게 하고, 마침내 쩍 하고 두 동강이 날 때에야 비로소 처음에 항아리의 금을 때우지 못한 것을 후회하게 된다. 마찬가지로 아름답고 숭고한 순수함이 조금씩 자신의 영혼에서 새어 나가게 될 때 그것을 막지 못한다면, 훗날 순수함이 고갈된 피폐한 인간이 될 수밖에 없다.

　순수함이 없는 인간이란, 추하고 역한 냄새를 풍기는 습지대와 같다. 불량한 배수 상태로 인해 썩어가는 늪처럼, 순수함이 고갈된 사람에게는 인간으로서 마땅히 갖추어야 할 기본적 자질이 부족함으로 말미암아 정상적인 사고를 할 수 없게 된다. 그런 사람일수록 더욱더 물질에 집착하게 되고 친구도 물질적 욕구를 채울 수단으로 이용하며, 가족도 애인도 이웃도 직장 동료들도 모두 그런 도구로밖에 보이지 않게 된다. 그의 내면에 가득 고인 것이 순수였다면 이런 비인간적인 현상은 일어나지 않았을 텐데, 정말 안타까운 일이 아닌가.

　날이 갈수록 더욱 극심해지는 빈부 격차로 인해 어떤 사람은 넘치는 돈을 다 쓰지 못해 고민이고, 다른 사람은 당장 먹을거리가 없어서 끼니를 굶어야 하는 처지이다.

　일 년여에 걸쳐 아프리카의 어린이 노동력 착취를 취재한 AP통신에 소개된 열두 살 소년 살리우 디알로를 아는가? 소년은 무려 160킬로미터를 걸어서 세네갈의 한 광산에 도착한다.

"그곳에 가서 열심히 일하면 하루에 2달러는 벌 수 있단다. 그 돈이면 네 엄마와 동생들이 굶지는 않을 거야."

낯선 남자는 달콤한 목소리로 소년과 가족을 유혹했을 것이다. 소년은 가족의 생계를 위해 덤블 광산의 광부가 되었다. 우리나라 같으면 열두 살이란 나이는 아직도 부모님에게 응석을 부릴 나이가 아닌가. 덤블 광산은 사람이 겨우 들어갈 만큼 협소한 갱도에서 흙을 퍼내고 그 속에 있는 금을 찾아내는 원시적 형태의 광산이다. 디알로는 하루 종일 쉬지 않고 일을 한다. 고작 열두 살 아이인데 말이다. 디알로는 다른 어른들이 하는 것처럼 수은을 손바닥에 골고루 발라 금 조각을 정성 들여 찾는다. 그래야만 금을 쉽게 찾을 수 있기 때문이다.

하루 2달러를 벌기 위해 인체에 극히 해로운 중금속인 수은을 손에 바르고 일을 하는 디알로는 수은이 얼마나 치명적인 독인지 모른다. 그것이 뇌세포를 파괴하고 종양을 생성시키고 신장을 훼손한다는 것을 알 수가 없다. 그러고는 그 손으로 몸을 씻고 밥을 먹는다. 그런데 더 놀라운 사실은 덤블 광산에는 디알로보다 더 어린 다섯 살짜리 꼬마도 광부로 일을 한다는 것이다. 하루 종일 어른도 감당하기 힘든 중노동에 시달리면서도 그것이 착취라는 것조차 모르는 순진한 아이들. 오직 먹고살기 위해 일을 해야 하는 그 어린아이들의 손에 쥐어질 하루 2달러, 그러나 어떤 사람에게는 그것은 껌값도 안 되는 돈이다.

2달러를 한화로 계산하면 얼마인가. 약 2,185원이라고 했을 때, 요즘 설에 세뱃돈으로 이 금액을 주었다가는 아이들의 냉소를 받아야만 한다.

51

그런 어른도 없거니와 아이들도 영악해져서 1만 원 이하는 받아주지도 않는 세상이다. 2달러를 벌기 위해 머나먼 아프리카의 한 광산에서는 열 살도 안 된 꼬마들이 지금도 광부가 되어 일하는 반면, 또 다른 나라에서는 세 살짜리 어린아이도 거들떠보지 않는 푼돈이다. 한 나라에서는 아이들이 굶어 죽어가고, 또 다른 나라에서는 넘치는 음식물 쓰레기를 감당하지 못해 제발 음식물을 남기지 않도록 알뜰하게 조리하라고 당부한다. 이처럼 세상은 극과 극이 공존하는 요지경이다.

다행인 것은 극과 극의 지점에서 그것을 완충하기 위해 노력하는 헌신적인 사람들이 있다는 것이다. 그들은 물질을 소유하기 위해 집착하기보다는 소유하지 못한 사람들에게 자기 것을 나누어줌으로써 삶의 보람을 찾는 사람들이다. 그들에게는 순수함이 깃들어 있고 따스한 인간애가 샘솟는다. 그런 사람들이 있어서 세상은 아직 살 만한 것이 아니겠는가. 수많은 봉사 단체와 남들 모르게 선행을 하는 이 시대의 순수한 사람들. 정든 모국을 떠나 말라리아가 성행하고 온갖 독충과 전염병이 창궐하는 오지에서 가난하고 배고프고 굶주린 난민들을 위해 자신의 삶을 바치는 거룩한 이들이 있어서 그나마 인간이 인간답게 살아가고 있는 것이다.

우리나라의 해외 봉사단 규모가 미국과 일본에 이어 세계 3위라는 것은 자랑스럽고도 감사한 일이다. 우리의 젊은이들이 아프리카의 오지를 누비면서 기아와 질병에 시달리는 생명들에게 희망과 사랑의 씨앗을 퍼뜨리고 있다는 것은 순수함이 아직 사라지지 않았다는 증거이다. 단돈 2달러를 벌기 위해 수은에 중독되어가는 줄도 모르고 종일토록 일하는 디알로를 생각한다면 천 원짜리 한 장도 함부로 낭비하지 않을 것이며, 식수가 없어서 오물이 범벅이 된 더러운 하천 물을 먹고 사는 아프리카의 20억 인구를 생각한다면 물 한 방울도 소중하게 여기게 될 것이다.

아끼고 아껴서 자신에게만 투자한다면 그는 물욕으로부터 벗어나지 못한 사람이다. 아끼고 아껴서 타인을 위해 써라. 가장 가난하고 소외받고 궁핍하고 가련한 사람들에게 당신이 아낀 재물을 기쁘게 베풀어주어라.

너도 나처럼 힘들구나. 괜찮아, 순수가 있으니까

분별력 있는 사람은
본연의 자신을 지킨다

    사물을 제대로 구별하지 못하거나 옳고 그름에 대한 변별력이 없는 사람을 우리는 분별력이 부족한 사람이라고 생각한다. 겉모습은 멀쩡하게 생긴 사람이 시도 때도 없이 아무 데서나 히죽거리고 다닌다거나, 주관 없이 다른 사람이 하자는 대로 따라하거나 시키는 대로 맹목적으로 실행하는 사람을 보아도 우리는 답답함을 느낀다. 분별력이란 인생에서 가장 중요한 기술이라고도 할 수 있는데, 그것을 제대로 갖추지 못한 채 험난한 세상에서 살아간다는 것은 갓난아기를 아무런 안전장치 없이 물가에 내려놓은 형국이라고 할 수 있다.
    인간을 가장 고결하게 하는 것, 삶을 한없이 향기롭게 하는 것, 세상을 아름답게 변화시키는 것이 순수라고 할 때에 그것을 온전히 자신의 것으로 취할 수 있는 길은 본연의 자신을 지키는 일임을 기억하라.
    본연의 자신은 어떤 모습이었을까? 태초에 신은 인간에게 순수를 주었다. 순수의 근원은 우주의 자비로운 속삭임이며 간절한 기도였다. 어떤 속삭임이었을까? 인간에게 바라는 우주의 속삭임은 단 하나, '행복하게 살아라!'라는 것이다. 그렇다면 간절한 기도는 무엇이었을까? 우주가 인간을 위해 기도한 간절한 소망은 항상 긍정적으로 생각하고, 삶을 사랑하며, 서로를 아끼고 위해주며, 건강하게 오래 살기를 바라는 것이었다. 이것이 순수가 잉태된 우주의 마음이다. 그러므로 순수는 이러한 기본 신념을 지닌 의지의 결정체이다. 순수는 나약하다거나 지극히 순하기만 한 물렁물렁한 존재가 아니다.

분별력이 있는 당신이라면 어떻게 해서든 이러한 순수가 깃든 본연의 자신을 지킬 수 있다. 하지만 고요히 서 있는 선한 참나무를 수시로 할퀴고 덤벼드는 못된 칼바람처럼 살아가다 보면 예기치 못한 난관이 그대를 괴롭게 만들 것이며 눈물 흘리게 만들 것이다. 이것은 더 강해지기 위한 자연스런 역경이다. 거부할 필요도 없고 인정하지 못하겠다고 발버둥 칠 일도 아니다. 그러한 것들을 기꺼이 받아들여 이겨낼 수 있도록 자신을 단련해야 한다. 그것이 바로 분별력을 갖추는 훌륭한 방법이기 때문이다. 고난을 두려워하지 말라. 역경을 회피하지 말라. 그대 자신을 강철보다 더 단단하게 단련해라.

역경은 인간을 더욱 견고하게 만드는 최고의 선물이다. 역경을 즐겁게 맞이해라. 그리고 이겨내라. 누군가 선한 그대를 괴롭히고 힘겹게 만들 때 그 사람에게 굴복하지 말라. 그에게 굴복하고 자아를 팽개치게 되면 분별력은 힘을 잃고 선과 악에 대한 명확한 기준마저도 놓치고 만다.

악인은 선인을 괴롭히는 데에서 희열을 느낀다. 그러나 분별력 있는 사람은 그러한 악한 사람의 마음을 단호하게 저지할 수 있으며 오히려 그를 교화할 수도 있다. 결국 순수한 사람은 그렇지 못한 사람에게 긍정적인 영향을 끼칠 수 있다는 사실을 알 수 있다. 본연의 자아, 본연의 자신을 지키기 위해 노력하는 것은 그대의 순수를 지키기 위한 일이기도 하며, 본연의 자신을 잃어버린 사람들을 위한 일이기도 하다.

　나와 타인, 즉 우리 모두가 행복하게 살아갈 수 있다면 지구상에 분쟁은 더 이상 일어나지 않아도 될 것이다. 매년 수많은 사람들이 종교적·사회적 원인으로 발생한 전쟁으로 인해 다치거나 죽어가고 있다. 전쟁고아가 거리마다 넘쳐나고, 팔다리를 잃고 평생 불구로 살아가야 하는 부상자들도 헤아릴 수 없을 정도로 많다. 이러한 모든 불행의 원인으로 분별력을 잃은 소수의 인간을 지목할 수 있다. 분별력이 없어진 그들은 어떤 행동이 조국을 위하고 국민을 위한 일인지 분간하지 못한 채 전쟁이라는 극단의 카드를 선택해버리는 어리석음을 범한다. 순수를 상실한 사람이 곧 분별력을 잃은 사람이라고 보아도 된다. 그러므로 우리는 분별력을 잃지 않고 살아가기 위해 노력해야 한다. 그 방법은 바로 자기 자신의 정체성을 지키는 것이다. 그대 자신의 가치를 알고 본연의 모습을 유지하며 순수하게 꿈을 향해 걸어가라.

　"우리가 처음 이 세상에 왔을 때는 모두 순수했습니다. 그렇지만 요즘은 그런 사람을 찾기가 어려워졌습니다. 그렇다고 느끼시죠?"
　허름한 옷차림의 이방인이 광장에 앉아 시간을 보내고 있는 사람들에게 진지한 목소리로 물었다. 물론 아무도 그의 말에 대답하지 않았다.
　광장의 오후는 꽤 지루하게 흘러가고 있다. 원래는 하얗던 비둘기가 시커멓게 변색된 더러운 날개를 파닥거리면서 먹을 것을 찾기 위해 사람들 사이를 염치도 없이 누비고 다닌다. 어린아이들이나 젊은이들이나 노인들이나 광장에 앉아 있는 사람들은 자기 할 일만 하고 다른 사람에게는 관심이 없다. 아이들은 스마트폰으로 최신 유행 게임을 하느라 정신이 없고, 젊은이들은 이성에게 추파를 던지거나 취업 준비를 위해 공부를 하느라 정신이 없으며, 중년들은 재테크 방법을 찾거나 시시한 이야기들을 주고받느라 정신이 없으며, 노인들은 흘러가는 구름을 바라보면서 화려했던 지나간 시절을 회상하느라 역시 바쁘다. 그래서 낯선 이방인이 지껄이는 순수 이야기 따위에는 관심을 기울일 여력이 없다.

"하지만 여러분!"

그러나 이방인은 전혀 개의치 않은 맑고 곧은 목소리로 말을 이어갔다.

"이제는 순수함을 지니지 않으면 살아남을 수 없을 것입니다."

그 말에 여태껏 주식 시세를 살피느라 여념이 없던 중년의 사내가 가소롭다는 듯 대꾸했다.

"순수함이 밥 먹여줍니까? 우린 하루하루 먹고살기도 힘든 사람들입니다. 순수하게 살다가는 남들에게 손가락질받습니다. 영악하고 약삭빠른 사람이 성공하는 시대란 말입니다. 뭘 좀 제대로 알고 말하시오."

그 말에 여러 사람들이 동조하는 듯 고개를 끄덕거렸다. 이방인은 중년의 사내에게 다가가 그의 손을 마주 잡았다.

"맞습니다. 순수한 사람이 살아가기 어려운 시대입니다. 그렇지만 선생님의 가슴속엔 순수가 있습니다. 열정이 남아 있다는 것은 삶을 사랑한다는 것이며, 그것은 즉 순수가 남아 있다는 증거입니다."

이방인은 자신의 커다란 짐 가방에서 무언가를 꺼내었다. 그러자 지금까지 돌아보지도 않던 사람들이 이방인을 주시했다. 과연 그 가방에서 무엇이 나올지 잔뜩 기대하는 눈치였다. 궁금증이 증폭되어 사람들 사이에 팽팽한 긴장감마저 감돌았다.

"여러분, 이걸 받아가세요. 이것이 여러분에게 순수함을 지킬 수 있는 분별력을 키워줄 것입니다."

뭔가를 받아가라는 말에 눈이 동그래진 사람들이 웅성거리면서 모여들었다. 대단한 선물을 주려나 하고 기대에 가득 찬 얼굴들이 이방인의 주위에 겹겹이 둘러섰다. 그러나 이방인의 손에는 아무것도 없었다.

"아니, 당신 우리를 가지고 장난한 거요? 도대체 뭘 받아가라는 거요?"

화가 난 백발의 노인이 짚고 있던 쇠지팡이를 광장 한가운데에 내던졌다. 지팡이가 떨어지는 소리가 요란하게 울렸다. 몰려든 사람들이 대부분 허탈한 표정으로 이방인을 노려보았다.

그러나 침착한 이방인은 먼저 사람들에게 자신의 손을 들어 흔들어 보인 후 입을 열었다.

"지금 제 손에 아무것도 없는 것처럼 보이십니까? 맞습니다! 제 손에는 아무것도 없습니다. 방금 여러분에게 모두 스며 들어갔으니까요. 그것은 바로……."

이방인은 감정이 격해진 듯 잠시 숨을 고르느라 말을 멈췄다. 흥분한 사람들이 그의 입술을 뚫어져라 바라보았다.

"바로 믿음입니다. 여러분이 순수를 되찾고 지킬 수 있다는 믿음을 드렸습니다. 그것은 눈에 보이지 않고 손으로 잡을 수도 없습니다. 하지만 분명히 존재합니다. 순수가 존재하는 것처럼 말입니다. 자, 그럼 진실한 믿음으로 자신의 행복을 향해 힘차게 전진하시길 바랍니다. 저는 가보겠습니다. 다른 분들에게도 이 선물을 나누어주어야 하니까요."

이방인이 멍한 표정으로 서 있는 사람들을 헤치고 광장 바깥으로 멀어져 갔다. 인간을 위해 잠시 지상에 다니러 온 한 천사가 순수를 지키고 분별력을 키울 수 있는 믿음을 지니고 살아가는 것에 대해 화두를 던져 주었으나, 그것에 대해 진지하게 고심하는 이는 적었다. 다시 아이들은 게임에 몰두했고, 젊은이들은 취업 준비 공부를 했고, 중년들은 재테크에 관심을 쏟았고, 노인들은 흘러가는 구름을 바라보았다.

너도 나처럼 힘들구나. 괜찮아, 순수가 있으니까

우리의 순수는
지금 어디로 가고 있는가

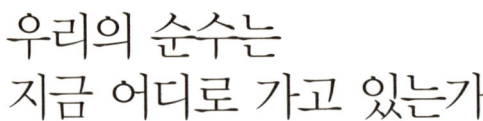

　나뭇잎이 절반 이상 떨어진, 그래서 더욱 외로워 보이는 미루나무가 좌우에 빗자루처럼 가지런히 정렬해 있는 한적한 국도, 그리고 그 곁에 서 있는 버스 정류장. 까맣다 못해 검푸른 눈동자를 가진 소년이 지친 기색이 완연한 채 의자에 앉아 있다. 소년의 창백한 볼에는 시퍼런 멍 자국이 훈장처럼 선명하게 남아 있고, 옷은 허름한 구식 복장이었다. 세월을 제멋대로 거슬러 올라간 듯 구시대적인 차림새의 소년이 묵묵히 바라보는 곳은 몇 잎 남지 않은 미루나무에 아슬아슬 매달린 11월의 차가운 햇살이었다. 곁에서 그 모습을 내내 지켜보던 소녀가 갓 구워낸 듯 아직도 김이 모락모락 피어오르는 붕어빵 한 개를 종이봉투에서 꺼내 소년에게 건네주었다.
　"얘, 배고프지 않니? 이거 먹어."
　고소한 냄새가 나는, 밀가루로 만든 뜨거운 붕어 한 마리가 물결을 타고 출렁거리고 싶은 듯 소녀의 하얀 손가락 끝에서 꿈틀거렸다. 붕어가 꿈틀거리자 시간이라는 은빛 비늘이 하얗게 떨어져 내렸다. 소년은 붕어빵을 내민 소녀의 여린 손가락들을 바라보면서 말없이 웃기만 했다. 소녀가 보기에 소년은 몹시 허기져 보였다. 어딘지 모르게 그런 느낌이 들었다.

"어서 받아, 괜찮아. 먹어봐, 따뜻하고 맛있다."

"고맙다!"

한참을 망설이던 소년이 나이답지 않게 심하게 부르튼 손으로 붕어빵을 받아들며 천천히 말했다. 혹한에 고스란히 피부를 노출한 것이 분명했다. 그 손은 소년의 어제와 과거가 그리 쉽지 않았음을 말해주었다. 소녀가 근심 어린 눈으로 그 손을 바라보다가 동생을 염려하는 누나처럼 물었다.

"그런데 넌 어디로 가려고 이렇게 기다리고 있는 거니? 내가 오전에 여기에 내렸을 때도 있었던 것 같은데, 설마 이 자리에 계속 있었던 건 아니지?"

소녀가 사슴처럼 맑고 큰 눈을 동그랗게 뜨며 물었다. 소년은 배시시 웃으면서 붕어빵의 꼬리를 살짝 베어 물었다.

"맞아! 난 오전에도 여기에 있었어. 네가 오전에 본 그 아이가 나야. 나를 본 건 정확한 사실이지 허구가 아니야. 너의 관점이 옳아."

소년이 마치 선문답을 하듯 알쏭달쏭한 말을 했다.

"아, 그렇구나. 그런데 왜 그렇게 오래 여기에 있어? 네가 가고 싶은 곳을 아직도 못 찾은 거니?"

소녀도 붕어빵 하나를 깨물자, 달콤한 팥이 초콜릿처럼 터져 나왔다. 소녀는 할머니 댁에 잠시 다니러 온 것이었다. 할머니가 사는 이 마을에는 유난히 미루나무가 많았다.

"아직 사람들이 나를 불러주지 않아서."

소년이 조금 머뭇거리더니 조심스럽게 대답했다.

"사람들이 너를 불러주지 않아서 갈 곳이 없는 거야? 그럼 우리 집에 갈래? 당장 갈 곳이 없다면 우리 집에 가자."

"아니야, 너는 내가 필요 없어. 이미 네 안에는 내가 있으니까. 나를 필요로 하는 사람들이 나를 불러주지 않아서 안타까운 거야. 내가 사람들과 꼭 함께해주어야 하는데, 나의 필요성을 느끼지 못하고 있지. 그래서 자신들이 왜 그렇게 힘든 삶을 살아가고 있는지를 알지 못해. 정말 가슴 아파!"

소년이 붕어빵을 삼키다 말고 기침을 했다. 마른기침이 한참 동안 이어졌으므로 소녀는 그런 소년의 등을 살살 두드려주었다. 소녀의 할아버지도 소년처럼 마른기침을 오랫동안 하다가 재작년에 하늘나라로 떠났다. 그래서 소녀는 더욱더 이 아이가 걱정스러웠다. 그러나 완강하고 정중하게 거절하는 소년의 마음을 돌릴 수는 없을 것 같았다. 이 아이는 뭔가 범상치 않아 보였다.

"우리 할머니 댁에 가서 약도 먹고 좀 쉬어 가면 좋을 텐데, 네가 거절하니까 어쩔 수 없구나. 어, 저기 버스가 온다. 난 이만 가봐야겠어. 그럼 좋은 사람들 많이 만나. 건강 조심하고."

소녀는 소년이 못내 걱정스러운 듯 뒤돌아보면서 당부했다.

"잘 가라! 네 안에는 내가 이미 있어. 그래서 따라가지 않는 거야. 지금처럼 맑고 착한 마음으로 살아가렴."

소년이 겨우 기침을 멈추고 진솔한 미소를 지었다. 그 미소에는 인간을 향한 거짓 없는 사랑이 무한대로 깃들어 있었으므로 소녀는 잠깐 가숨이 따스해졌다. 소녀를 태운 주황색 군내 버스의 뒷모습이 까마득히 멀어질 때까지 소년은 눈을 떼지 못했다. 황량한 국도에는 가끔씩 차들이 지나갈 뿐, 와자지껄한 사람들의 모습도 보이지 않았고 빵빵거리는 자동차 경적도 들리지 않았다. 소년은 박제된 한 그루의 미루나무처럼 그 자리에서 누군가를 기다렸다.

그때였다. 어딘지 모르게 불안정해 보이는 한 남자가 무엇인가에 쫓기는 것 같은 초조한 얼굴로 황급히 정류장 안으로 들어섰다. 그의 등 뒤에는 무엇이 있는 것일까? 달아나지 않으면 잡혀 죽을 것처럼 급박한 위험이 도사리고 있는 얼굴이다. 소년은 그런 남자를 보면서 알 수 없는 미소를 지어 보였다.

"아저씨, 절 찾아오셨군요."

"아니, 그걸 어떻게 알았니? 지금 내 몰골을 봐서 알겠지만 난 지금 굉장히 곤란한 처지란다. 어떻게 하면 이 어려운 시기를 극복하고 다시 예전처럼 안정된 생활을 할 수 있을까? 네가 사람들의 고민거리를 해결해주고 삶의 용기와 살아갈 의욕을 고취시켜준다는 소문을 들었어. 나에게도 그런 비법을 알려줄 수는 없겠니? 내가 너에게 사례로 줄 수 있는 건 이것뿐이지만……."

남자가 호주머니에서 꼬깃꼬깃 접힌 지저분해 보이는 오천 원짜리 지폐 한 장을 꺼내어 소년에게 주려고 했다.

"저에게 사례를 하실 필요는 없어요. 저는 아저씨가 다시 예전의 밝고 희망찬 모습으로 살아가실 수 있는 것이 가장 큰 기쁨이니까요. 전 아저씨가 여기에 왜 오셨는지 이미 알고 있어요. 절 데리고 가려고 오신 거잖아요."

"어, 어떻게 알았니? 맞다! 난 너를 내가 있는 곳으로 데리고 가야 해. 들리는 소문에 의하면 너는 고민거리를 안고 온 사람의 집에 가서 하룻밤 자는 동안 그 사람의 모든 문제들이 말끔히 해결될 수 있도록 해준다고 하던데, 맞지?"

"네, 맞아요! 전 저를 찾아오신 분이 생활하는 모습을 보고 그분에게 맞는 처방을 해드리죠."

"그럼 나랑 함께 가자. 저기 오는 버스를 타면 돼."

때마침 초록색 버스 한 대가 차가운 겨울 공기를 뚫고 다가오고 있었다. 소년은 흔쾌히 고개를 끄덕였다.

자신의 이름을 패배자라고 소개한 사내를 따라 도착한 곳은 꽤 탁한 하천이 흐르는 다리 밑이었다. 건설된 지 아주 오래된 듯 보이는 다리는 이미 사용이 중지된 상태였고, 바로 곁에 새로운 다리가 지어져 그 위로 차들이 통과하고 있었다. 사람들조차 다니지 않는 버려진 다리 밑에 판자와 비닐로 조악하게 지은 가건물 하나가 있었다. 겨우 한 사람 정도만 들어가 누울 수 있을 것 같은 비좁은 공간을 보여주면서 사내가 머쓱하게 웃었다.

"미안하다. 여기가 내가 살고 있는 곳이야. 배고프지? 라면이라도 끓여줄까?"

"괜찮아요, 아저씨. 그런데 왜 아저씨 이름이 패배자예요? 본명은 아니죠?"

낚시터에서 누군가 쓰고 버린 것이 분명한 조그만 간이 의자 두 개를 가지고 온 사내는 소년의 말에 아랑곳하지 않고 의자를 내밀었다.

"앉아라. 조금 서늘한데 모닥불을 피워야겠어."

신문지를 꺼내어 라이터로 불을 붙이자, 신문지가 뜨거워 죽겠다는 듯 몸서리치면서 타들어갔다. 사내가 주변에서 마른풀들을 뜯어 와 신문지 위에 던지자, 본래의 모습을 상실한 신문지의 활자들이 게걸스럽게 붉은 혀를 내밀며 풀들을 단숨에 삼켜버렸다. 장작 몇 개를 더 집어넣고서야 그가 한숨을 길게 내쉬었다.

"난 패배자야, 인생의 패배자. 아내도 자식도 모두 내 곁을 떠나갔지. 정확히 말하자면 내가 그렇게 만든 셈이지. 내가 못나서 회사에서 명예퇴직을 당하는 바람에 결국 이렇게 된 거니까. 퇴직금이라도 잘 가지고 지켰어야 했는데, 그걸 홀라당 사업한다고 날려버리는 바람에 빈털터리가 되었어. 이런 내가 패배자가 아니면 누가 패배자겠니. 나같이 무능력한 사람은 밥 먹을 자격도 없어, 그렇지?"

사내의 투박한 두 볼이 모닥불의 불빛에 벌겋게 타들어갔다. 마치 술에 취한 사람처럼 의자 위에서 중심을 제대로 잡지 못한 그는 어딘지 모르게 굉장히 불안해 보였다.

"아저씨, 패배자란 말은 아저씨처럼 건강하고 정신이 맑은 분에게는 절대로 어울리지 않는 말이라고 생각해요. 명예퇴직을 당한 그 심정이 얼마나 참담했을까 생각하니 제 가슴이 다 아파오네요. 하지만 아저씨는 그 회사에 다닐 때 최선을 다하셨고, 고의적으로 회사에 피해를 끼치지도 않으셨어요. 안타깝게 명예퇴직을 당하셨지만, 그리고 잘못된 판단으로 퇴직금을 모두 잃기도 하셨지만 그건 전적으로 아저씨가 잘못한 것이라고 단정할 수 없는 일이잖아요. 자신을 패배자라고 인정하면 다른 사람들도 그렇게 인정하고, 이 세상 모든 것들이 그렇게 인정하고 말아요. 그래서 다시는 원래 모습으로 돌아갈 수 없어요."

소년이 고개를 푹 숙이고 있는 사내의 곁으로 자신의 의자를 끌어당겨 붙였다. 그와의 거리가 한결 가까워졌다. 사람과의 사이란 간격의 차이다. 사람과 사람은 얼마나 서로의 간격을 좁히느냐에 따라 친밀감이 달라진다. 소년은 그와의 간격을 좁히고 싶었다. 그는 그동안 얼마나 외로웠을까? 그는 얼마나 많이 울었을까? 그에게서는 오랜 방랑 생활에서 밴 것 같은 고된 방랑자의 냄새가 났다.

"그동안 아저씨는 이 손으로 많은 것들을 이루어 오셨어요. 한 가정을 이루었고, 사랑하는 자식을 낳아 길렀고, 남편으로서 아내를 사랑했고, 회사에서 어엿한 일원으로 제 몫을 다하셨어요. 결과가 나쁘다고 해서 그 과정을 전부 부인할 수는 없어요. 아저씨, 제 얼굴을 보세요."

"이런! 얼굴에 멍이 들었구나. 누가 그런 거니?"

"이 멍 자국들은 누가 때려서 생긴 것도 아니고 제가 어딘가에 부딪혀서 생긴 것도 아니에요. 저는 가슴이 아플 때마다 멍이 들어요. 가슴에도 얼굴에도. 그래서 아주 많이 힘들기도 해요. 그렇지만 아저씨처럼 저를 필요로 하는 사람들과 만나고 함께하는 시간을 가지다 보면 멍이 차츰 흐려지고 사라져요."

자신을 패배자라고 말하던 사내가 이제 소년의 멍든 얼굴을 바라보면서 근심 어린 목소리로 말했다.

"언제 가슴이 아픈데? 난 네가 그런 일이 없었으면 좋겠다. 그래서 멍도 들지 않고 아프지도 않았으면 좋겠어. 나처럼 아픈 사람을 본다는 건 힘겨운 일이니까."

소년이 사내의 말에 빙그레 웃음을 지어 보였다. 얼굴 가득한 시퍼런 멍들도 천진하게 같이 웃어 보였다.

"제가 가슴이 아플 때는 사람들이 저의 존재를 모르고 자신의 고난과 역경을 오로지 물질적인 것들로만 이겨내려고 하거나, 저란 존재에 대해 알면서도 타인을 대할 때 자신의 진심을 속이고 상처를 주는 행동을 아무렇지도 않게 할 때랍니다. 하지만 그것도 제가 감당해내야 할 몫인걸요. 저는 그런 사람들을 위로해주기 위해 만들어진 존재거든요."

청아하고 지순한 소년의 얼굴에서는 어떤 가식도 보이지 않았다. 사내는 그런 소년의 모습을 천천히 바라보았다. 어둑해지는 하천의 저녁 공기가 그런 사내의 눈동자를 점점 검게 비추고 있다.

"난 항상 내 자신이 패배자라고 생각하며 지내왔어. 마치 집시처럼 이곳저곳을 떠돌아다니면서 인생을 향한 저주를 퍼부었지. 한때는 정말 남부러울 것 없었던 내가 이렇게 된 건 모두 이 불평등한 사회와 잘못된 제도, 어긋난 자본주의의 폐해라고 비난하느라 정작 너를 생각하지 못했던 것 같아. 미안하다!"

"아저씨, 괜찮아요. 이제라도 저를 알게 되었고, 이렇게 마음속 깊은 곳까지 서로 들여다보면서 진심을 이야기했으니까요. 지금부터 아저씨는 인생의 패배자가 아니라 새로운 인생을 만들어갈 멋진 도전자가 되실 거라고 믿어요."

소년이 사내의 굳은살 박힌 손을 따뜻하게 어루만져주었다. 그러자 사내의 얼굴에 알 듯 말 듯한 미소가 어렸다. 그것은 미래를 향한 기대와 설렘이 빚어낸 희망의 미소였다.

사내의 누추한 움막집에서 하룻밤을 보낸 소년은 다시 길을 떠났다. 사내는 소년에게 자신의 분신과도 다름없이 여기며 아껴왔다는 은색 하모니카를 선물했다. 소년은 기쁘게 그 선물을 받았다. 사내의 얼굴에서는 더 이상 패배자의 그늘이 보이지 않았다. 대신 아침 햇살처럼 반짝이는 희망의 빛으로 가득했다. 소년의 얼굴에 있던 멍 자국 하나가 조용히 사라졌다. 사내와의 아쉬운 작별을 뒤로하고 소년이 반나절 동안이나 버스를 타고 가서 도착한 곳은 사람들이 북적이는 어느 도심의 재래시장이었다.

"튀김 닭이 쌉니다. 어묵도 직접 만들어서 고소하고 맛있어요."

오십 전후로 보이는 아낙이 집게로 기름이 뚝뚝 흐르는 갓 튀긴 뜨거운 닭튀김을 들어 보이면서 지나가는 사람들을 향해 말했지만, 사람들의 반응은 시큰둥하다. 튀겨놓은 닭들이 버석해진 피부를 내보이며 수줍음 따위는 잊은 채 알몸으로 진열대에 누워 있다. 바로 곁에는 부글부글 끓어오르는 검은 무쇠 기름 솥이 있고, 아낙이 반죽된 어묵들을 바쁘게 그곳에 던져 넣고 있다. 그때 소년을 발견한 아낙은 하던 일을 멈추고 황급히 인파 속으로 뛰어갔다.

"어디 가니? 내가 널 얼마나 기다렸는데!"

눈물을 글썽이면서 소년을 바라보는 아낙의 누렇고 반지르르한 얼굴에서는 콩기름 냄새가 폴폴 나고 있었다.

"아, 아주머니! 저도 아주머니를 찾아온 거랍니다. 멀리서 아주머니가 마음속으로 저를 부르는 소리를 들었거든요."

소년이 해맑게 웃었다. 그 웃음이 어찌나 푸르고 맑은지 그것을 본 사람들은 잠시 자신의 근심거리들을 몽땅 잊어버릴 정도였다. 아낙은 소년의 팔을 잡고 자신의 가게 안으로 안내했다. 갓 튀긴 닭 한 마리를 접시에 푸짐하게 담아 소년에게 주면서, 아낙은 마치 잃어버렸던 자식과 재회하듯 감회에 찬 눈빛으로 말했다.

"이런 말을 해도 될지 모르겠지만, 난 정말 사는 게 사는 게 아니야. 그렇지만 너는 우리의 심정을 누구보다 더 잘 이해해준다고 들었어. 이제 가게 문 닫고 집에 갈 건데 우리 집에 함께 가자."

아낙의 집은 주인집과 바짝 붙어 있었다. 바로 곁에서 주인 할아버지와 할머니가 대화하는 소리가 아주 또렷이 들려왔다. 소음이 전혀 차단되지 않는 곳이었다. 아낙의 남편은 고주망태가 되어 풀밭에 쓰러진 짐승처럼 혼곤하게 곯아떨어져 있었다. 아이들은 모두 자라 도회지에서 회사에 다니고 있다고 말하는 아낙의 표정은 어둡고 쓸쓸해 보였다.

"너도 보았지만 하루 종일 그렇게 닭을 튀기고 어묵을 튀기며 살아온 세월이 삼십 년이란다. 그렇게 열심히 햇빛 한 번 제대로 받아보지 못하고 시장 바닥에서 뒹굴었지만 내게 남은 건 허무함뿐이야. 남편이란 사람은 내가 일하러 나갈 때도 자고 있고, 이렇게 집에 돌아오는 것도 모르고 술에 취해 곯아떨어져 있기 일쑤지. 아이들은 다 자랐어도 내 마음을 전혀 돌봐주지 않아. 가끔 안부가 궁금해서 전화라도 하면 귀찮아하면서 서둘러 전화를 끊는단다. 품 안에 있을 때나 자식이지 다 큰 지금은 엄마란 존재를 오히려 거추장스러워하고……."

아낙이 울먹거리다가 그만 참지 못하고 통곡하듯 눈물을 쏟아내었다. 소년은 그런 아낙에게 손수건을 건네주었다.

"아주머니, 울지 마세요. 그 심정 다 이해해요."

"고맙다. 내 마음을 알아주는 사람이 단 한 사람도 없다고 느꼈을 때 그게 얼마나 외로운 것인지 모른단다. 그런데 너는 내 마음을 이해하는구나. 사람들이 왜 너를 만나야 된다고 하는지 알 것 같아. 그냥 이렇게 곁에만 있어주어도 정말 큰 힘이 되는 걸 느껴."

소년이 아낙의 말에 수줍게 볼을 붉히면서 손을 저었다.

"전 아무것도 해드린 게 없는데요. 아주머니에게 제가 해드릴 수 있는 것은 아름답고 꿈 많던 예전의 모습을 기억할 수 있게 도와드리는 거예요. 그것이 바로 지금의 절망스러운 기분을 비교적 안전하게 물리칠 방법이니까요. 자신의 예전 모습을 기억해보세요. 과거란 것은 때로는 발목을 잡는 방해물이 될 수도 있지만, 현재의 슬픔을 치유할 방편이기도 해요. 아주 어린 시절에 아주머니는 정말 꿈이 많은 소녀였죠?"

"응, 맞아! 난 정말 꿈이 많았지. 가난하지만 꿈을 가진 아이였어."

아낙이 지그시 회상에 잠기며 안정된 목소리로 말했다. 이제 그녀의 눈에서 흐르던 눈물은 조용히 숨을 죽이고 그들의 이야기에 귀를 기울였다.

"난 사람들에게 기쁨을 주는 사람이 되고 싶었어. 여러 가지 꿈 중에 내가 지금도 간직하고 있는 것은 가수가 되는 거야. 음악을 듣고 거기에 맞춰 노래를 부르다 보면 온갖 시름이 다 사라지는 걸 느껴. 그렇지만 삶에 지치고 일에 시달리다 보니 그런 꿈은 영영 멀어지고 만 것 같아. 이 나이에 뭘 하겠니. 난 여자로서의 삶도 다 끝났어. 남들은 여자 나이가 삼십만 넘어도 여자가 아니라고 하던데, 벌써 오십이 넘은 나이니 뭘 새롭게 하겠다는 것 자체가 우습지 않겠니?"

아낙은 깊게 가라앉은 목소리로 우울하게 말하다가 소년이 아무런 반응을 보이지 않자, 다시 자신의 마음을 털어놓았다.

"그래도 아주 가끔은 나도 멋진 무대에 서서 많은 사람들에게 즐거움과 행복한 기분을 느끼게 해주는 가수가 되는 상상을 해."

"그럼 이렇게 해보는 건 어떠세요? 이번 주말에 시민 회관에서 전국 노래자랑 예선이 있을 거래요. 거기에 출전하는 거예요. 한번 도전해보시는 거죠. 아주머니가 무대에서 노래를 부르는 모습은 상상만 해도 멋진데요."

소년이 생기발랄한 표정을 지었다. 그 표정은 아낙의 마음속에 희망의 불을 지펴주는 도화선 역할을 하기에 충분했다.

"어머, 정말이니? 내가 잘 해낼 수 있을까? 매일 닭이나 튀기던 내가 사람들에게 좋은 노래를 불러줄 수 있을까 걱정이 돼. 나이도 이렇게 많은데 나 같은 사람 노래를 누가 좋아할지."

머뭇거리는 그녀는 아까와는 다르게 훨씬 밝아진 모습이었다. 소년은 그녀를 한없이 자상한 눈길로 바라보았다.

"어떤 사람의 일이 아무리 보잘것없고 작아 보여도, 그 사람이 그 일을 하지 않으면 다른 사람들은 그 일로 인한 혜택을 볼 수 없어요. 아주머니가 닭을 튀겨서 팔기 때문에 매일 맛있는 닭튀김을 먹었을 손님들을 생각해보세요. 그분들이 아주머니를 가볍게 볼까요? 아니죠. 정말 고마운 사람이라고 생각할걸요. 환경미화원 아저씨들도 마찬가지예요. 그분들이 하는 일이 더럽고 힘들어 보인다고 해서 그 일을 하는 사람들을 모두 그만두게 한다면 거리는 순식간에 쓰레기 천지가 되고 말 거예요. 어떤 일을 하느냐가 중요한 것이 아니라 그 일이 사회에 어떤 영향을 미치는지가 중요한 것도 그 때문이랍니다. 아주머니, 걱정 마세요. 아무도 아주머니를 손가락질하지 않을 거니까요. 오히려 닭튀김을 정말 맛있게 만드는 아주머니가 노래까지 잘한다면서 칭찬할 거예요."

소년의 말에 아낙은 지금까지의 모든 번뇌가 사라지는 말끔한 기분을 느낄 수 있었다. 더 이상 자신에 대해 자조적일 필요도 없으며 남은 인생을 우울하게 살아갈 이유도 없다는 것을 깨닫게 되었기 때문이다. 여전히 곁에는 술에 취해 정신줄을 놓은 남편이 코를 골면서 자고 있었고 자식들은 살가운 전화 한 통 해주지 않았지만, 자신의 인생을 행복하게 만들 사람은 바로 자기 자신이라는 것을 확실히 알게 된 지금 이 순간이 참 감사하다고 느꼈다. 그녀는 소년에게 손수 뜬 목도리를 선물했다.

"정말 작은 선물이지만 내 마음이란다. 받아주렴. 나란 사람을 인정해주고 뭔가를 할 수 있다는 긍정적 기대를 불러일으켜준 너에게 정말 고맙다는 말을 하고 싶다. 고마워!"

"감사합니다, 아주머니. 제 얼굴에서 멍 자국이 또 하나 사라졌어요. 제가 오히려 감사한걸요. 앞으로는 좋은 일들만 생길 거예요. 왜냐하면 아주머니가 절망보다는 희망을, 좌절보다는 용기를, 부정보다는 긍정을 선택할 거니까요."

다음 날, 아낙은 소년을 보내기가 못내 아쉬운 듯 한참 동안이나 품에 안고 놓을 줄 몰랐다. 이윽고 얼마간 시간이 흐른 뒤, 아낙은 소년을 품 안에서 놓아주며 울먹거리면서 말했다.

"잘 가라. 네 이름을 늘 가슴에 품고 살아갈 거야. 주위 사람들이 아무도 날 알아주지 않고 아무런 이유 없이 험담하고 가치를 깎아내리는 행동을 한다고 해도, 모진 칼바람에도 꿋꿋한 소나무처럼 앞으로는 의연하게 살아가겠어. 너처럼 작은 일에도 감사하고 타인을 위해 스스럼없이 사랑을 베풀면서 말이야. 고마워, 순수야!"

소년의 눈가에도 어느새 투명한 눈물이 촉촉하게 맺혀 있었다. 눈물 겨운 이별을 뒤로하고 소년은 자신을 기다리는 누군가를 향하여 발걸음을 재촉했다. 어젯밤부터 어떤 젊은 남자의 목소리가 쉴 새 없이 들려왔다. 그 목소리는 이렇게 말했다.

"네가 정말 필요해. 어서 내 곁에 와줄 수 없겠니?"

그래서 아침밥도 먹는 둥 마는 둥 급하게 먹고 서둘러 아낙의 집을 나선 것이었다. 그녀가 준 아이보리색 목도리를 목에 칭칭 감고 낡은 카키색 점퍼를 걸친 소년의 모습은 아주 평범해 보였지만, 진한 갈색 동공 속에서 뿜어져 나오는 성스러운 기운은 아무도 함부로 대할 수 없는 특별한 존재라는 것을 고스란히 드러내고 있었다.

"네가 보고 싶다. 얼른 내 곁으로 오렴. 어디에 있니?"

다시 그 정체 모를 목소리가 소년의 귀에 송곳처럼 예리하게 꽂혔다. 소년은 잠시 걸음을 멈추고 심호흡을 했다. 조금씩 흩날리는 눈발이 하얗게 원을 그리면서 소년의 콧잔등 위에 사뿐히 내려앉았다. 차가운 겨울 공기가 폐를 얼려버릴 것 같은 냉기를 뿜내면서 내부로 거침없이 흡입되었다.

"곧 갈 거예요. 지금 가고 있어요."

소년이 혼잣말을 하면서 다시 발걸음을 재촉했다.

"너였구나. 이렇게 와주어서 고맙다. 네가 얼마나 보고 싶었는지 몰라. 진짜 반갑다!"

살이라고는 한 점도 붙어 있지 않은, 뼈만 앙상한 그의 얼굴은 창백하다 못해 새파랗게 보였다. 반갑게 소년의 손을 움켜잡은 두 손에는 나이에 어울리지 않게 검버섯이 피어 있고, 금방이라도 허물어질 것 같은 모래성처럼 위태로운 그의 두 다리는 바람이 불지 않는데도 후들거리는 듯했다.

"형이 저를 불렀어요? 어제부터 형이 부르는 소리가 들렸어요. 이렇게 만나게 되어 기뻐요."

소년이 진심으로 그와의 만남을 반가워하면서 환하게 웃었다. 그런 소년의 손을 아직도 놓지 않은 채 청년이 데리고 간 집은 꽤 오랜 시간을 혼자 기거한 듯 적막하기 그지없는 낡은 아파트였다. 노후한 엘리베이터 안에는 갖가지 광고 스티커가 싸구려 작부처럼 요란하게 붙어 있었고, 페인트칠은 도대체 언제 했는지 의아할 정도로 아파트의 모든 벽은 제 색깔을 잃은 지 오래되어 보였다. 곧 철거가 진행된다고 해도 누구나 믿을 만한 곳이었다. 청년은 어딘지 모르게 불편한 자세로 현관문을 열었고, 얼굴은 찡그린 것인지 계속 울상이었다.

"형, 많이 불편해 보여요. 혹시 어디 아픈가요?"

소년은 걱정이 가득한 얼굴로 물었다. 소년은 이미 그의 몸 상태를 알고 있었는지도 모른다. 소년은 인간의 모든 것을 다 헤아릴 줄 아는 초월적인 존재이기도 하기 때문이다. 그러나 인간에 대한 배려가 깊은 소년은 인간 스스로 자신의 처지를 말하면 거기에 대해 조언을 해주었다고 전해진다.

"사실은 내가 많이 아파. 위암 말기란다."

청년이 따뜻한 코코아차 한 잔을 소년에게 건네주면서 풀이 죽은 목소리로 말했다.

"난 느껴. 이제 내가 이 세상에서 숨 쉬고 생각하고 머무를 수 있는 시간이 얼마 남지 않았다는 사실을. 그래서 난 누구보다 외롭고 쓸쓸했단다. 고향에 계신 연로한 어머니께는 이 사실을 차마 알릴 수가 없고, 친구들은 병색이 완연한 나를 점점 멀리하고, 건강할 때 운영하던 조그만 가게도 그만 문을 닫았고, 내 곁에는 아무도 없어. 그런데 들리는 소문에 의하면 네가 상처받은 사람들의 마음을 위로해주고 보살펴준다고 해서 더 늦기 전에 너를 꼭 한 번 보고 싶었단다."

"그랬군요. 형이 저를 부르는 목소리가 정말 간절해서 저도 많이 궁금했어요. 형이 어떤 사람인지, 어떤 아픔을 가지고 있는지 형에게 오는 동안 사실은 저도 아팠어요. 가슴이 아프고 심장이 아리고, 저는 저를 원하는 분들의 아픔을 공유할 수 있거든요. 그런데 이번만큼 제 가슴을 아프게 한 사람은 없었던 것 같아요. 하지만 걱정 마세요. 지금은 괜찮아요."

소년이 그가 염려할 것을 우려해 어깨를 들썩이면서 괜찮다는 표현을 했다. 사실은 지금도 소년의 마음은 저릿했다. 아니, 오히려 그를 만나기 전보다 훨씬 더 많이 아팠다.

"미안하다. 이럴 줄 알았으면 널 부르지 말걸. 괜한 너까지 아프게 했다니 정말 난 끝까지 몹쓸 놈이구나. 그래도 이렇게 널 보게 되어 정말 마음이 편안하다. 아프고 나서 처음으로 칼로 도려내는 것 같던 미친 통증이 사라지는 것 같아. 코코아차 마셔 봐. 널 위해 준비해둔 거야."

청년이 자신 앞에 놓인 코코아 잔을 들어 보이면서 소년에게 권했다. 따뜻한 코코아 향기가 실내에 번지자 포근하고 부드러운 기운이 감돌았다. 소년도 한 모금 마셨다. 자신의 몸을 감당하기조차 힘든 청년이 손수 준비한 코코아차가 소년의 가슴을 울렸다. 어쩌면 이 생애에서 자신을 찾아온 최후의 손님일지도 모를 소년을 위해 준비한 차. 지독한 고통으로 몸을 가누지도 못하는 처지인 그는 차가운 겨울 눈발을 헤치고 마트까지 비틀거리며 걸어가서 코코아차를 사왔던 것이다.

"정말 네게 말하기 부끄러운 고민이 있어. 사실은……."

청년은 내면에 있는 힘이란 힘은 모두 그러모은 목소리로 힘겹게 말을 이었다.

"사실은 나 오늘 당장이라도 그만 목숨을 끊어버리고 싶은 충동을 느끼고 있어. 어차피 얼마 못 살 거라면 더 이상 고통스럽게 살지 말고 그냥 스스로 하늘나라로 떠나고 싶어. 통증도 통증이지만 최후의 순간에 내 곁에 아무도 없을 거라는 사실이 너무 무서워."

자신의 속마음을 끄집어내느라 청년은 기력이 다한 모양이었다. 이제 꼿꼿이 앉아 있지도 못하고 벽에 몸을 기대어 겨우 눕지 않고 버티는 중이다.

"그 마음 저도 알 수 있어요. 사람들은 자신이 건강할 때 아플 것을 대비하는 일에 소홀하죠. 항상 그렇게 건강할 것만 같으니까요. 그러다가 막상 몸이 회복될 수 없을 정도로 아픈 지경에 이르면 어찌할 바를 모르고 혼란스러워해요. 그래서 극단의 선택을 하는 사람들이 많아요. 병에 의해 죽음에 이르기 전에 스스로 목숨을 버리는 행동을 하는 거죠. 하지만 그것은 삶을 대하는 올바른 방식이 아닌 것 같아요. 세상에 태어나게 해준 부모님과 생명의 원천적 제공자인 우주의 위대한 존재에 대해 감사한다면 자신의 목숨을 스스로 끊는 행동을 해서는 안 될 거예요."

소년이 말을 멈추고 청년의 얼굴을 응시했다. 메마른 대지를 어루만지듯 잔잔하게 내리는 봄비처럼 촉촉한 소년의 눈빛은 청년이 지금까지 보아온 어떤 눈빛보다 진실해 보였다. 이런 따뜻한 눈빛을 요즘 들어 사람들로부터 받아본 적이 있었던가. 청년의 가슴이 뭉클해졌다.

"그렇지! 네 말이 맞아. 그런 생각을 해서는 안 된다고 나도 생각해. 하지만 매일 이렇게 답답한 아파트에서 통증과 견디면서 홀로 있는 것 자체가 너무 힘들어. 몸이 아픈 것도 힘들지만 고독한 것은 더 견딜 수 없는 아픔으로 다가온단다. 어디론가 여행을 떠나고 싶지만 선뜻 나서지도 못해."

"형, 그럼 저랑 같이 여행을 가면 되잖아요. 우리 즐거운 추억을 만들어요. 공기도 맑고 확 트인 야외로 나가요."

"그래도 될까?"

망설이는 투로 말했지만 청년의 얼굴은 어느덧 함박꽃처럼 환해졌다. 고통으로 일그러져 있던 방금 전의 모습은 흔적도 없이 사라지고 없었다. 달콤한 코코아차 한 잔에 소년의 마음도 한결 훈훈해져 있었고, 둘 사이에는 끈끈한 정이 흐르기 시작했다. 마치 친형제처럼 허물없는 시선으로 서로를 바라보았다.

"밖에는 추우니까 이 목도리를 두르세요."

소년이 자신의 목에 두르고 있던 털목도리를 풀어 청년의 목에 정성껏 둘러주었다. 청년의 목은 가시만 남은 생선처럼 뼈가 앙상하게 드러나 보였다. 그 모습이 너무나 가여워서 소년은 잠깐 아득해졌다.

"넌 사람을 위로하고 속마음을 읽을 줄 아는 아이구나. 고마워! 이렇게 내 목에 다정하게 목도리를 둘러준 사람은 네가 처음이야. 그리고 누구랑 함께 여행을 떠난다는 것은 내 처지에 감히 상상도 하지 못했던 일이야. 더군다나 세상 사람들이 그토록 함께하고 싶어 하는 너와 같이 여행을 떠나게 되다니, 난 정말 행복한 사람이야!"

감격에 겨운 청년의 목소리에서는 싱싱한 활어 같은 활력이 넘쳐 나왔다. 누가 그에게 시한부 인생을 살고 있는 말기 암 환자라고 할 수 있겠는가. 그의 모습은 당장 올림픽 경기에 출전해도 손색없을 만큼 밝고 의욕적이고 긍정적이었다. 소년은 그 모습을 보고 가슴속으로 간절히 기도했다.

'신이시여, 여기 가여운 영혼이 있습니다. 그의 육신은 돌이킬 수 없을 만큼 철저히 파괴되었고, 그동안 너무나 깊은 고독에 홀로 몸부림쳐 왔습니다. 당신이 허락하신 날이 얼마인지는 모르지만 이제 그에게 남은 시간만큼은 행복하게 지낼 수 있도록 해주시옵소서. 당신께서 저를 이곳에 보내신 궁극적인 이유가 무엇인지 알 것 같습니다. 그가 더는 좌절감에 빠져 고통받지 않도록 위로할 수 있는 능력을 주시옵소서.'

차창 밖을 바라보고 있는 청년의 입에서 연신 환희의 탄성이 흘러나왔다. 그는 사악한 암세포의 무차별적인 공격에도 더 이상 연약하게 굴복하지 않게 된 것 같았다. 많이 마르기는 했지만 그의 얼굴은 건강한 사람들의 표정보다 더 좋아 보였다. 청년은 바다에 가고 싶어 했다. 그들이 탄 버스는 시내를 빠져나와 시외로 접어들었다. 도심지에서 가장 가까운 곳에 있는 바다에 가기 위해 탄 버스 안에는 평일이라서인지 몇몇 사람들만 노곤하게 졸고 있었고, 의자의 절반 이상은 비어 있었다.

"와! 겨울 풍경이 정말 멋지다. 이렇게 시외로 나와본 지가 얼마 만인지 몰라."

어린아이처럼 해맑은 표정으로 차창 밖에 펼쳐지는 설원의 풍경을 바라보면서 기뻐하는 그의 모습에 소년의 마음도 더불어 흐뭇해졌다.

"형이 좋아하니까 저도 좋아요. 정말 아름다운 풍경이죠. 저기 산꼭대기에 하얗게 쌓인 눈들을 보세요. 세상의 아름다움이란 형언할 수 없는 감동을 안겨주지요. 나오길 잘한 것 같아요."

"겨울 풍경이 이렇게 아름답다는 것을 왜 이제야 알게 된 걸까? 내년 겨울에도 이 아름다운 풍경을 다시 볼 수 있을까? 아마 그럴 수 없을 거야. 그래서 더 많이 내 가슴속에 담고 싶어."

이렇게 말하는 청년의 검고 야윈 뺨 위로 수정 같은 한 줄기 눈물이 흘러내리고 있음을 소년은 보았다. 또다시 그에게 억제하기 버거운 슬픔이 밀려왔다. 소년의 보드라운 손이 청년의 차디찬 손을 감싸주었다.

"아니에요. 형은 내년 겨울에도 이 풍경을 다시 볼 수 있을 거예요. 희망을 가지세요. 설령 무슨 일이 일어난다고 해도 인간에게는 영혼이 있어요. 영혼의 눈은 모든 걸 볼 수 있지요. 죽음으로 육신이 사라진다고 해도 영혼은 끝까지 살아남아요. 그리고 저도 그 영혼 속에 함께할 거랍니다. 슬프다거나 외롭다는 생각은 하지 마세요. 형 곁에는 항상 제가 있을 거니까요."

"그 말 영원히 기억할게. 내 곁에는 항상 네가 있어준다는 그 말. 참 사람의 가슴에 온기를 불어넣어주는 고마운 말이구나. 네 이름이 순수라는 것을 알아. 넌 다양한 모습으로 우리 곁에 다가온다고 하던데, 오늘 너는 정녕 티끌만큼도 오염되지 않은 순결한 아이의 모습으로 나를 찾아와주었구나. 고맙다, 순수야! 잠이 와. 나 좀 잘게."

말을 마친 청년의 눈이 스르르 감겼다. 버스 안에 켜놓은 히터의 열기가 나른한 봄날 아지랑이처럼 두 사람의 몸을 휘감았다. 소년은 자신도 모르는 사이에 잠이 들었다. 청년의 입술에는 일생에 그 어느 미소보다 아름다운 미소가 피어났다. 영원히 깨어나지 않을 깊은 잠에 빠져든 것이다. 소년은 잠에서 깨어 평화로운 그의 얼굴을 하염없이 바라보았다.

"이젠 아프지 않죠? 형! 바다에 가고 싶어 했잖아요. 다 왔는데 잠만 자고 있네. 저기 푸른 바다가 보이는데……."

소년은 청년의 어머니에게 연락해 장례식을 치를 수 있도록 도왔다. 삼 일도 채우지 못하고 하루 만에 화장한 청년의 육체는 이제 그 어디에서도 찾아볼 수 없다. 코코아차 한 잔에 사랑을 담아 건네주었던 멀쑥하고 단정한 청년, 그러나 인간으로서 감내하기 어려운 통증으로 잠 못 이루며 고단했을 그의 생애. 청년의 하얀 뼛가루가 어머니의 손에 의해 바다에 뿌려졌다. 긴 한숨을 내쉬며 소년이 말했다.

"우리 이제 함께 다른 사람들을 위로하러 가자, 형! 내 어깨 위에 앉아 봐. 아니야, 내 품에 안겨 봐. 형이 두르던 목도리를 내가 두르고 있어. 형의 체온이 느껴지는 것 같아. 마음이 따뜻했던 형, 이 목도리처럼 내 곁에 찰싹 붙어서 떨어지지 마, 알았지?"

하모니카를 꺼내 든 소년이 애잔한 음률을 작은 입술로 빚어낸다. 어머니의 손끝에서 떨어져 공중으로 흩날리던 하얀 입자가, 얼어붙은 강 위에 표표히 추락하다 그윽한 하모니카 소리에 귀 기울이며 미소 짓는다.

이제 소년은 어디로 갈까? 또 누군가의 슬픈 목소리가 들려오면 조금도 망설이지 않고 그에게로 바쁘게 걸어갈 것이다. 순수라는 이름을 지닌 소년이 때로는 여인이 되고, 때로는 건장한 청년이 되고, 때로는 말쑥한 숙녀가 되고, 때로는 연륜 있는 어르신이 되어 이 세상 어딘가를 서성이고 있음을 기억하자.

CHAPTER 2

순수와 함께라면 어떤 고난도 두렵지 않아

순수와 함께라면 어떤 고난도 두렵지 않아

순수를 만나는 것은
첫사랑처럼 설레는 일이다

그가 가까이 다가오기도 전에 콩닥거리면서 뛰기 시작한 심장이 멎어 버릴 것만 같다. 그의 눈부신 얼굴을 바라보는 일은 하루 중 가장 행복한 시간이었고, 그와 함께하는 시간은 흐름이 멈춘 채 영원히 변하지 않았으면 싶었다. 그의 향기는 이성을 혼란시켰고, 그 어떤 매력적인 것도 그의 곁에 서면 빛을 잃었다. 그가 없다면 세상은 존재 가치가 없을 것이고, 그의 이름은 수천 번 되뇌어보아도 질리지 않을 새로움이었다.

이것은 첫사랑을 해본 사람이라면 한 번쯤 느꼈을 심정이다. 그만큼 첫사랑이란 강렬하고 잊을 수 없는 사랑이라고 할 수 있다. 그렇게 가슴 떨리면서 다가오는 첫사랑처럼 우리에게 다가오는 것이 순수이다. 첫사랑의 입술에 파르르 떨면서 입맞춤하던 아스라한 기억처럼 순수를 만나게 되면 인간은 자신이 지닌 극한의 떨림을 경험할 수 있다.

세상이 혼탁해지고 오염될수록 순수의 가치는 더욱 빛난다. 순수하지 못한 사람들이 많아질수록 순수한 사람은 더욱더 값어치를 인정받을 수밖에 없는 것이다. 왜냐하면 순수한 사람이 내뿜는 기운이란, 그것을 대하는 다른 사람의 영혼과 정신과 육체까지도 다스릴 수 있는 절대적 영성을 지니고 있기 때문이다. 먼 옛날 그대의 첫사랑이 다가올 때 느꼈던 그 황홀한 떨림의 순간을 기억하는가? 지금 그것보다 더한 떨림과 감동을 안겨줄 존재, 바로 순수가 우리의 각박하고 메마른 감성을 촉촉이 적셔주기 위한 충분한 사랑을 지니고 우리 곁에, 아니 이미 오래전부터 우리의 내면에 함께하고 있다. 첫사랑의 설렘이 폭풍우와 같다면 순수와의 첫 만남은 거부할 수 없는 운명과도 같다.

자신의 마음속에 본래부터 지니고 태어났음에도 그것을 만나기 위해 노력하지 않는 한 진정한 실체를 볼 수 없는 것이 순수이다.

'순수한 사람이 되고 싶다.' 라고 말할 줄 아는 사람만이, 또는 그런 생각을 할 줄 아는 사람만이 순수한 삶을 살게 되는 것은 지극히 자연스런 일이다. 인간은 자신이 바라는 대로 삶을 살도록 프로그래밍 된 존재이기 때문이다. 그러므로 이 세상에서 순수라는 가장 순결한 그를 아직 만나지 못한 사람이라면 그와의 첫 만남을 이루기 위해 염원해야 할 것이다.

첫사랑이 이루어지지 않아 아름답다는 것은 첫사랑을 이루지 못한 사람들의 아쉬운 넋두리에 불과하다. 상대방을 진심으로 사랑했다면 아무리 나이가 어리고 환경이 열악했더라도 첫사랑을 과거 속에 묻어두고 슬퍼하는 과오를 범하지는 않았을 것이다. 순수와의 사랑도 마찬가지이다. 자신이 순수하기를 원하고, 탐욕과 이기심과 비인간적인 모든 행위, 그리고 부정적인 생각들과 작별하고자 한다면 순수와의 사랑을 평생 가슴 속에 품을 수 있어야 한다.

하지만 산다는 게 마음대로 되지 않는다는 것을 인정할 수밖에 없다. 정말 티 없이 맑게 살고 싶은데 자꾸만 주변에서 이런저런 유혹을 한다.

"이것 좀 해봐. 약간 양심에 찔리긴 하지만 이번만 눈 딱 감고 해보면 굉장한 이득을 보게 될 거야."

"돈이 없으면 아파도 치료받을 수 없고 배고파도 먹을 것을 사 먹을 수 없잖아. 이 일을 하지 않으면 생활비를 어디서 벌 텐가? 다른 사람들도 다 그렇게 산다니깐. 그러니까 망설일 필요도 없어. 먹고살려면 이 일을 해. 깨끗한 척해봤자 가난하기만 할걸."

다른 사람들도 다 그렇게 산다는 위로를 가장한 거짓말에 속아, 얼마나 많은 사람들이 순수를 버린 채 온갖 위선과 가증스러운 행동들을 거리낌 없이 하고 있는지를 안다면 경악할 수밖에 없다. 첫사랑을 지키지 못한 과거를 후회하는 사람의 심정이 그러하듯 순수를 지키지 못한 사람도 반드시 후회하게 될 것이다. 왜냐하면 인간의 속성은 순수하기 때문이다.

두 눈을 지그시 감고 첫사랑을 회상한다. 눈망울이 유난히 까맣고 키가 큰 그의 모습, 혹은 긴 생머리에 우윳빛 피부를 지닌 그녀의 모습. 첫사랑을 만날 때 심장이 터질 것 같던 격한 감동들이 순수와 대면한 그대의 내부에 밀려올 것이다. 아찔하고 짜릿한 그 느낌은 어쩌면 태어나 처음 느껴보는 최고의 희열을 안겨줄 수도 있다. 순수라는 지고지순한 가치는 우주 본연의 모습이며 인간으로 형성되기 이전의 자아이기 때문이다. 순수를 지향하는 삶과 순수를 저버린 삶은 운명을 좌우하는 핵심적인 기준이 될 것이다.

나는 첫사랑에 대해 이렇게 말하고 싶다. 넋을 잃을 정도로 매혹적인 그의 모습이 현기증을 불러일으켰으므로 그를 사랑하는 동안 그것이 사랑인 줄을 미처 깨닫지 못했다. 그래서 그를 보냈고, 한 번 그가 떠난 후에는 아무리 붙잡으려고 해도 결코 그 시절로 돌아갈 수 없었다. 인간은 순수를 사랑한다. 살아가는 동안 불가피하게 어쩔 수 없는 일들을 가끔씩 하지만, 사람들은 마음 깊은 곳에서 이렇게 갈망하는 것을 어렴풋이 느낄 수 있다.

"네가 나를 사랑하고 늘 보살펴주고 있다는 걸 느껴. 나도 너를 사랑해! 널 처음 보았을 때 얼마나 설레었는지 아니? 심장이 멎을 듯했지. 이렇게 아름다운 마음을 불러일으키고, 세상에 대해 그릇된 오해나 편견 없이 바라볼 수 있는 혜안을 주는 너를 이제야 발견하게 된 것을 안타까워할 정도로 난 너를 정말 원해. 오래오래 함께하자. 너만 있다면 난 원래의 나로 돌아갈 수 있을 것 같아. 아주 작은 일에도 행복하게 미소 짓고 소소한 일상에도 감사할 수 있었던 그 시절로 말이야."

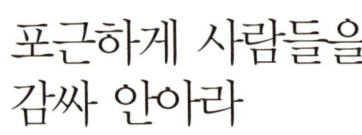

순수와 함께라면 어떤 고난도 두렵지 않아

포근하게 사람들을
감싸 안아라

　영하의 추위가 시작되는 11월의 마지막 날이다. 오늘처럼 추운 날에도 생활비를 아끼기 위해 많은 사람들이 보일러를 켜지 않고 잠든다. 두꺼운 옷을 껴입고, 그것보다 훨씬 도톰한 이불을 깔고 덮고 잠드는 사람들. 석유 한 방울 나지 않는 나라에서 기름이나 가스를 활활 태워 집안 전체를 따뜻하게 하는 것은 아까운 일이다. 그래서 웬만한 추위가 오지 않는 이상 집안 전체를 데우는 난방을 하기가 망설여지는 것이다.
　나도 하루 종일 냉방에서 버티다가 밤이 깊어서야 보일러의 스위치를 켠다. 혼자 사는 사람에게는 방 전체를 덥히는 것이 사치처럼 느껴지기 때문이다. 잠잘 때만 방이 작아지면 어떨까 생각해본다. 그렇다면 좀 더 가벼운 마음으로 보일러를 켤 것이다.
　경유보다 훨씬 저렴하다는 도시가스를 난방 연료로 쓰는 대도시의 아파트에 사는 사람들도 한 달에 몇만 원인 가스비를 절약하느라 12월이 다 되어가는데도 보일러를 켜지 않는 경우가 많고, 연탄 한 장이 떨어질 때마다 가슴이 철렁 내려앉는 달동네의 서민들은 차라리 전기 매트 하나로 난방을 해결하기도 한다. 시골에서 홀로 사는 할머니들 중 절반 이상은 전기 매트에 의지해 생활하며, 눈이 펑펑 내리지 않는 이상 보일러를 가동하지 않기도 한다. 그렇게 한 푼이라도 아끼려고 노력하는 사람들에게 겨울은 야속한 계절이기도 하다.

있는 사람에게는 별것 아닌 것도 없는 사람에게는 목숨보다 귀한 것이 되기도 하는 것이 세상사이다. 평범한 서민들에게 특히 겨울철은 살기가 더 팍팍한 계절이다. 연말이 다가오면 한 해 동안 제대로 한 게 없는 것 같은 자괴감에 사로잡히기 일쑤이고, 한층 내려간 체감 온도는 있던 기운마저 앗아가버린다. 얼음보다 찬 삭풍에 뜨겁던 삶에 대한 열정마저도 식어버린 이들이 공허한 눈빛을 매달고 쓸쓸히 집으로 향한다. 이렇듯 마음마저 꽁꽁 얼어붙는 시기에 온몸을 데우는 따뜻한 어묵 국물 한 모금처럼, 누군가 다가와 따뜻한 말 한마디라도 건네준다면 얼마나 좋을까?

"지난 한 해 동안 우리 가족을 위해 고생하신 당신, 고마워요!"

아내가 남편에게 이렇게 말해준다면 남편은 일 년 동안 회사에서 받았던 스트레스가 일시에 눈 녹듯이 사르르 사라질 것이다. 그리고 그런 말을 해준 아내에게 남편은 더욱더 잘해야겠다는 생각을 하게 될 것이다. 남자로 태어난 것이 죄도 아닌데, 남자들은 그들 나름대로 힘들게 살아간다. 어린 시절부터 남자는 약한 모습을 보이면 안 된다는 사회적 통념이 몸에 배어 어디서든 힘센 척, 뭐든지 아는 척해야 한다는 강박 관념이 순수한 자아를 옥죄었다.

입대 후 힘든 군 생활을 마치고 제대하면, 입대하기 전과는 사뭇 달라진 사회가 낯선 세상으로 다가와 한동안 적응하느라 힘겹다. 그럭저럭

적응해 결혼을 하고, 아이가 생기고, 돈 버는 기계처럼 날마다 출근과 퇴근을 반복하면서 정신없이 지낸다. 어느덧 나이가 들어 중년이 된 자신의 희끗희끗한 머리칼을 바라보면서 남자들은 쓸쓸하고 춥다. 그런 남편에게 아내가 진심으로 감사한다고 말해줄 때 부부 사이에 순수한 사랑이 흐르게 된다. 따뜻한 말 한마디가 큰 위로가 되기 때문이다.

사람들을 포근하게 감싸 안아주기 위해 필요한 것은 무엇보다 이해심일 것이다. 주변에 있는 가족이나 친구들 그리고 가까운 이웃들의 상황을 이해하고, 마음을 이해하고, 성격을 이해하고, 또 그들의 행동을 이해하는 것이 선행되어야만 타인을 보듬을 수 있다. 이런 이해는 바로 순수한 마음의 발현이다. 어떤 이익을 염두에 둔 이해는 진정성이 결여된 것이므로 다른 사람들에게 감동을 줄 수 없다. 그러나 반대로 아무런 이득이나 대가를 바라지 않고 이해하면서 타인을 포근하게 감싸 안을 수 있는 사람은 무한한 감동의 파문을 일으키기에 충분하다.

아내가 새로 담근 김치를 맛보면서 이렇게 한마디 해주는 게 그렇게 어려운 일은 아닐 것이다.

"여보! 정말 맛있어. 당신 김치는 대한민국 최고야! 둘이 먹다 하나가 없어져도 모르겠는걸. 이렇게 맛있는 김치를 매일 먹을 수 있는 나는 행복한 사람이야. 이리 와 봐. 어깨 주물러줄게. 혼자 김치 담그느라 힘들었지. 고마워!"

이렇게 서로 이해하면서 따뜻하게 안아주는 부부는 잠깐 위태로운 시기가 있더라도 뿌리가 튼튼한 나무와 같이 오래도록 사랑하며 살 수 있을 것이다. 비단 부부 관계뿐만 아니라 직장에서도 선후배 간에 이렇게 따뜻한 말들을 서로 나누면 어떨까?

"과장님, 고맙습니다! 실수도 많고 아직 많이 부족한 저를 늘 친동생처럼 보살펴주시고 아낌없이 조언을 해주셔서 큰 도움이 됩니다. 앞으로도 따끔한 충고 많이 해주십시오. 과장님처럼 좋은 분과 함께 일하게 된 저는 행운아입니다."

그렇다면 이 말을 들은 과장이 인상을 쓰고 화를 버럭 낼까, 아니면 만면에 미소를 띠고 정다운 눈으로 바라볼까? 사랑을 주면 사랑이 돌아온다. 사랑을 주는데 간혹 비난과 모멸감으로 돌려주는 이상한 사람들도 있겠지만, 그런 사람들조차 그대가 준 사랑에 대해서는 무의식적인 반응을 하게 되어 있다. 겉으로는 아닌 척하지만, 자신을 사랑해준 사람에게 고마움을 느끼는 게 인간의 본능이기 때문이다.

포근하게 사람들을 감싸 안아주어라. 그러면 그 포근함에 도취된 사람들이 그대를 좋아하게 될 것이다. 돈 한 푼 들이지 않고 사람의 마음을 사로잡는 비법은 무엇일까? 그것은 진정으로 타인을 이해하며 배려하는 자세이다. 그런 사람의 영혼이 어찌 순수하지 않을 수 있겠는가.

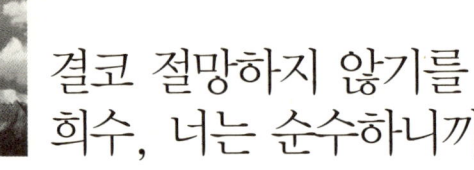

순수와 함께라면 어떤 고난도 두렵지 않아

결코 절망하지 않기를
희수, 너는 순수하니까

    세수를 하려고 비누를 집어 들었는데 오늘도 역시 비누 한 귀퉁이가 미세하게 잘려 있다. 손톱 크기보다 작은 이빨 자국은, 희수가 잠들기 전에는 어딘가에 꼭꼭 숨어 있다가 새벽이면 나와서 신나게 활동하는 집쥐의 것이 분명해 보였다. 이런 앙큼하고 귀여운 생쥐 녀석!
    희수는 비누를 아무렇지 않게 들어 손바닥에 쓱쓱 문지른 다음 연초록 거품을 냈다. 뽀글뽀글 자잘한 거품들이 소란스럽게 생겼다. 희수는 비누 거품을 들여다보는 게 항상 새롭다. 마치 살아 있는 것처럼 움직이는 비누 거품은 삶의 생생한 움직임을 닮아 있어서 정겹다. 상큼한 오이 비누의 향이 얼굴 가득 청초하게 퍼진다. 마치 오이 한 개를 피부로 베어 문 것 같다. 희수는 세수를 하는 것이 해묵은 과거를 벗겨내는 작업처럼 가슴이 후련해지는 기분을 느낄 수 있어서 좋다고 생각했다.
    "희수야, 월세 받으러 오늘 집주인이 온다고 했는데, 어쩌면 좋냐?"
    엄마가 근심과 걱정이 가득 실린 목소리로 희수에게 말했다. 희수의 표정이 오이 비누의 향기에서 벗어나 잠시 어두워졌으나 이내 오이꽃처럼 밝아지면서 엄마를 안심시켰다.

"어제 사장님께서 가불해주신다고 하셨어요. 오늘 드릴 수 있을 거예요. 엄마는 아무 걱정 안 하셔도 돼요."

"자꾸 너한테 부담만 주는구나. 수술하느라 네가 벌어놓은 돈도 다 쓰게 만들고, 이제 방세까지 못 내고……."

숨죽여 울고 있는지 엄마의 목소리가 가늘게 떨렸다. 희수는 콧잔등이 시큰해지는 것을 억지로 참고 쾌활하게 말했다. 이럴 때일수록 엄마에게 명랑한 모습을 보여야 한다고 생각했다.

"괜찮아요. 제가 이렇게 건강하잖아요. 돈이야 다시 벌면 되죠. 엄마, 울지 마세요. 엄마가 울면 저도 울 거예요."

눈물이 가득 고인 엄마의 얼굴을 차마 바라보지 못한 희수의 입술이 가늘게 떨렸다.

사실, 오늘 가불을 받을 수 있을지는 미지수였다. 요즘 들어 사장의 얼굴이 먹구름이 잔뜩 낀 하늘처럼 어두웠다. 외상으로 물건을 가져간 업체에서 대금 지급을 자꾸 미루고 있기 때문이다. 이번 달 월급을 제대로 받을 수 있을지도 확신할 수 없을 만큼 회사의 자금 사정이 좋아 보이지 않았다. 엄마가 아프기 전까지는 희수는 그런대로 저축도 하면서 행복하게 지냈다. 적어도 돈이 부족하다는 느낌을 받지는 않았으니까.

그러나 평화롭던 두 모녀에게 청천벽력 같은 일이 벌어졌다. 그것은 바로 엄마의 유방암 선고였다. 병을 치료하기 위해 그동안 모아두었던 돈은 물론이고 대출까지 받아야만 했다. 이제 희수는 은행에 적지 않은 돈을 빚지게 되었다. 그것을 갚기 위해서라도 희수는 더 열심히 부지런하게 일을 했다. 남들 다 퇴근하고 집에 가도 혼자 남아 야근을 하면서 조금이라도 더 물건을 많이 만들어 회사에 기여하고 싶었다. 회사가 잘되는 것이 곧 직원들이 잘되는 일이라고 믿었기 때문이다.

"희수 씨, 정말 미안하게 됐어. 희수 씨가 우리 회사를 위해 그동안 성실하게 일해준 거 다 알고 있어. 그렇지만 자네도 알다시피 지금 자금 사정이 좋지 않네. 이번 달 월급도 못 줄 형편이라서 가불은 좀 어렵겠어."

직원들을 한가족처럼 여기고 챙겨주던 사장이었다. 희수는 눈앞이 캄캄해지는 것 같았다.

"사장님, 정말 급해서 그러는데요, 사실 방세가 많이 밀려 있거든요. 이번 달에도 못 내면 집주인이 방을 비우라고 합니다. 이 추운 겨울에 어디로 가겠어요. 편찮으신 어머니도 모셔야 되고……."

"내가 사비라도 털어서 주고 싶은데 그것마저 없으니 어쩌지? 며칠만 기다려 봐. 융통해볼 테니까."

말은 이렇게 했지만 사장의 얼굴은 여전히 어두웠다. 아마 가능성이 없는 약속일 것이다. 희수는 눈앞이 아득해진다. 이제 어떻게 할 것인가? 정말 땅속으로 한없이 추락한다는 것이 이런 기분이 아닐까 하는 생각이 들었다. 문득 이 순간으로부터 멀리 달아나고 싶다는 욕망도 느꼈다. 그렇지만 현실은 더 또렷하게 다가오고 생각의 숲을 한껏 어지럽혔다.

'큰일이다. 당장 거리로 쫓겨날지도 몰라.'

늦은 밤까지 일을 하고 집으로 돌아오는 길은 묵직한 바윗덩어리를 등에 지고 깊은 협곡을 지나는 것보다 더 힘에 부쳤다. 가로등 불빛들이 사방으로 아른거리면서 그녀를 조롱하듯 어둠 속에서 빛났다. 희수는 검은색 일색인 길 위를 멍하니 쳐다보면서 구름 위를 걷듯 몽롱하게 걸어갔다. 횡단보도 앞에 멈춘 희수의 눈에 보이는 신호등은 이미 제 색을 잃어버린 지 오래였다. 붉은색인지 초록색인지 구분이 가지 않았다. 차들이 뜸해지자, 희수가 길을 건너기 위해 횡단보도에 발을 내밀었다.

몇 걸음 걸어갔는데 뒤에서 누군가 외치는 소리가 들렸다.

"조심해요! 빨간불인데 왜 건너는 거예요? 차가……."

거기까지만 기억에 저장되고 나머지는 백지처럼 지워졌다. 상실된 기억들은 복구되지 않았다. 응급실에 실려와 줄기차게 심폐 소생술을 받고, 열 시간이 넘는 대수술을 거친 희수의 심장이 멈추지 않은 것은 기적이었다.

엄마는 그런 희수의 모습을 지켜보는 것조차 견딜 수 없이 슬펐다. 병원 복도를 서성거리다가 창밖을 바라보았다. 8층 아래의 세상이 소인국의 풍경처럼 낯설게 펼쳐져 있다. 점처럼 살아 꿈틀거리는 자동차들, 점보다 더 작은 티끌 같은 사람들의 검은 머리 위에 눈이 되지 못한 눈의 추종자들이 젖은 떡가루처럼 무겁게 내려앉고 있다.

"최희수 씨 보호자분이시죠?"

간호사가 차트를 만지작거리면서 엄마에게 물었다.

"네, 그런데요?"

왠지 불길한 기운이 엄습해왔다. 마지막 있는 힘을 끌어모아 간신히 대답했지만 뭔가 개운치 않았다.

"과장님께서 찾으시는데, 진료실로 어서 가보세요."

온기라고는 전혀 없는 차가운 목소리로 간호사가 말했다.

무슨 일일까? 겨우 의식을 찾은 딸아이는 중환자실에서 위태롭게 누워 있다. 다행히 목숨만은 건졌다는 것에 위로를 받아야 하는 처지일지라도 살아 있어주어 고마운 딸, 그런 딸에게 무슨 일이 생긴 것은 아니겠지? 두근거리는 마음으로 진료실에 들어서자, 연륜이 깊어 보이는 과장이 희미하게 웃어 보였다. 아니 그렇게 웃기 위해 꽤 노력하는 듯 보였다. 어둠을 은닉하려는 밤의 속임수처럼 좋지 않은 예감이 들었다.

"어머니께서 이 사실을 아시면 많이 상심하실 것을 걱정했습니다."

"무슨 일인가요, 과장님? 제 딸아이에게 무슨 안 좋은 일이라도 생긴 건 아니겠지요?"

"수술은 다행히 성공적으로 마쳤지만 한 군데는 영영 회복할 수 없을 것입니다. 이 말씀을 드리게 되어 의사로서 정말 가슴 아픕니다."

과장이 그녀의 시선을 피하면서 고개를 옆으로 젖혔다. 그리고 잠시 화분에 피어 있는 다육 식물의 꽃을 바라보았다. 새빨갛다 못해 피처럼 붉은 다육 식물의 꽃은 두 사람을 바라보면서 요염하게 미소 짓고 있다.

과장은 한참 동안 아무 말 없이 꽃을 바라보다가 무겁게 입을 열었다.

"희수 씨의 두 눈이 실명입니다. 어떤 수술이나 약물로도 예전의 시력을 되찾을 가능성은 거의 없습니다. 안타깝지만 따님의 상태는 절망적이라고 볼 수 있습니다. 죄송합니다. 저희로서는 최선을 다해 수술을 했습니다만, 눈은 어떻게 손쓸 방법이 없었습니다."

눈앞이 캄캄해진다는 게 이럴 때일 것이다. 사랑스러운 외동딸이 이제 더 이상 두 눈으로 세상을 바라볼 수 없다는 사형 선고와 같은 소식을 들어야 하는 어미의 심정이 오죽하겠는가. 엄마의 눈에서 쉴 새 없이 눈물이 흘러내렸다. 자신의 눈을 줄 수만 있다면 당장이라도 주고 싶은 심정이었다.

"제 눈을 줄 수는 없을까요, 선생님? 제 눈을 딸에게 주고 싶어요. 전 세상 볼 것 못 볼 것 다 봤습니다. 지금 당장 앞을 못 본다고 해도 여한이 없습니다. 하지만 제 딸은 꿈도 많고 하고 싶은 일도 많은데, 그리고 보아야 할 것들이 얼마나 많은데 이대로 포기할 수는 없습니다. 선생님, 부탁입니다. 이 늙은 어미의 눈이라도 괜찮다면 제 눈을 제 딸아이에게 주고 싶습니다."

엄마가 애원하듯 말했다.

그 목소리가 너무나도 간절해서 듣는 사람의 가슴이 아릿할 정도였다. 이럴 때는 의사 노릇도 못할 짓이라는 생각이 과장을 괴롭혔다. 실제로 직무 스트레스를 견디지 못한 동료가 얼마 전에 목숨을 끊기도 했다. 정말 하고 싶지 않은 말이다, 이런 말은. 하지만 꼭 해주어야만 하는 말이다. 과장은 그녀를 최대한 배려하는 목소리로 어렵게 입을 열었다.

"어머니의 심정은 충분히 이해합니다. 그렇지만 그렇게 할 수는 없습니다. 이미 따님은 눈의 신경조직이 다 파괴되어, 설령 다른 사람이 기증해준다고 해도 받아들일 수가 없습니다. 죄송합니다."

진료실을 나선 후 엄마는 하늘이 꺼질 듯 한숨을 내쉬었다. 희수에게 어떻게 전한단 말인가? 중환자실에서 한 달 정도 있던 희수는 상태가 많이 호전되어 일반 병실로 옮겼다. 희수는 답답했다. 사고 후부터 이상하게도 앞을 볼 수가 없었기 때문이다. 처음에 여기는 어디인가라는 의문은 병원 고유의 냄새들로 해답을 구할 수 있었다. 옆 환자들과 보호자들의 웅성거림도 그 실마리를 제공해주었다.

'이곳은 병원이다. 그런데 왜 이리 눈이 답답하지?'

"엄마, 아무것도 안 보여요. 내 눈이 이상해."

"희수야, 미안하다. 못난 엄마 만나 네 눈이 이렇게 된 거야."

"혹시…… 영영 볼 수 없게 된 거예요?"

희수의 공허한 눈동자가 천장을 향했다. 엄마는 그런 딸의 모습에 가슴이 아팠다. 아니, 누군가 심장을 쥐어짜는 것처럼 아팠다고 해야 옳은 표현일 것이다.

"그렇단다. 의사 선생님께서 실명했다고 하시더라. 어쩌면 좋니? 내 딸, 가여운 것!"

'또 엄마가 우나보다.'

희수는 보이지 않아도 알 수 있었다. 엄마는 흐느낌을 속으로 감추려고 애썼지만, 희수의 감각이 다 느꼈기 때문이다. 딸 걱정에 하루라도 편한 날이 없었는데, 이렇게 큰 불효까지 저지르게 되었다는 생각에 희수는 침대에 편안히 누워 있는 것조차 죄송스러웠다.

"엄마, 저 퇴원하면 안 될까요? 특별히 아픈 데도 없으니까 얼른 집에 가고 싶어요."

그렇게 서둘러 퇴원해 집에 돌아온 희수를 기다리는 것은 완전한 암흑으로 도배된 어두운 세상이었다. 한 줄기 빛조차 보이지 않는 깜깜한 암흑천지가 하루 종일 희수를 에워싸고 들러붙었다. 아직 암이 완치되지 않은 엄마는 생계를 해결하기 위해 공장에 다니기 시작했다. 버스로 세 정거장 거리에 위치한 지하 공장에서 엄마는 하루 종일 돼지 저금통을 포장하는 일을 했다. 피둥피둥 살찐 수천 마리의 빨간색 돼지들이 모여 웃고 있는 곳에서 한 마리씩 비닐봉지에 담으면서 엄마는 무슨 생각을 할까? 희수는 검은 휘장으로 가려진 집 안을 이리저리 살펴보았다. 아무것도 보이지 않지만 무엇인가를 해야겠다는 간절함이 있었기 때문이다.

"안에 있어요? 나 집주인인데."

날카롭고 뾰족한 목소리가 송곳처럼 희수의 귀를 쿡 하고 찔렀다. 너무 아팠다.

'소리가 아플 수도 있구나!'

희수는 시력을 잃은 후 소리가 인간에게 많은 감정을 불러일으킨다는 사실을 깨달았다. 보이지 않아도 자신의 모든 감각으로 세상을 더 깊이 이해하게 된 것이다.

'아, 그렇지!'

밀린 방세를 해결하지 못한 기억이 되살아났다.

"아주머니, 정말 죄송합니다. 제가 사고가 나서 병원에 한참 동안 입원해 있었어요. 그래서 방세를 못 드렸습니다."

"아니, 이게 하루 이틀이라야 말이지. 방세를 안 주려면 나가든지. 우리도 봐주는 데 한계가 있잖아. 그런데 사람이 앞에 있는데 어딜 보고 있는 거유? 나이도 어린 사람이 말이지."

희수가 초점을 정확히 맞추지 못한 채 엉뚱한 곳을 바라보고 있자, 자신을 무시한다고 여긴 집주인이 화가 난 듯 쏘아붙였다.

집주인은 대단히 신경질적인 여자였다. 언제나 이런 식으로 엄마에게도 대했던 기억이 났다.

"그게 아니라……. 사실은 제가 사고로 시력을 잃어 앞이 보이질 않아요."

"어찌 됐든 그건 아가씨 사정이고 나도 굉장히 힘들어요. 밀린 월세가 벌써 백만 원이에요. 아가씨가 눈도 그렇게 되었다니 이번 한 번은 참아주지만 다음 달에는 밀린 거 다 갚아줘요. 안 그러면 더는 안 참을 거니까."

집주인이 냉랭한 목소리로 말한 후 현관문을 쾅 닫고 나갔다. 그 불쾌한 진동이 평화롭던 실내 공기를 흔들고 가슴의 막을 뚫고 들어왔다. 초

겨울 밤에 캄캄한 저수지 위로 불어오는, 살을 에는 겨울바람처럼 온 마음을 할퀴고 지나갔다. 쾅, 쾅, 쾅!

'어떻게 할 건데? 방세 없는 사람이 이 방을 차지하고 있다는 것, 눈이 보이지 않는 사람이 살아보겠다고 버둥거리는 것, 전부 다 부질없는 것 아닐까?'

희수는 이내 고개를 저었다. 자신도 모르게 어느새 눈물이 흘러내리기 시작했다.

'울면 안 돼!'

희수는 고개를 바짝 치켜들었다.

그래도 이렇게 포기할 수는 없었다. 왜냐하면 살아 있는 자신을 느낄 수 있다는 것만으로도 얼마나 감사한 일인지 너무나 잘 알고 있기 때문이다. 지금 삶을 포기하고 내동댕이친다면 고통스런 일들로부터 자유로워질 수 있을지도 모른다. 발목을 휘감은 가난의 굴레에서 벗어나 버둥거리며 살아가지 않아도 될 것이므로 어쩌면 죽음은 가장 안전한 도피처인지도 모른다.

'안 돼! 엄마가 계시니까. 엄마를 위해서도 힘을 내야지.'

희수의 보이지 않는 두 눈에 살고자 하는 의지가 반짝였다.

"살아야겠어. 이제 다시는 장미의 매혹적인 색깔과 노을이 아스라이 산마루 위에 번지는 모습, 바람이 스치고 지나간 자리에 남겨진 낙엽, 귀여운 우리 집 강아지 똑순이, 그리고 엄마의 얼굴도 볼 수 없겠지만, 지금 내가 희망을 버리고 삶을 포기한다면 그것만큼 비겁하고 어리석은 일은 없다는 것을 아니까 살아야지. 최희수, 힘내! 넌 얼마든지 잘 살 수 있어. 너보다 더 악조건인 사람들도, 심지어 손과 발이 모두 잘린 사람들도 씩씩하게 살고 있잖아. 넌 거기에 비하면 걸을 수 있고 두 손으로 물건을 집을 수도 있으니 얼마나 행복하니!"

희수는 어릴 적부터 지금까지 한 번도 소리 내어 화를 내지도 않았고, 누군가를 미워하지도 않았다. 누군가 자신을 향해 험담을 쏟아내면, 자신의 단점을 고쳐 더 나은 사람이 되려고 결심했을 뿐 그 누군가를 저주하지 않았다. 비록 풍족한 형편은 아니었지만, 자신보다 어려운 친구가 있으면 참고서 살 돈을 선뜻 내어준 그런 사람이었다.

그런 순수함 때문에 친구들은 그녀에게 이런 말을 했다.

"희수야, 넌 하늘에서 갓 내려온 천사 같아. 티끌 하나 묻지 않은 하얀 첫눈 같아. 우리와는 너무나 달라. 그런데 너처럼 착한 사람은 상처를 받기도 쉽다더라."

그렇게 맑은 마음을 지닌 희수에게 이런 불행이 찾아오리라고는 누구도 상상하지 않았을 것이다. 웬만한 사람 같으면 한동안은 정상적인 생활을 영위하지 못한 채 방황하고도 남을 큰 시련이다. 하지만 희수는 스스로 치유하는 방법을 알고 있었다. 좌절하기보다 고난과 역경에 대범하게 도전장을 내민 것이다. 그녀는 비록 두 눈의 시력을 잃었지만, 그전보다 더 또렷하게 세상을 바라볼 수 있게 되었다. 오히려 정상인으로 살 때보다 더 많이 타인을 사랑하게 되었고, 세상의 부조리에 대해 저항하게 되었고, 삶에 감사하게 되었다.

훗날, 희수는 대학 강단에 섰다. 그녀는 점자 책으로 손끝이 피가 나고 닳도록 공부해 심리학 박사가 되었고, 지금은 그 분야의 최고 권위자가 되었다. 그러나 그녀는 아직도 자신에 대해서는 엄격했다.

"최희수! 네가 잘나서 이렇게 된 게 아니야. 널 도와준 많은 분들에게 항상 감사하렴. 어쩌면 네 눈을 이렇게 만든 교통사고 가해자가 지금의 너를 만들어준 것인지도 몰라. 그분에게도 고마워하고, 지금까지 겪어온 모든 부정적 일들에 대해서도 감사하렴. 앞으로도 지금처럼 겸허하게 세상을 살아가. 그러면 넌 이 세상에서 가장 좋은 시력을 가지게 될 거야. 바로 사람의 마음을 볼 수 있는 눈, 진리를 통찰할 수 있는 눈을 가지게 될 테니까."

순수와 함께라면 어떤 고난도 두렵지 않아

고고하게 타오르는
생명이란 불꽃

　가끔은 시간을 지루하게 흘러가는 우주의 편린들이라고 생각하기도 했다. 때로는 산다는 것의 효용성과 가치에 대해 의심하기도 했다. 그럼에도 아직 나는 살아 있어서 숨을 쉬고, 생각을 하고, 글을 쓴다. 고고하게 타오르는 생명이란 불꽃 앞에서 어느 누가 불순한 언어들을 끄집어내 그것을 욕되게 하고 더럽힐 수 있을까.
　며칠 전, 그다지 하고 싶지 않지만 꼭 해야만 하는 어떤 일을 하느라 서울에 다녀왔다. 내가 사는 곳에서 서울까지 가려면 고속버스를 세 시간 삼십 분을 타고 가야 한다. 다행히 중간에 휴게소가 있어서 잠시 휴식을 취할 수 있기는 하다. 그렇지만 이상하게도 집에서 의자에 몇 시간을 앉아 있는 것은 그리 힘들지 않은데, 고속버스 의자에 앉아 있는 세 시간 가량은 허리 통증을 불러일으킨다.
　왜 그럴까? 그것은 무슨 이유에서일까? 아마 생각의 작용이 아닐까 싶다. 버스를 타고 가는 것은 어쩔 수 없어서 하는 행위라는 생각에 짜증 비슷한 언짢은 기분을 동반하지만, 글을 쓰느라 앉아 있는 시간은 그런 사소한 생각들을 할 시간도 아까울 만큼 행복하기 때문이다. 그리고 무엇보다 더 중요한 것은 살아 있다는 희열을 느낄 수 있는 일을 하기 때문일 것이다.

살아 있다는 희열은 생명이 있기에 느낄 수 있는 감정이다. 생명이 없다면 기쁨이나 슬픔이나 고통을 어떻게 느낄 수 있겠는가. 바로 당신에게 오늘 고고하게 타오르는 생명이라는 불꽃이 머물고 있기에 하루 동안 이러저러한 감정들을 느낄 수 있다. 또한 어떤 것에 대한 희망을 지니고, 꿈을 향한 발걸음을 재촉했을 것이다. 그러므로 인간을 이루는 첫 번째 요소는 생명이라고 할 수 있다. 생명이 없는 것들의 막연한 침묵은 생명이 있는 것들의 가슴을 아프게 하고 때로는 두렵게 만든다.

사람들은 인생을 슬기롭게 살아내기 위해 많은 것들을 배워야 한다고 생각한다. 유치원에서부터 시작해 대학교, 대학원에 이르기까지 어떻게 해서든 더 많은 지식과 정보를 머릿속에 꾹꾹 저장해놓아야 타인과의 경쟁에서 살아남을 수 있으며, 사회적으로 인정받는 지위에 오를 수 있다고 생각한다. 그런 의식은 우리 사회 전반에 보편적인 진리처럼 깔려 있다. 그런 의식이 있었기에 우리나라가 짧은 기간 동안에 6·25전쟁의 폐허를 딛고 선진국의 대열에 합류하게 되었고, 좁은 국토와 많지 않은 국민 수로도 더 넓은 국토와 수억 명의 인구를 보유한 나라들과 비견해 손색이 없을 만한 국력을 갖춘 나라로 성장하게 된 것이 틀림없다.

이런 장점이 있는 반면, 무조건적이고 경쟁 지향적인 지식 추구는 약간의 어두운 면이 있다는 것도 부정할 수 없는 사실이다. 지나친 물욕과 마찬가지로 지나친 지식 추구 역시 인간에게 비인간적인 가치관을 지니게 만든다. 살아 있다는 희열을 느낄 만한 일에 몰입하는 것이 아니라,

타인과의 경쟁에서 이기기 위해 의무적으로 갖춰야 하는 지식이라고 생각하며 배울 때는 인간다운 면모를 상실하게 되기 때문이다. 인간다운 면모는 바로 생명을 사랑하고, 생명을 존경하는 마음이다.

나는 죽음에 대한 명상이야말로 삶을 사랑하는 사람이 마땅히 실천해야 할 일이라고 생각한다. 살아 있는 모든 것들의 사라짐이야말로 가장 극적인 우주의 순간이다. 얼마의 시간이 흐른 후에는 지구도 우주의 한 점 먼지가 되어 사라질 것이다.

사람들은 동그라미를 그려놓고 이렇게 말한다.

"여기는 내 땅이야!"

"이곳에 넘어오지 마! 내 구역이니까."

그 동그라미 안의 풀이며 곤충이며 동물들, 흙이며 공기까지도 다 자기 것이라고 믿고 있다. 하지만 그 동그라미는 우주의 재산이지 개인의 것이 아니다. 한정된 시간 동안만 머무를 생명을 지닌 존재라는 사실을 망각한 채 동그라미 안의 것들을 지키고, 동그라미 밖의 것들을 욕심내느라 얼마나 많은 사람들이 지친 몸을 이끌고 힘들게 살아가고 있는지 모른다. 그 모든 욕심이 헛된 것이라는 것을 왜 깨닫지 못하는 것일까?

오늘 아침은 참 따뜻한 겨울 날씨이다. 이렇게 포근한 겨울날 바라보는 하늘은 더 맑고 더 푸르다. 그리고 눈물겹다. 그리운 어머니의 얼굴이 보이기 때문이다. 어머니가 하늘나라로 떠난 지 거의 일 년이 다 되어가지만, 밤마다 나는 잠들기 전에 기도한다.

내게 생명을 준 어머니, 그리고 이 우주의 모든 생명들을 창조한 궁극의 신에게 감사하면서 늘 평안하기를 두 손 모아 간절히 기도한다. 고고하게 타오르는 생명의 불꽃이 있어서 얼마나 고마운지, 나라는 사람이 있고 그대라는 사람이 있고 이 세상이 있어서 얼마나 행복한지 절실하게 깨닫는다. 이 깨달음의 배면에는 항상 아침 이슬처럼 반짝이는 순수한 감성이 있다는 사실에 또한 감사한다.

순수와 함께라면 어떤 고난도 두렵지 않아

초롱아, 미안해

　이 이야기는 초롱이와 은영이의 순수한 사랑 이야기이다. 초롱이는 사람이 아니다. 인간과 가장 친근한 동물 중 하나인 소이다. 인간과 동물의 교감은 언어적 문제조차 초월한다. 순수한 사랑은 모든 존재들과의 소통을 가능하게 하기 때문이 아니겠는가. 그리고 순수한 사랑은 사람의 심금을 울린다. 가슴을 저리게 하고 마음을 아리게 한다. 순수한 사람의 마음씨는 인간이 아닌 동물조차 감흥하게 만들고, 동물의 순수한 사랑도 인간의 마음을 울리기에 충분하다. 옛이야기에 자주 등장하는, 주인을 살린 개 이야기처럼 인간을 사랑하는 동물은 그 수를 헤아리기가 어렵다.
　우리는 얼마나 순수하게 살아가고 있는가? 여기에 나오는 은영이처럼 또는 초롱이처럼 서로에 대한 순수한 애정을 품고 살아가는 사람이 되어 보면 어떨까? 인간과 소의 이야기라고 말하는 것보다 그들의 순수한 사랑 이야기라고 말하면 더 어울릴 법한 이야기를 그대에게 들려주고 싶다. 지치고 힘겨운 우리의 마음을 달래줄 한 편의 순수한 동화 같은 이야기 속으로 함께 들어가 보자.

은영이의 아버지는 집 짓는 일을 했다. 그 동네에서 가장 솜씨 좋은 목수이기도 한 아버지에게는 심심찮게 일거리가 생겨났다. 농사도 짓고 목수 일도 하고 최선을 다해 열심히 일하시는 아버지는 근면 성실하기로 동네에 소문이 자자했다. 또한 항상 잘 웃고 가족들을 자상하게 챙기던 아버지였다. 그러나 최근에는 단 한 번도 아버지가 환하게 웃는 모습을 은영이는 보지 못했다. 그것은 아마 어머니 때문일 것이다. 은영이 어머니는 몇 년 전 가출한 후로 소식이 없다.

어느 가을날, 초등학교 6학년이던 은영이는 아버지가 사온 예쁜 송아지 한 마리 앞에서 떠날 줄을 몰랐다. 태어난 지 갓 한 달도 되지 않은 것 같은 젖 냄새 폴폴 나는 새끼 송아지는 부드러운 황토색 털을 가졌다. 땅 색깔과 비슷해 멀리서 보면 소가 땅인지 땅이 소인지 구별이 어려울 것만 같았다. 은영이는 그런 송아지가 마냥 신기했다.

"아빠, 송아지 눈이 너무 예뻐요."

"그렇지? 송아지들은 욕심 없고 순수하기 때문이야. 이 송아지는 이제 우리 가족이란다. 아빠랑 은영이랑 같이 살게 될 거야."

"송아지가 이렇게 예쁠 수 있네요. 참 신기해요!"

아버지는 은영이가 좋아하는 모습을 보면서 내심 흐뭇했다.

"송아지 이름은 네가 지어보렴."

"정말 그래도 돼요?"

은영이는 오늘 아침에 아버지가 양 갈래로 묶어준 머리를 고사리 같은 손으로 만지작거리면서 생각에 잠겼다. 멀리서 개 짖는 소리가 정다운 옛이야기처럼 아득하게 들려왔다.

"초봉이라고 부르고 싶어요. 괜찮죠, 아빠?"

한참을 생각하던 은영이가 조심스럽게 아버지에게 물었다.

동그란 얼굴에 기쁨이 가득했다. 은영이의 마음은 이미 송아지에게 모두 빼앗긴 상태였다. 은영이는 뚫어져라 송아지를 바라보았다.

"그거 참 좋은 이름이구나. 부르기도 쉽고 외우기도 쉽고. 그렇게 하자."

그렇게 해서 은영이네 송아지 이름은 초롱이가 되었다. 그 후 초롱이는 무럭무럭 자라 덩치 큰 소가 되어 밭을 갈거나, 가끔 은영이를 수레에 실어 동네 한 바퀴를 구경시켜주거나, 은영이가 베어다 주는 꼴을 맛있게 먹었다. 그럴 때면 은영이는 초롱이의 눈을 유심히 바라보았다. 검고 큰 눈에 쌍꺼풀을 가진 초롱이는 눈망울이 검은 구슬처럼 영롱하게 빛났으며, 그 눈을 바라보면 모든 근심거리들이 사라지는 것 같은 평온함을 느꼈다. 은영이에게 초롱이는 마음의 안식처라고도 할 수 있었다. 초롱이 앞에만 있으면 엄마 품에 안긴 것처럼 한없이 행복해졌다.

"초롱아, 네 눈을 바라보면 난 정말 마음이 편해져. 어젯밤에 엄마가 보고 싶어서 아빠 몰래 울었는데, 그래서 정말 힘들었거든. 그런데 이렇게 너의 맑고 깨끗한 눈을 바라보면 아픔이 저 멀리 달아나는 것 같아."

이렇게 말하면 초롱이는 여물을 먹다 말고 은영이의 말을 다 알아들은 사람처럼 애틋한 눈으로 쳐다보았다. 그리고 어떤 때는 은영이가 하는 말에 마치 동조하는 듯 고개를 침착하게 끄덕거리기도 하고, 음매 하며 대답하기도 했다.

몹시 추운 어느 겨울, 은영이가 심한 독감에 걸리고 말았다. 갓 고등학생이 된 은영이는 이제 숙녀가 되었지만 변함없이 초롱이를 아끼고 사랑했다. 하루도 빠지지 않고 맛있는 것들을 초롱이에게 먹여주었고, 잠자기 전에는 초롱이의 잠자리를 보살펴주었으며, 학교에 갈 때도 인사하는 것을 잊지 않았다. 그런 은영이가 심각한 상태에 이를 수도 있다는 독감에 걸린 것이다. 은영이의 온몸에서 열이 났다. 마치 불가마 솥을 품에 안은 듯 사십 도에 이르는 고열로 정신이 혼미해졌다. 하필이면 이때 아버지는 먼 지방으로 일하러 갔기 때문에 집에는 은영이와 초롱이, 둘밖에 없었다. 방학 기간이라 학교도 쉬기 때문에 선생님이나 친구들도 은영이가 아픈 것을 금방 알 수가 없었다.

"초롱아, 나 많이 아파. 네 먹이를 주어야 하는데 몸을 움직일 힘도 없어."

은영이는 펄펄 끓어오르는 열과 더불어 심한 몸살로 사경을 헤매었다. 하루가 지나도록 은영이는 방 밖으로 한 발짝도 나올 수가 없었다. 의식이 가물가물해지고, 극심한 통증은 목과 폐를 날카로운 칼날처럼 파고들었다. 기침은 쉴 새 없이 이어졌고, 뼈마디 전체에 염증이 생긴 것처럼 아팠다. 그렇게 아픈 채 잠이 들었나 보다. 꿈속에서 누군가 은영이를 불렀다.

"은영아, 은영아! 정신 차려 봐라."

"음매!"

"아이고, 내 딸! 이게 웬일이냐? 아빠가 왔어. 어서 병원에 가자."

"음매, 음매!"

그것은 바로 아버지의 목소리였다. 그리고 초롱이가 울부짖는 것처럼 음매 소리를 내며 서 있었다. 활짝 열어젖힌 방문 밖에 어쩐 일인지 외양간에 있어야 할 초롱이의 모습이 보인 것이 이상했다.

병원으로 옮긴 은영이가 가까스로 의식을 되찾아 안정이 되자, 아버지가 한탄하듯 말했다.

"초롱이가 널 살렸구나. 이 못난 아비가 딸을 죽일 뻔했어. 그까짓 돈 좀 벌어보겠다고 너 혼자 놔두고 가는 게 아니었는데……."

"아빠, 무슨 말씀이에요? 초롱이가 저를 살리다니요?"

은영이가 급히 물었다.

'초롱이가 날 살리다니. 사료도 못 챙겨주었는데.'

"네가 아픈 걸 초롱이가 알았나 보더라. 내 평생 소가 사람을 살리는 것을 보게 될 줄이야. 옆집 고 씨 할아버지 댁에 초롱이가 찾아왔더란다. 외양간에 있어야 할 소가 제 발로 찾아온 것을 이상하게 생각한 할아버지가 우리 집에 와서 보니 네가 이렇게 아파서 누워 있더라는 거야. 그래서 내게 연락을 한 거지."

"정말이에요? 초롱이가 옆집에 혼자 찾아갔다고요? 믿어지지가 않아요."

"그러게 말이다. 한 번도 혼자 집 밖으로 나간 적이 없는 녀석인데, 네가 위험한 걸 직감한 게지."

그랬다. 초롱이는 은영이의 상태가 심각한 것을 알고 도움을 요청하러 옆집으로 간 것이었다. 은영이는 그제야 초롱이가 자신을 살렸다는 아버지의 말이 사실이라는 것과, 초롱이에 대한 고마움에 눈물이 났다.

병원에서 퇴원해 집으로 오는 길에 은영이는 초롱이를 위한 선물을 사기로 마음먹었다. 아버지는 다시 일하러 갔기 때문에 은영이 혼자 집으로 와야 했다. 그러고 보니 다른 소들에게 하나씩 매달려 있는 워낭이 초롱이에게는 없다는 것이 기억났다. 은영이는 은방울꽃을 닮은 종 모양의 워낭을 사서 초롱이에게 걸어주었다.

"음매, 음매!"

초롱이가 꽤 마음에 드는지 평소보다 더 높은 톤으로 노래하듯 음매 소리를 냈다. 조금만 움직여도 푸른 하늘빛 워낭 소리가 낭랑한 소리를 냈다.

"고맙다, 초롱아! 네가 날 살렸구나. 고마워! 이 워낭은 너에게 주는 내 마음이야. 소리가 참 맑고 청아하다, 그치? 우리 초롱이 오래오래 나랑 아빠랑 같이 살자, 알았지?"

은영이는 초롱이의 귀와 코와 눈을 다정하게 쓰다듬었다. 가슴이 뭉클했다. 사람도 아닌 소가 자신을 위해 두려움을 떨치고 집 밖으로 혼자 나가 옆집에 도움을 요청했다니, 은영이는 그저 고맙다는 느낌 외에는 아무것도 생각할 수 없었다. 초롱이는 은영이의 마음을 아는 듯 고개를 이리저리 흔들어 맑고 청아한 워낭 소리를 냈다.

어느덧 세월이 흘러 은영이는 결혼을 하고 한 아이의 엄마가 되었다. 남편은 거의 매일 술을 마셨다. 술이 아니면 살 수 없는 사람 같았다. 처음부터 그런 사람은 아니었는데, 다니던 직장에서 해고된 후에는 줄곧 술에 의지해 살아갔다. 술만 마시는 것으로 끝나면 그나마 다행이겠지만, 남편은 은영이의 가녀린 몸을 구타하기도 했다. 너무 심하게 맞은 은영이는 몇 번이나 기절을 하기도 했다. 은영이의 온몸에는 시퍼런 멍 자국이 가실 날이 없었다. 그렇다고 해도 다른 여자들처럼 하소연할 친정엄마나 언니나 오빠가 있는 것도 아니었고, 연로한 아버지에게 이런 사정을 털어놓을 수도 없었다. 명절이 되어도 친정에 내려가는 일은 거의 없었다.

"이번 설에는 친정에 들렀다 오면 안 될까요?"

은영이가 결혼한 후 처음으로 남편에게 부탁했지만, 남편은 거친 말투로 이렇게 말했다.

"당신이 우리 집 맏며느리란 걸 잊었어? 친정에 가려거든 명절 지나고 혼자서나 가! 난 그런 데 갈 시간 없으니까."

이렇게 해서 이번 설날에도 줄곧 시댁에서 전 부치고, 나물 무치고, 손님들 대접하고 치우며 일하게 되었다. 아버지를 보러 다녀온 것이 벌써 2년 전 일이었다.

'아버지는 잘 계실까? 초롱이는……'

가끔씩 자식으로서의 도리를 못하는 자신이 원망스러워 죽고 싶은 마음이 들었다. 서글픈 마음에 전화를 걸면 아버지는 언제나 밝은 목소리로 받아주었다.

"은영이구나. 잘 지내지? 이 아비 걱정은 하지 마라. 잘 지낸다. 너무 건강해서 탈이지 뭐. 밥도 잘 먹고 잘 자고 아픈 데도 하나도 없어. 내 걱정 말고 잘 지내라. 김 서방한테 잘하고, 소영이는 잘 있지?"

"네, 아버지. 잘 지내셔야 해요. 죄송해요, 아버지. 제가 딸 노릇도 못하고……"

"아휴, 괜찮다니까 그러네. 이 아비 걱정은 할 것도 없다. 네 건강이나 잘 챙기거라. 난 네가 잘 지내면 그걸로 됐다."

전화를 끊고 나면 어쩐지 한참 동안이나 가슴이 아렸다. 잘 지내고 있다고 누차 강조하는 아버지의 목소리에 외로움과 그리움이 진하게 배어 있다는 것을 알 수 있었기 때문이다.

'한 번은 내려가 뵈어야지.'

그렇지만 마음만 있을 뿐 현실은 그리 녹록지 않았다. 은영이는 남편

대신 돈을 벌어야 했다. 실질적인 가장인 셈이다. 주말에도 쉬지 않고 특근을 하면서 벌어도 모이는 것은 거의 없었다. 게다가 잊을 만하면 남편이 폭력을 휘둘러 몸도 성치 않았다. 최근에는 남편이 주먹질을 하여 오른쪽 갈비뼈에 금이 가기도 했다. 이처럼 힘겨운 생활에 치이다 보니 초롱이에 대한 생각은 거의 할 겨를이 없었다. 아주 가끔 생각나기도 했지만, 아름다웠던 시절을 그리워하다 보면 괴로움이 성난 파도처럼 덮쳐왔으므로 되도록 빨리 그런 생각을 밀어내기 바빴다.

그런데 요즘 은영이는 부쩍 자주 초롱이 생각을 했다. 어느 날, 친정에 전화해 아버지에게 초롱이의 안부를 물었다.

"아버지, 초롱이는 괜찮은가요?"

"아직은 밥도 잘 먹고 잘 지내고 있단다. 그런데 옆 마을 강 씨네 방울이가 구제역에 걸려 살처분되었다는구나. 강 씨가 그 충격으로 쓰러져서 지금 위독하단다. 아이고, 이놈의 세상이 어찌 될라고 이러는지. 지금 여긴 난리도 이런 난리가 없다. 언제 그 무서운 병이 덮칠지 모르니."

아버지는 초조하고 불안한 기색을 감추지 못했다. 그럴 만한 것이 요즘 전국적으로 구제역이 비상이라는 뉴스가 연일 방송을 타고 있었다. 구제역이 무엇인지는 은영이도 잘 알고 있다. 구제역이란 소나 돼지가 걸리는 전염병으로, 발굽이 빠지고 심한 고열을 동반하며 일어나지도 못하고 먹지도 못하다가 결국 죽게 되는 치명적인 가축 전염병이다. 그런 무서운 전염병이 전국적으로 빠르게 확산되고 있었다. 벌써 전국 100만여 마리 이상의 가축들이 차가운 땅속에 매몰되었다. 그나마 고통을 덜어줄 주사약도 떨어져 산 채로 묻어야만 했는데, 그 일을 하는 사람들에게도 악몽 같은 일이었다. 방제 작업에 참여한 사람들 중 서너 명이 과로

와 사고로 생명을 잃었으며, 수많은 농민들이 밤잠도 제대로 이루지 못하고 전전긍긍하며 가슴앓이를 하고 있었다.

"괜찮겠죠? 초롱이는 괜찮을 거예요, 아빠. 우리 초롱이 잘 보살펴주세요."

그렇게 당부 아닌 당부를 했지만 영 마음이 놓이지 않았다. 이제는 초롱이도 나이가 들어 많이 쇠약해졌다. 사람으로 치면 80세 이상 나이가 된 초롱이는 걷는 것도 예전만큼 빠르지 않고, 힘도 많이 줄어들었다. 아버지와 초롱이는 함께 늙어가고 있었다. 그래도 초롱이가 있어서 아버지는 참 든든하다고 말했다.

"초롱이가 우리 집 최고의 보물이야. 우리 초롱이가 없었다면 내가 무슨 재미로 살았겠냐. 같이 논밭도 갈고, 꼭 사람처럼 말도 다 알아듣고, 초롱이 없으면 난 못산다."

2년 전, 남편 몰래 잠시 다니러갔던 은영이에게 아버지가 그렇게 말했다.

은영이도 마찬가지였다. 비록 함께 살지는 못하지만 마음속 깊은 곳에는 늘 초롱이가 있었다. '음매, 음매.' 그 특유의 정겹고 구슬픈 울음소리는 다른 소들의 울음소리와는 사뭇 달랐다. 너무나 사랑스럽고 그윽한 울림이라고 느꼈다. 칠흑처럼 까만 눈망울은 나이가 들어도 여전했고, 은영이가 사준 은방울꽃을 닮은 워낭은 빛이 바래기는 했지만 여전히 초롱이 목에 매달린 채 맑고 청명한 소리를 냈다. 그것은 초롱이가 은영이를 위해 연주하는 천상의 음악처럼 잔잔하게 지친 마음을 어루만져주었다.

가슴 한쪽에는 걱정과 염려가 가득했지만, 은영이는 한 가정의 생계를 책임진 가장이었기에 바쁜 나날을 보냈다. 새벽부터 일어나 아침밥을 짓고, 반찬을 만들고, 만원 전철을 타고 직장으로 출근해 하루 종일 일하다가 밤늦게야 퇴근했다. 푹 절여진 파김치보다도 더 지친 그녀였다. 그래서 초롱이에 대한 생각을 잠시 잊고 있었다.

매일 반복되는 고된 일상에 실신하듯 잠이 들었는데, 컴컴한 어둠이 채 가시지 않은 새벽에 전화벨이 다급하게 울렸다. 평소와는 다른 느낌으로 등허리를 훑고 내려오는 서늘한 전화벨 소리는 어쩐지 가슴을 철렁 내려앉게 만들었다. 그것은 불길한 예감이었다. 직감적으로 무슨 일이 벌어졌다는 불길한 기운을 단번에 감지할 수 있었다. 은영이는 피곤한 두 눈을 겨우 뜨면서 자꾸만 가빠오는 숨을 한 번 가만히 내쉰 후 수화기를 들었다. 심장이 찬 이슬에 젖은 대나무 이파리처럼 파르르 떨렸다.

"은영아, 아직 안 일어났지? 이렇게 일찍 새벽에 전화해서 미안하다. 그래도 이건 보통 일이 아닌 것 같다. 초롱이가 이상해. 며칠째 먹지도 못하고 이상하다 했는데, 아까 나가보았더니 아예 미동도 하지 않고 숨만 겨우 쉬고 있구나. 이 일을 어쩌면 좋냐?"

"네? 초롱이가요? 혹시 그렇다면……."

더 이상 말을 이어갈 수가 없었다. 그렇다면 병에 걸린 것이 틀림없다는 말을 차마 할 수가 없었다. 그 말을 하는 순간 초롱이의 숨이 멎어버릴 것만 같았기 때문이다. 뭐라 형언할 수 없는 슬픈 감정이 밀려들었다. 서둘러 옷을 입고 남편에게 메모를 남긴 채 집을 나와 택시를 잡아탔다. 택시 안에서 그녀는 무슨 정신으로 고향 집까지 갔는지도 모를 정도로 괴로웠다. 그녀의 머릿속은 온통 초롱이 생각뿐이었다.

'초롱이가 죽는다면, 초롱이가 내 곁을 떠난다면, 초롱이가…….'

그런 부정적인 상상이 자꾸만 그녀를 괴롭혔다.

은영이가 도착할 때는 벌써 아침 햇살이 조금씩 사방에 내려앉고 있는 시간이었다. 아버지는 외양간 앞에서 초췌한 얼굴로 서 있었다. 은영이를 보자, 초췌하고 메마른 얼굴에 버짐 같은 미소가 살짝 어렸지만 이내 흔적도 없이 사라졌다.

"왔구나! 이렇게 빨리 오다니."

그러고 나서 아버지는 말이 없었다. 초롱이는 아버지가 덮어준 두꺼운 겨울 담요 속에서 숨을 쉬고 있는지 간간이 그르렁거리는 소리를 냈다.

"아빠, 초롱이가 왜 저래요? 제가 오면 항상 반가워하면서 꼬리를 치고 낭랑하게 워낭 소리를 내어주던 우리 초롱이가요. 왜 저렇게 꼼짝도 못 하고 누워만 있는 걸까요?"

조심스럽게 외양간 안으로 들어가 초롱이의 얼굴을 바라보았다. 목까지 덮인 이불 끝에 부쩍 야위고 마른 초롱이의 얼굴이 보였다. 은영이 목소리가 들리자, 초롱이가 겨우겨우 눈을 떴다. 얼마 남지 않은 생을 끌어모아 눈을 뜨는 것이었다. 가까스로 눈꺼풀을 위로 들어 올리고 까만 두 눈으로 은영이를 보았다. 그리고 반가움이 가득 담긴 눈빛을 은영이에게 보냈다. 다행이다. 아직은 따뜻한 숨결이 초롱이에게서 뿜어져 나왔다.

"초롱아, 어디가 아프니? 조금만 기다려봐. 수의사 선생님께서 곧 오실 거야."

날씨가 올겨울 들어 가장 춥다더니 햇살마저도 허공에서 얼어붙는 듯했다. 그래서 더 추운 걸까? 마음이 하얗게 동결되는 것만 같았다. 인생이라는 심해에서 한 마리 물고기가 유영을 한다. 그 물고기의 이름은 이별이다. 물고기의 형체가 점점 뚜렷하게 보이려고 한다. 은영이는 고개를 저었다.

'아직은 아니야. 가까이 오지 마!'
"아직은 안 돼! 우리 초롱이 이렇게 예쁜데. 힘내, 초롱아!"
초롱이의 입술에서 따스한 입김이 새어 나왔다. 고개를 끄덕거리는 듯 초롱이의 고개가 조금 흔들렸다. 그러자 워낭 소리가 약하게 울렸다. 은영이는 천천히 초롱이의 털을 쓰다듬었다. 윤기를 잃은 지 오래인 털빛은 눈에 띄게 바래 있었다. 그러나 은영이에게는 아직도 아기처럼 귀엽고 사랑스럽기만 한 존재였다. 늙고 병들었어도 그녀의 눈에 초롱이는 여전히 처음 집에 왔을 때 보았던 그 뽀송뽀송하고 예쁜 송아지였다.
"우리 초롱이 참 예쁘죠?"
"그럼! 물론이지. 초롱이는 우리 집 보물이다. 생긴 것도 얼마나 믿음직스럽게 잘생겼는지, 이 근방에 있는 소들을 다 불러 모아도 우리 초롱이 발끝에도 못 따라오지."
"맞아요! 정말 그건 그래요. 이 근육 보세요. 튼튼한 다리, 잘생긴 턱, 호수처럼 맑고 깊은 눈동자. 웬만한 미남들도 우리 초롱이 보면 기가 죽을 거예요."
은영이가 실없이 웃었다. 마치 슬픔을 감추려고 가면을 쓰고 웃는 것처럼 부자연스러워 보였다. 아버지의 시선이 저 멀리 산마루로 향했다. 은영이는 외양간 밖으로 나와 아버지의 곁에 섰다. 희끗희끗한 흰머리들이 아버지의 머리 위에 소복이 쌓였다. 어느새 아버지도 많이 늙었다.
"아침 먹어야지? 배고프겠다. 방에 들어가서 밥 먹어라."
"제가 어떻게 밥을 먹겠어요, 초롱이가 저렇게 아픈데. 초롱이는 제 생명의 은인이잖아요. 제가 아팠을 때 초롱이가 절 살렸는데. 그런데 수의사 선생님은 왜 이렇게 안 오시죠?"

"지금 오시고 있다고 하더라."

아버지의 음성이 낮게 깔렸다. 저 땅속 깊은 곳에서 들려오는 것처럼 작고 미약했다. 은영이는 그런 아버지의 목소리를 들어야 하는 현실이 아파서 코끝이 시렸다. 그 순간, 어디선가 청아하게 울려 퍼지는 맑은 종소리가 들렸다.

'딸랑딸랑.'

푸르른 소리의 촉수들이 귓속으로 우르르 몰려왔다. 가슴이 시나브로 진정되는 마법의 소리, 어릴 적 티끌 없이 맑았던 순수로 되돌아갈 수 있도록 안내하는 그 소리의 정체는 바로 초롱이의 워낭 소리였다.

"아니, 초롱이가?"

은영이는 입을 다물지 못한 채 그 자리에서 얼어붙었다. 아버지도 초롱이를 보고 깜짝 놀라 눈이 두 배로 커졌다.

"초롱아, 초롱아······."

아버지가 울먹이며 초롱이 이름을 불렀다.

그 소리에 화답하듯 벌떡 일어선 초롱이가 더 빠르게 고개를 흔들었다. 그 모습은 무대에 서서 열정적으로 춤을 추는 댄서와 다를 바 없었다. 어디서 저런 힘이 나오는 걸까? 초롱이가 고개를 흔들수록 은영이가 사준 보랏빛 워낭이 덩달아 신나게 흔들렸다. 은방울꽃이 수천 개의 꽃송이를 온 누리에 흩뿌리고 있다. 고요했던 아침 공기가 초롱이의 워낭 소리에 흥겨워 어깨를 들썩였다.

'딸랑딸랑, 딸랑딸랑······.'

그리고 그 자리에 푹 쓰러졌다. 멈춰진 워낭 소리, 끊겨버린 물줄기처럼 적요한 침묵이 흐르는 마당에 천사의 날개에서 떨어져 나온 것 같은 하얀 눈송이들이 내려앉았다.

"아버지……."

손수건으로 입을 틀어막고 은영이가 흐느꼈다. 초롱이는 그 자리에 쓰러진 채 움직이지 않았고 숨도 쉬지 않았다. 그 따뜻한 숨결은 더 이상 초롱이의 입가에서 나오지 않았다. 아버지는 초롱이가 채 감지 못한 두 눈을 가만히 쓸어주었다. 초롱이의 두 눈이 스르르 감겼다.

"잘 가라, 초롱아! 이 세상에서 평생 일만 하고 가는구나. 미안하다. 내가 너에게 많은 일들을 시켰지. 그래도 항상 묵묵히 함께해주어서 고마웠다. 우리 은영이 살려준 것도 고맙고."

아버지가 굵은 눈물방울을 뚝뚝 흘리며 울었다. 은영이는 계속 초롱이를 흔들어 깨웠다.

"일어나 봐, 초롱아! 수의사 선생님이 오셨어. 일어나야지, 왜 잠만 자니?"

"죄송합니다. 제가 늦었네요."

하얀 가운을 걸치고 바삐 서둘러온 기색이 역력한 수의사가 그 광경을 바라보다가 어렵사리 말했다.

"우리 초롱이 살려주세요, 선생님! 얘는 그냥 소가 아니에요. 우리 가족이거든요. 제 동생 같고 엄마 같은 그런 존재예요."

은영이가 수의사의 옷자락을 붙들고 절박하게 외쳤다. 그러나 공허한 말이란 것을 은영이 자신이 더 잘 알고 있었다. 이미 초롱이는 이 세상과 작별한 것이다. 이별의 선물처럼 아버지와 은영이를 위해 워낭 소리를 선물하고는 영원히 안식을 취할 그곳으로 홀연히 떠났다. 감정이 격해진 은영이가 초롱이를 부둥켜안고 절규했다. 그녀의 얼굴은 온통 눈물범벅이 되어 있었다.

"초롱아, 미안하다. 정말 미안하다. 넌 비록 소였지만 내겐 하나뿐인 소중한 존재였단다. 넌 웬만한 사람보다 더 정이 많고 사랑이 많았지. 고맙다! 내가 너의 워낭 소리 좋아하는 것을 어떻게 알고, 숨 쉴 힘도 없었을 텐데 그렇게 일어나 워낭을 흔들어주다니. 그 소리 영원히 기억할게. 네가 살아 있을 때 자주 와 보지 못한 것 정말 미안해. 내가 사는 게 힘겨워서 그랬어. 많이 아프고 힘들었단다. 그렇게 힘들 때 네가 얼마나 내게 위로가 되었는지 아니? 네 생각만으로도 난 힘이 났단다. 너 때문에 얼마나 많은 위안을 얻었는데, 고맙다! 귀엽고 사랑스럽고 앙증맞은 내 초롱이, 눈에 넣어도 안 아픈 이 예쁜 것, 하늘나라에 가서 행복하렴. 꼭 행복하렴."

은영이가 초롱이의 차가운 이마에 오랫동안 입을 맞추었다. 그리고 오열하면서 다시 초롱이의 몸을 부둥켜안기를 반복했다. 아버지와 수의사가 그 모습을 보다가 은영이를 억지로 일으켜 세웠다. 다시는 볼 수 없으리라. 저렇게 예쁘고 순수하고 사랑스러운 나의 가족을. 뒤돌아서면서도 자꾸 돌아보게 되는 초롱이의 식은 몸 위로 늦은 겨울날의 정적이 슬픈 이야기처럼 겹겹이 떨어져 쌓였다.

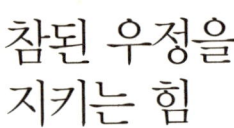

순수와 함께라면 어떤 고난도 두렵지 않아

참된 우정을
지키는 힘

    친구에게 향하는 발걸음은 언제나 가볍다. 아무것도 가진 것 없어도 나를 반겨주는 친구가 있다면 그는 행복한 사람이다. 애인이나 가족과는 또 다른 교감을 나눌 수 있는 사이가 친구이다. 정, 그 이상의 감정이 통하는 사람이 친구가 아닐까 싶다. 죽을 때까지 친구의 모든 것을 사랑할 수 있는 사람이라면 그 인품의 향기는 분명 세상에 유익한 영향을 끼칠 것이다. 내게 이득을 줄 수 없는 처지에 놓인 친구를 사랑하는 것은 어렵다. 그래서 잘살던 사람이 하루아침에 몰락하면 친구들이 썰물 빠져나가듯 떠나가는 것을 종종 보게 된다.

    사람들은 몰락한 친구 곁에 남아 있는 것은 몰락을 자초하는 길이라고 생각한다. 만약 친구 중에 누군가 몰락의 조짐이 보인다면, 지진이 일어날 것을 미리 감지한 개미나 두꺼비들이 소스라치게 도망치듯 최대한 빠른 시일 내에 그에게서 멀어지려고 한다. 그렇게 살아가는 것이 요즘 세상에는 현명한 처세술이 되었다. 그러다가 자신이 몰락하는 친구의 대열에 낄 수도 있다는 사실을 알고 있을까? 우정이란 것도 돈이 있어야 유지되는 것만 같아 입안이 껄끄러워진다. 돈이 없는 사람에게는 친구도 먼 동경의 대상이 될 수 있기 때문이다.

가난한 친구와 부자 친구가 있는데, 부자 친구는 가난한 친구에게 매일 밥을 사준다. 가난한 친구는 처음 몇 번은 친구가 사준 밥을 맛있게 먹는다. 그렇지만 그런 일이 반복될수록 부자 친구에게 미안해진다. 자신의 지갑을 열어본다. 밥 한 끼 사줄 형편도 안 된다면 절망한다. 그리고 서서히 부자 친구와 거리를 둔다. 그래서 우정이 깨어진다. 서로가 원하지 않더라도 이런 일은 우리 주변에서 흔하게 일어나는 일이다.

인간의 생존 본능은 친구와의 관계에서도 여지없이 적용되고 있다. 이리저리 재보고 따져보고, 저 친구와 친하게 지내면 자신에게 어떤 이득이 생길까를 사귐의 전제 조건으로 내걸기 때문에 진정으로 나를 위해 줄 친구를 만나는 것은 하늘의 별따기보다 더 어려운 일이 아닐 수 없다. 자신은 그런 것들을 까다롭게 따지면서도 막상 아무것도 따지지 않고 있는 그대로의 나를 사랑해줄 친구를 기다리는 것도 인간이다. 왜냐하면 인간은 사랑에 목마른 가여운 영혼들이기 때문이다.

참된 우정을 지키는 힘은 무엇일까? 우정이란 친구와 내가 함께 지낸 시간 속에서 영근 사랑이란 열매이다. 그 열매가 아무도 먹지 못할 썩은 열매일지, 아니면 만인에게 생명수를 제공해줄 달콤하고 영양가가 듬뿍 포함된 탐스런 열매일지는 바로 참된 우정인지 아닌지에 의해 판가름 난다. 참된 우정이란 순수한 마음에서 비롯된다고 볼 수 있다. 친구를 인간 그 자체만으로 사랑하는 마음이 바로 순수한 마음이다.

이 친구는 재산이 얼마니까 좋고 저 친구는 고위층이어서 좋다면 그 관계는 진짜 우정이라기보다 이기심 충족을 위한 야비한 수단에 불과할 뿐이다. 그의 재산과 지위와 건강과 성격과 미래의 보장된 어떤 것들에 좌우되지 않고 있는 그대로의 그를 사랑할 수 없다면, 우리는 우정이라는 낱말을 함부로 발설해서는 안 될 것이다. 삭막해질 대로 삭막해진 이 사회에서 좋은 친구를 가까이 두고 우정을 쌓아갈 수 있는 사람은 자기 자신이 좋은 사람임에 틀림없다고 믿어도 괜찮을 것이다.

순수와 함께라면 어떤 고난도 두렵지 않아

친구가 그 문을
나설 때까지

나는 이 책으로써 그대의 아픔이 조금이라도 치유되기를 원한다. 일상에서 받은 상처와 고통과 슬픔이 순수한 이야기들을 읽음으로써 완화되고 완치될 수 있다는 것은 얼마나 고마운 일인가. 나는 감히 이 책이 여러분에게 생애 처음 새롭고 잔잔한 치유의 시간을 갖게 해줄 것이라고 말하고 싶다. 그만큼 이 책에 대해, 그리고 순수라는 가치에 대해 애착이 간다는 의미이다.

'친구' 하면 아련한 기억이 떠오를 것이다. 특히 어린 시절 허물없이 지내던 고향 친구는 누구에게나 애틋한 향수를 불러일으킨다. 우리에게는 모든 것을 보여주어도 부끄럽지 않을 친구가 있다. 지금 그 친구는 어디에 있을까? 나의 사소한 장점을 두 눈 크게 뜨고 바라봐주고, 나의 크나큰 결점을 최대한 작게 봐주던 친구. 우리의 어릴 적 친구들은 지금 어디에 살고 있을까? 그리운 이름들을 한 명씩 다정하게 호명해보라. 사랑하는 친구들아, 어디에 있니?

나는 수철이와 유빈이의 이야기를 쓰면서 내내 가슴이 시렸다. 쓰고 나서도 참으로 오랫동안 여운이 가시지 않았다. 그리고 이 책을 다 완성한 후에도 이 이야기가 가장 내 마음을 울렸다. 아마도 이 글이 주는 순수한 위로를 고스란히 느꼈나 보다. 그래서 이토록 오랫동안 이 글이 주는 여운에 젖어 있나 보다. 마치 촉촉한 봄비처럼 온몸과 영혼을 적시는 순수한 느낌, 지친 우리에게 반드시 필요한 순수의 힘이다. 이제 그대에게 순수한 우정이 주는 향기로운 치유의 시간을 선물하고 싶다. 수철이와 유빈이가 고달픈 삶을 살아가느라 힘든 우리에게 들려주는 순수한 우정의 의미를 들어보자.

"이수철!"
선생님께서 세 번째 외치고 나서야 수철이가 깜짝 놀라면서 고개를 들었다. 선생님의 불호령이 떨어지기 전까지 수철이는 곤히 잠들어 있던 것이다. 얼마나 달게 잤는지, 몇 분 되지도 않았는데 수철이는 코까지 드르렁거리며 곯아떨어졌다. 칠판 아래에 있던 파란색 분필이 선생님의 내공으로 공중 부양해 수철이의 정수리를 살짝 건드려주기 전까지는 일어날 기색이 전혀 없었다.
"네, 1학년 2반 30번 이수철입니다. 서, 선생님, 저 부르셨어요?"
수철이가 멍한 표정으로 잠에서 깨어났다. 그리고 정수리의 통증을 참느라 일그러진 얼굴로 머리를 비비적거리면서 어눌하게 내뱉은 말에 교실 안은 웃음바다가 되었다. 선생님도 겨우 웃음을 참고 있는 것처럼 보였다. 친구들은 웃다가 괴성을 지르기도 했다.
"하하하……"
아이들의 웃음이 한참 동안 멈출 줄 모르고 이어졌다. 어떤 아이는 배

꼽이 아프다면서 겨우 웃음을 참기도 했다. 그 아이는 얼마 전 맹장염으로 개복 수술을 받은 학생이었다. 그 학생을 제외한 거의 모든 친구들이 웃음을 터뜨린 지금은 수학 시간이다. 이 학교에서 가장 무섭기로 소문이 자자한 공포의 회초리 시간에 잠을 자다니 경악할 일이었다. 회초리를 하루라도 쓰지 않고 지나가는 날이 없는 수학 선생님을 부르는 아이들만의 애칭이 있다. 인근 마을에 갓난아기도 '회초리가 온다'고 하면 자다가 경기를 일으킨다는 우스개 이야기가 있을 정도로, 학생들을 엄격하게 다루는 회초리 선생님의 수학 시간에 잠을 잔다는 것은 수철이만 가능한 일이었다. 왜냐하면 수철이는 늘 잠이 부족한 아이였기 때문이다.

"황금 같은 수업 시간에 잠을 자다니. 이 녀석, 앞으로 나와서 이 문제 풀어봐. 못 풀면 회초리 100대 각오하고!"

선생님이 칠판에다가 문제를 한가득 적어놓고 아마 못 풀걸 하는 회심의 미소를 지으며 수철이에게 말했다. 역시 심술 많고 고약한 선생님의 대명사인 회초리 선생님다웠다. 그것은 누가 봐도 중학교 1학년이 풀 문제는 아니었다. 방금까지도 웃던 아이들의 눈빛에 걱정이 스쳤다.

"저건 고등학교 3학년인 우리 형 책에 있던 문제랑 비슷한 문제잖아. 난 저 문제가 무슨 뜻인지도 모르겠다."

반에서 공부를 제법 하는 홍재가 짝꿍인 두만이에게 속삭였다. 두만이도 그 문제를 보면서 이맛살을 찌푸리고 있었다. 아무리 보아도 저건 너무 하다 싶은 문제였다.

"맞아! 저걸 어떻게 푸냐? 수철이가 아무리 공부를 잘한다고 해도 말이지."

그렇게 아이들이 선생님 몰래 소곤대고 있는 사이에 수철이는 씩씩하게 앞으로 나가 분필을 집어 들고 거침없이 문제를 풀어나가기 시작했다. 채 2분도 되지 않은 시간에 수철이는 문제 풀이를 끝마치고 태연스럽게 제자리에 돌아와 앉았다. 방금 전까지도 의기양양하게 수철이를 노려보던 수학 선생님의 얼굴이 파랗게 사색이 되었다.

"아니, 이걸 어떻게 푼 거지? 이수철, 이 녀석 잠만 자고 공부는 안 하는 줄 알았는데, 너 자면서도 공부를 하는구나. 앞으로는 수업 시간에 잠자지 마라, 알겠지?"

"네, 선생님! 죄송합니다. 앞으로는 졸지 않겠습니다."

수학 시간이 끝나고 아이들이 모두 수철이 옆으로 몰려들었다.

"너 어떻게 그런 문제를 다 푸냐?"

"오늘 새롭게 봤어. 만날 계집애처럼 소심하게 말도 잘 안 하고 그러더니, 이제 보니 정말 멋진 구석이 있다니까. 우리 반 1등 이수철, 너 자랑스럽다. 그 깐깐하고 성격 안 좋은 회초리가 감탄할 실력을 갖추었다니."

친구들이 저마다 한마디씩 수철이에게 찬사를 보냈다. 교실 안이 오랜만에 훈훈한 기운이 감돌았다. 쉬는 시간마다 편 갈라서 티격태격하는 것이 일상이 된 지 오래였는데, 오늘은 수철이로 인해 온건한 기운이 도래했다. 1학년 2반 교실의 평화를 수철이가 가져온 것이다.

그것은 회초리 선생님이 수업을 마치고 나가면서 이렇게 말한 것도 큰 영향을 미쳤을 것이다.

"1학년 2반은 우리 학교에서 최고로 수학 문제를 잘 푸는 학생이 있는 반이다. 너희는 자부심을 가져도 좋아."

그 한마디에 말썽꾸러기 문제아들이 넘치는 반이라고 낙인 찍힌 채 겪어야 했던 설움이 눈 녹듯이 사라졌다. 아이들에게 수철이는 작은 영

웅이 되었다. 경외심을 가지고 수철이를 쳐다보는 친구도 있었다.
"애들아, 우리 수철이에게 박수를 쳐주자. 너희도 잘 알지? 수철이는 학교 끝나고 집에 가서도 어머니 일 도와드리고 공부할 시간도 별로 없다는 것. 그런데도 이렇게 공부를 열심히 하니까 얼마나 고맙냐. 친구로서 박수를 쳐주고 싶다."
유빈이가 그렇게 말하면서 먼저 박수를 치자, 주변 친구들이 너도나도 박수를 쳤다. 얼굴이 홍당무처럼 새빨개진 수철이가 무슨 말을 해야 할지 몰라 수줍게 웃었다. 원래 수철이는 말수도 적고 수줍음이 많은 아이였다. 그런 수철이의 유일한 친구가 바로 유빈이다.
어느덧 점심시간이 되었다. 아이들이 엄마가 정성껏 싸준 도시락을 꺼내 펼쳐놓고 친구들과 어울려 와자지껄 먹느라 교실 안은 맛있는 냄새로 가득했다. 소시지 반찬을 가져온 친구가 다른 친구들의 부러움을 사면서 하나씩 나누어주며 우쭐댔다.
"이거 우리 아빠가 미국에서 가져온 수제 소시지로 만든 반찬이야. 오늘 너희랑 나눠먹으려고 많이 싸왔거든. 하나씩 먹어봐."
"정말 먹어봐도 돼?"
"그렇다니까 많이 싸왔어. 자 하나씩 줄게."
"와, 정말 맛있다. 입안에서 사르르 녹는 이 맛, 정말 기가 막히네."
"나도 하나만 주라."
"나도 먹고 싶다. 한 개만 주라."
이렇게 시끌벅적해진 와중에 수철이는 어쩐 일인지 여태 도시락을 꺼내지 않고 있다. 친구들이 반찬 자랑을 하면서 맛있게 도시락을 먹고 있는 사이에 수철이는 슬그머니 자리에서 일어나 교실 밖으로 나갔다. 그리고 아무도 없는 빈 수돗가로 가서 주변을 한 번 둘러보고 수돗물을 틀어 벌컥벌컥 들이켰다. 가끔은 도시락을 못 싸올 때가 있다. 그럴 때면 이렇게 수돗물로 배를 채웠다. 굶는 것보다는 허기를 덜 수 있어서였다. 한참을 수돗물을 마시고 돌아서는데, 유빈이가 도시락을 들고 서 있다.

"수철아, 나랑 같이 도시락 먹자. 밥도 반찬도 너무 많아서 혼자 다 못 먹을 것 같아."

유빈이는 행여 수철이가 기분 상하지 않을까 조심하면서 말했다. 유빈이는 수철이에게 항상 이런 식이었다. 자신이 한 행동으로 인해 수철이가 상처받지 않을까 걱정했다. 이런 친구가 또 있을까 싶다. 수철이는 그런 유빈이를 보면서 아무렇지 않게 배가 부른 듯 목소리에 힘을 주어 말했다.

"괜찮아, 난 물을 많이 먹어서 배불러."

"저기 등나무 아래에 가서 우리 둘이 밥 먹자. 이리 와."

수철이가 괜찮다고 거절해도 막무가내로 손을 붙들고 유빈이는 등나무 아래에 있는 벤치로 수철이를 데리고 갔다. 오월이 무르익어가는 교정에는 등나무 꽃이 한창이었다. 보라색 꽃들이 흐드러지게 피어 꽃으로 만든 천장 아래에 앉아 있는 기분이 들었다. 천상에 마련된 공원 벤치에 앉아 있는 듯한 묘한 착각이 일기도 했다. 이곳은 아마 천사들이 모여 이야기꽃을 피우는 곳이 아닐까 싶다. 수철이가 그런 생각을 하는 동안 유빈이는 도시락을 펼친 후 수철이에게 내밀었다. 맛깔스럽게 만들어진 갈비와 김치와 계란 프라이 등이 있었다. 정말 혼자 먹기에는 양이 제법 많아 보였다. 수철이는 나중에야 유빈이가 일부러 밥과 반찬을 많이 싸왔다는 사실을 알게 되었다.

천사들이 노닐고 사슴과 천년화꽃이 피어 향기가 지천에 깔릴 것 같은 봄날이다. 뒷산에서 시원한 봄바람이 불어와 등나무 꽃을 간질이는지 포도알 같은 꽃송이들이 까르르 웃으면서 경련하는 중이다.

"미안해. 혹시 내가 네 마음을 상하게 한 건 아닐까 염려스럽다. 하지만 오늘은 정말 네가 혼자 그렇게 수돗물로 끼니를 해결하는 모습을 볼 수가 없었어. 그래도 우리는 남다른 친구 사이잖아. 이렇게 너랑 밥을 나누어 먹으니까 혼자 먹을 때보다 훨씬 배부르고 행복하다. 수철아, 내가 네 마음 다치게 한 건 아니지?"

도시락을 다 먹고 나서 유빈이가 조심스럽게 말을 꺼냈다.

점심을 다 먹은 아이들이 하나둘 운동장으로 나와 축구를 했다. 오월의 맑은 하늘에서 금방이라도 구름들이 쏟아져 내려올 것 같았다. 하얀 구름들은 토끼 모양, 별 모양, 장화 모양 등 갖가지 모양으로 모였다가 흩어졌다.

"정말 맛있게 먹었어. 마음이 상하긴 내가 왜 마음이 상하냐. 오히려 네 마음이 너무 고맙다. 사실은 오늘 아침에 엄마가 바쁘셔서 도시락을 못 싸주셨어. 우리 집 형편에 매일 도시락 싸오긴 힘들어. 그래도 물이라도 마시면 괜찮더라고. 마음 써줘서 고맙다, 친구야. 오늘은 네 덕분에 즐거운 점심이 되었어."

그렇게 수철이와 유빈이는 두터운 우정을 쌓아가고 있었다. 봄이 다 끝나가고 무더운 여름이 시작되었다. 수철이네 집은 기찻길 바로 옆에 있다. 그래서 하루에도 수십 번 기차가 지나가는 소리를 들어야 했다. 잠을 자다가도 기차가 지나가는 소리에 땅이 흔들리는 진동이 느껴지는 곳이다. 수철이네 동네에는 옹색한 살림살이를 꾸려가는 사람들이 많이 살았다. 더덕더덕 붙은 함석지붕은 낡고 오래되었지만, 굵은 빗방울이 떨어져 내리면 리듬을 타듯 아름다운 선율을 선물했다. 수철이는 한 번도 친구들을 집에 데려오지 않았다. 내성적이고 수줍은 성격 탓이기도 했지만, 방이 너무 협소해서 친구들이 불편해할 것을 걱정했기 때문이기도 하다. 그런데 오늘은 유빈이가 기어이 수철이네 집에 따라왔다. 게다가 하룻밤을 자고 가기로 했다.

"집이 좀 좁아."

"이 정도면 좁은 건 아니야. 여기에 이십 명은 누워서 잘 수 있겠다."

"그렇게 봐주니 고맙다. 엄마가 오늘은 우리 둘이 편하게 자라고 이모네 집에서 주무시고 오신대."

오늘 수철이 엄마는 가까운 곳에 살고 있는 언니네 집에서 자기로 했다. 수철이가 학교에 다닌 이래 처음으로 데려온 친구가 편하게 머물다 가기를 바라는 마음에서였다. 엄마는 수철이와 유빈이가 먹을 것들을 잔뜩 해놓았다. 돼지고기를 듬뿍 넣어 끓인 김치찌개며 손수 빚어 따끈하게 쪄놓은 만두며 군고구마가 두 사람을 반기고 있었다.

"이 만두 좀 먹어봐. 엄마가 너 먹으라고 하신 거야."

주먹보다 더 큰 만두를 집어 유빈이에게 내미는 수철이의 유난히 작은 얼굴에는 친구에 대한 사랑이 가득했다. 엄마는 이 많은 것들을 언제 다 해놓고 가셨을까? 허리 수술을 받아 몸이 불편한 수철이 엄마는 매일 동네를 돌아다니면서 고물을 모은다. 신문지나 상자나 고철 등을 모아 리어카에 싣고 집에까지 오는 것을 하루에도 몇 번이나 반복하느라 허리가 성할 날이 없다. 그런 엄마를 돕기 위해 수철이도 학교가 끝나면 밤늦게까지 보물찾기 하듯 고물들을 주우러 다니느라 공부할 시간이 부족했다. 그런 수철이의 사정을 유빈이는 잘 알고 있었다. 그렇지만 이 정도일 줄은 정말 몰랐다. 수철이네 집은 방도 단 한 개였고, 게다가 부엌은 아직도 아궁이에 불을 지피는 곳이었다. 유빈이네 집에 비하면 너무나 열악한 형편임에 틀림없었다.

"유빈아, 불편하지? 미안하다. 좋은 집에 살았으면 네가 조금 더 있기가 편할 텐데."

수철이가 김치 만두를 건네고 풀이 약간 죽은 목소리로 말했다. 집이 부끄러운 게 아니었다. 처음 진정으로 좋아하는 친구가 왔는데, 친구에게 좋은 모습을 보여주지 못해서 마음이 아픈 것이었다. 이 친구가 어떤 친구인가. 초등학교 때부터 자신을 가장 잘 이해해주고 인정해준, 세상에서 가장 소중한 친구가 아닌가. 그런 유빈이에게 잘사는 내 모습을 보여주고 싶은 건 어쩌면 당연한 소망일 것이다.

"불편하긴 뭐가 불편하냐. 우리 집보다 훨씬 낫다. 우리 집은 크기만 하고 사람 사는 냄새가 안 나. 너희 집은 엄마랑 너랑 오순도순 살아가는 모습이 곳곳에 새겨져 있어 더 편안하다. 너도 알지? 난 입양아야. 엄마도 아빠도 새엄마, 새아빠지. 그래도 두 분이 너무 잘해주신 덕분에 외롭지 않았어. 난 네가 한없이 부럽다. 넌 엄마가 있잖아. 난 내 친부모님 얼굴도 몰라."

만두를 먹다가 말고 유빈이가 갑자기 눈가를 훔쳤다. 울고 있는 유빈이라니. 수철이가 놀라 화제를 얼른 바꾸었다.

"많이 덥지? 우리 방죽에 수영하러 가자. 옆집 형이랑 같이 갈까?"

무더위가 절정에 이르렀는지 뜨거운 열기가 태양의 혓바닥처럼 여기저기 널브러져 있다. 평소에는 사람만 보면 좋아서 어쩔 줄 모르고 꼬리를 치느라 바쁘던 강아지 백구도 숨을 헐떡이면서 대문 옆에 축 늘어져 있다. 수철이네 방은 사방이 거의 막혀 있어 숨이 막힐 지경이었다. 창문이 하나 있긴 한데 손바닥처럼 작고 문을 열어도 여전히 덥다. 기찻길을 건너 조금만 걸어가면 아담한 방죽이 하나 있다. 깊이는 어른 키의 두 배 정도 되는 곳인데, 여름만 되면 수영하러 온 아이들로 붐볐다.

"그러자. 그렇잖아도 몸이 근질근질하던 참인데, 오랜만에 수영이나 실컷 해볼까?"

유빈이가 활짝 웃으면서 대답했다. 방금 전까지 우울했던 기분이 순식간에 사라진 듯 보였다.

"그래! 그럼 내가 옆집 만식이 형 불러올게."

수철이가 자리에서 일어나면서 싱긋 웃었다. 그러자 유빈이도 배시시 웃었다. 둘 사이에 무언의 이야기가 오갔다. '난 네가 좋아.' 이 말을 굳이 하지 않아도 서로 알 수 있었다. 옆집이라고 해야 몇 걸음만 옆으로 걸어가면 있다. 마침 대문을 열고 나오는 만식이를 만났다. 얼굴에 여드름이 많이 난 만식이는 동네에서 싸움을 잘하기로 유명했다. 불의를 보면 참지 못하는 의로운 싸움꾼이라고 볼 수 있다. 달리기도 잘하고 축구도 잘하고 운동이라면 못하는 것이 없어서 언제나 동네 아이들의 선망의 대상이 되었다.

"형, 내 친구가 왔는데, 함께 수영하러 가자."

"어? 친구가 왔다고? 와, 웬일이냐? 학교 친구는 한 번도 집에 데려오지 않더니, 어떤 친구이기에 집에 온 거야? 궁금하다."

"유빈이라고 아주 착하고 좋은 친구야. 지금 우리 기다리고 있어. 방죽에 같이 갈래?"

"그러자, 뭐. 나도 마침 무료한 참인데. 그럼 내 사촌 동생 동호도 함께 데리고 가자. 괜찮지?"

"당연히 괜찮지! 그럼 내가 친구 데리고 나올게. 형도 동호 데리고 와."

"응!"

뜨겁다 못해 한 줌 재도 남기지 않고 온전히 타버릴 것 같은 무더위가 기승을 부리는 오후이다. 담벼락에 겨우 버티고 서 있던 누런 낯빛의 해바라기도 커다란 제 얼굴의 무게를 감당하지 못했는지, 더위에 지쳤는지 고개를 푹 숙인 채 상념에 잠겨 있다. 수철이가 유빈이를 데리고 집 밖으로 나왔을 때 저만치서 뚱뚱한 동호의 모습이 보였다. 그 옆에는 만식이가 검은 비닐봉지 하나를 들고 걸어왔다.

"형, 안녕하세요. 저는 수철이 친구 유빈이라고 합니다."

예의 바른 유빈이가 만식이에게 공손하게 인사를 했다. 역시 유빈이는 경우가 바른 아이였다. 수철이는 그런 유빈이가 언제나 믿음직스럽다. 내성적인 자신과는 다르게 사람들과의 관계에서는 늘 배울 점이 많은 친구임에 틀림없다고 생각한다.

"오, 네가 수철이가 그렇게 아끼는 친구 유빈이구나. 생각만큼 단정하고 모범생 이미지가 풍기는데. 앞으로 자주 보자. 난 이 동네에 유일한 고2 최만식이야."

"네, 감사합니다. 앞으로 자주 뵙겠습니다. 모범생은 제가 아니라 수철이죠. 전 수철이 따라가려면 아직 멀었습니다."

"전 동호예요, 유빈이 형. 만나서 반가워요."

웬만한 씨름 선수보다 더 우람한 체격의 동호가 작은 실눈에 미소를 지으면서 말했다. 웃으면 웃을수록 눈동자가 보이지 않았지만 그게 은근히 매력적으로 보였다. 덩치는 커도 아직 어린 티가 온몸에 물씬 배어 있는 초등학생이었다.

"반갑다, 동호야. 앞으로 친하게 지내자."

"자, 이만하면 서로 인사가 끝났으니, 이것 먹자."

만식이가 비닐봉지에서 부스럭거리며 꺼낸 것은 꽁꽁 얼은 아이스께끼였다. 이건 그 귀하다고 소문이 자자한 팥이 들어간 아이스께끼가 아닌가.

수철이가 놀라서 물었다.

"형, 이건 팥 아이스께끼네요? 정말 맛있겠어요."

"응, 이건 동호네 아버지가 주신 거야. 동호 아버지가 아이스께끼 장사를 하시거든. 같이 나눠먹으라고 네 개나 주셨어."

아이스께끼의 맛은 상상을 초월할 정도였다. 이런 것을 먹을 수 있다는 것은 큰 행운이었다. 도시에 나가야 이런 것들을 사 먹을 수 있기 때문이다. 사실 부유한 유빈이네 집은 냉장고도 있고 그 냉장고 안에는 여러 종류의 아이스께끼도 많이 들어 있다. 그렇지만 지금은 누구보다 더 맛있게 먹고 있다.

"잘 먹었습니다, 만식이 형. 동호야, 잘 먹었다. 다음엔 형이 맛있는 거 사줄게."

방죽으로 향하는 발걸음이 시원한 아이스께끼 덕분인지 한없이 가볍다. 비포장 도로의 잔돌들이 발부리에 걸리면서 비명을 내질렀다. 수철이가 그중 하나를 무심코 집어 들더니 "앗, 뜨거워!" 하면서 내려놓았다. 아마 올여름 들어 가장 무더운 날씨가 아닐까 싶다. 더위에 지친 것은 사람뿐만이 아닌 듯했다. 식물들도 습기를 잃고 마른 줄기와 잎을 8월의 햇살에 내맡기고 있었다. 유빈이는 그 모습이 마치 모든 것을 포기한 늙은 작부의 모습과도 같다고 생각했다.

"저기 기찻길이 보인다."

유빈이가 신기한 것을 본 것처럼 소리쳤다. 기다란 직선 하나가 몇백 미터 앞에 나타났다. 가까이 갈수록 그것은 곡선에 가까운 두 개의 선이었다. 두 개의 선이 한 치의 흐트러짐 없이 나란히 달려오고 있는 형상이었다. 철길 가에는 때 이른 코스모스가 피어났다가 더위에 화들짝 놀라 기겁을 했다.

"아름다운 풍경이구나. 두 개의 선이 하나의 목적지를 향해 변함없이 달려가고 있네. 수철아, 우리 우정도 변하지 말고 이렇게 꾸준히 지켜나가자."

유빈이가 기찻길을 건넌 후에 수철이의 손을 잡으면서 말하자, 곁에서 듣고 있던 만식이가 피식 웃었다.

"둘이 사귀냐? 다른 사람이 보면 둘이 사귀는 줄 알겠다. 하하하! 우리 동네에 이 기찻길이 명물이긴 하지."

그 말에 수철이와 유빈이의 얼굴이 벌겋게 달아올랐다. 그 모습이 우스운지 뚱뚱한 몸으로 오래 걷느라 숨이 턱밑까지 차오른 동호가 키득키득 웃었다. 사실 동호는 이렇게 오랫동안 걷는 게 요즘 들어 처음이다. 형들 앞에서 제일 어린 것이 힘들다고 말할 수도 없고, 그래서 동호는 겉으로는 괜찮은 척하고 있다.

"형들 보기 좋아요."

"우리가 그렇게 보인다니 정말 좋다. 난 유빈이가 좋아. 유빈아, 너도 나 좋지?"

"물론! 난 너 없으면 못 살아."

깔깔깔 유쾌하게 이야기를 주고받다 보니 어느새 방죽에 도착했다. 녹음이 짙은 방죽가의 풀들이 초록색을 뚝뚝 떨어뜨리고 있다고 생각하다가, 다가가보니 더위에 지쳐 메마른 초록들이 방죽의 푸른 물과 어울려 한여름의 진풍경을 연출하고 있었다. 예상했던 대로 많은 아이들이 옷을 벗고 수영을 하고 있었다. 조그만 소읍인 이 마을에서는 이 방죽의 물로 한 해 농사를 짓는다. 여름만 되면 개구쟁이 아이들의 놀이터가 되는 곳이기도 했다. 물도 그리 깊지 않고 무엇보다 변변한 놀이터가 없는 형편의 이 읍의 아이들에게 방죽은 어느 순간부터 여름에 한 번쯤 와봐야 하는 순례지가 되었다.

"다 왔다. 여기가 방죽이야. 물도 깨끗하고 수영하기에 괜찮아."

수철이가 유빈이에게 방죽을 가리키면서 말하자, 옆에 있던 만식이가 거든다.

"맞아! 여기만 한 곳도 드물지. 다만 저 녀석들이 좀 거슬리긴 하지만 말이야."

얼굴을 찌푸리면서 만식이가 바라보는 곳에는 옆 마을의 소문 안 좋은 애들이 모여서 무슨 말인가를 수군거리고 있다. 수철이 일행이 방죽에 다다르자, 날카로운 눈길을 던지면서 뭔가를 모의하고 있었다. 중학생에서 고등학생 정도 되어 보이는 그들의 무리는 어딘지 모르게 음산한 포스를 흠씬 풍겼다. 그들은 밤만 되면 마을 인근에 있는 외딴 폐가에 모여 술을 마시고 담배를 핀다고도 하고, 믿기지 않지만 본드를 흡입한다는 말도 들렸다. 그래서 수철이네 마을에 사는 아이들은 될 수 있으면 그 아이들과는 눈도 마주치지 않으려고 노력했다.

수철이와 일행은 이제 막 겉옷을 벗고 준비 운동을 하면서 몸을 풀고 있다. 그런데 불량해 보이는 그 무리 중에서 가장 키가 크고 인상이 험악한 아이가 다가와 수철이에게 시비를 걸었다.

"여기 니들이 웬일이냐?"

"수영하러 왔죠."

수철이가 대수롭지 않게 대답했다.

그의 이름은 춘재이며, 알 만한 아이들은 다 아는 형이었다. 착한 애들만 보면 못살게 괴롭히는 고약한 형이라는 것을 잘 알고 있다.

"여긴 우리 동네 애들이 수영하는 곳이야. 너희는 이곳에서 수영할 수 없어. 돌아가!"

그러자 이제껏 잠자코 그 모습을 관망하던 만식이가 춘재에게 바짝 다가가 두 눈을 부릅뜨고 중저음으로 차분히 말했다.

"이봐, 여긴 오래전부터 우리가 와서 수영하던 곳이야. 여긴 공공장소지, 너희만의 공간이 아니란 말이야. 다치기 전에 네 자리로 돌아가 수영이나 하시지."

"허, 이것 봐라. 애들아, 이리 와."

춘재의 명령 한마디에 건너편에서 이쪽을 뚫어져라 쏘아보던 불량한 얼굴들이 우르르 몰려왔다. 순식간에 방죽 주변에는 팽팽한 긴장감이 흐르기 시작했다. 수철이와 유빈이, 그리고 동호의 얼굴에 공포가 아른거렸다. 그렇다고 여기서 굴복할 수는 없는 노릇이었다.

"춘재 형, 저 아시죠? 수철이. 오늘 제 친구도 오고해서 여기에 수영하러왔어요. 날씨도 더운데 서로 사이좋게 지내는 게 좋지 않나요?"

"뭐야? 이 녀석. 수철이 너 많이 건방져졌다. 이 녀석 버릇 좀 고쳐줘

야겠군."

그 말이 떨어지는 동시에 춘재의 주먹이 수철이의 얼굴을 강타했다. 수철이의 코에서 새빨간 코피가 흘러나왔다.

"얘들아, 요 녀석들 손 좀 봐줘라."

춘재가 손짓을 하자 조무래기들처럼 곁에 서 있던 무리들이 수철이 일행에게 벌 떼처럼 덤벼들었다. 그렇지만 만식이의 현란한 발차기에 순식간에 초토화되고 말았다.

"남자가 신사적인 면이 있어야지. 야비하게 이게 무슨 짓이야? 왜 가만히 있는 아이들을 괴롭혀. 한 번만 더 괴롭히면 가만 안 둘 거야!"

만식이가 나동그라진 아이들에게 훈계를 하고 있는데, 뒤에서 춘재가 각목으로 만식이 머리를 내리쳤다. 유빈이가 그것을 말리려고 했지만, 워낙 재빨리 내리쳐서 말릴 새도 없었다. 만식이가 균형을 잃고 제자리에 쓰러지자, 춘재가 비열한 웃음을 지었다.

"놀고 있네. 신사가 밥 먹여주냐? 신사는 얼어죽을. 우리는 우리만의 규칙이 있어. 너희 따위는 상대가 안 돼. 내가 좋은 말로 가라고 했지."

"형! 괜찮아요?"

쓰러진 만식이를 부축하면서 수철이가 울음을 터뜨렸다. 그 곁에는 동호가 두려움에 사로잡혀 벌벌 떨고 있었다.

그때 유빈이가 춘재에게 도전장을 내밀었다.

"나랑 한번 대결해보죠."

"어라? 이 어린것이 어디서 감히 덤벼."

"자신 없나보네요. 그럼 내가 이긴 거죠?"

유빈이가 자신만만한 표정으로 춘재를 위아래로 훑어보면서 말하자,

춘재의 두꺼운 입술이 뒤틀렸다.

"어쭈, 그렇게 자신 있으세요? 그럼 한 번 붙어보자."

그렇게 춘재의 선공이 시작되었다. 그러나 유빈이는 태권도 유단자이다. 어릴 적부터 아버지로부터 배운 태권도 실력이 웬만한 어른들도 상대하기 힘든 경지에 다다랐다. 그것을 알 리 없는 춘재가 계속 헛주먹질에 헛발길질을 했다. 그 모습이 웃겼던지 자기네 무리에서도 키득키득 웃는 소리가 들려왔다. 춘재는 허공을 향해 주먹을 내지르고, 유빈이는 그런 춘재의 빈틈을 야무지게 공격해 금방 승패가 가려졌다.

"내가 졌다!"

춘재가 배를 움켜쥐고 무릎을 꿇으면서 항복을 했다. 불량기가 가득 흐르던 그들의 무리가 약속이나 한 듯이 살금살금 뒷걸음질치더니 방죽을 벗어나기 시작했다. 아무도 춘재의 안위를 걱정하거나 남아서 그를 지켜주겠다는 사람은 없었다. 이제 방죽에는 수철이 일행과 춘재만 남아 있었다.

"아무도 형을 도와주지 않죠? 그러니까 평소에 사람들에게 선하게 행동했더라면 좋았을 거예요. 다른 사람을 괴롭히고 나쁜 행동을 하니까 형이 위험에 처해도 누구 하나 도와주지 않잖아요."

유빈이가 춘재의 손을 잡아 일으켜 세웠다. 춘재가 고개를 못 들고 처참한 표정을 지었다.

"우리 유빈이 대단하다. 수철아, 너 정말 친구 잘 사귀었구나. 이런 친구 나도 있었으면 좋겠다, 하하하!"

만식이가 유빈의 활약이 자랑스러운 듯 칭찬을 아끼지 않았다. 그렇게 해서 그날의 혈투 아닌 혈투는 수철이 일행의 승리가 되었다. 남은 시간 여유롭게 방죽에서 수영을 즐기고 집으로 돌아오는 길에, 춘재가 아이들 몇 명을 거느리고 다시 나타났다. 또 무슨 짓을 하려나 싶어서 경계를 하는데 춘재가 멋쩍은 웃음을 지었다.

"싸우자는 게 아니고 미안해서 너희에게 이거 주려고 기다리고 있었어."

불량기 가득하던 얼굴들이 어느새 순한 양들처럼 변해 있었다. 춘재가 내민 것은 사탕이었다. 커다란 알 모양의 사탕은 하나만 먹어도 입 안이 가득 들어찰 것만 같았다.

"미안하다. 언제든지 수영하고 싶으면 방죽에 와서 수영해도 좋아. 내가 오늘 낮에는 조금 심했던 것 같아."

그렇게 사과하면서 내미는 춘재의 손을 잡은 건 만식이었다.

"나도 미안해. 다친 데는 괜찮아? 우리 사이좋게 지내자."

사실 만식이와 춘재는 같은 학년이었다. 오래전부터 서로를 의식하는 라이벌 관계이기도 했다. 이제 두 동네의 평화가 시작되려는지, 주변의 아이들도 편안한 표정으로 서로를 바라보았다. 수철이는 유빈이의 손을 꼭 잡았다.

"유빈아, 오늘 멋졌어. 그런데 다친 건 아니지?"

"나 안 다쳤어. 넌 괜찮은 거지? 너 아까 코피 나서 내가 얼마나 마음 아팠는데, 속상하다."

"응, 나는 괜찮아. 코피도 멎었고 아까 수영도 즐겁게 했어. 내가 정말 너한테 면목 없다. 좋은 모습을 보여줬어야 하는데."

"아니야. 오늘 정말 스릴 넘치는 하루였어."

함께 걷던 만식이가 둘의 다정한 모습에 참지 못하겠다는 듯 한마디

했다.

"그만 좀 하라고. 서러워서 못살겠네. 둘이 사귀는 건 좋지만 굳이 밖으로 드러내지 말라니깐. 동호야, 우리도 손잡자."

"하하하하하……."

해맑은 아이들의 웃음소리가 한여름 늦은 오후의 풍경에 색색의 동그라미를 그리면서 멀리 날아갔다.

그해 여름은 그렇게 지나가고 있었다. 유빈이는 가끔씩 도시락을 꺼내어 수철이와 함께 나누어 먹었다. 그런데 신기한 것은 수철이가 도시락을 싸오지 못할 때면 꼭 유빈이가 두 사람 분량의 도시락을 싸오는 것이었다. 수철이는 반에서 일등을 놓치지 않았고, 유빈이에게 자신이 알고 있는 공부 비법을 전수해주었다. 그러나 유빈이는 공부에는 영 소질이 없었다. 그래도 두 사람은 실과 바늘처럼 한시도 떨어지지 않고 붙어 다녔다.

겨울 방학이 시작되기 며칠 전, 유빈이와 수철이는 수업을 마치고 오랜만에 기찻길을 걷고 있었다. 유빈이가 한번 걷고 싶어 해서 나온 것이다. 토요일이라 일찍 수업이 끝나 아직 어둡지는 않았지만, 겨울이라서 그런지 사방이 온통 옅은 어스름 속에 잠겨 있었다. 회색빛 하늘 아래에 무엇인가를 갈구하는 것처럼 끝없이 달려가는 철길이 지루하게 펼쳐져 있다. 수철이가 왼쪽 침목 위에 오르자, 유빈이가 오른쪽 침목 위에 올라섰다. 지금은 기차가 오지 않을 시간이다. 평행선처럼 쭉 뻗어 있는 기찻길 위에 서서 두 사람이 한곳을 응시했다. 그 끝에는 과연 무엇이 있을까?

"사실 너에게 할 말이 있어."

그렇게 한참을 걸어가다가 먼저 땅으로 내려온 유빈이가 수철이를 바라보면서 기운 없는 목소리로 말했다. 수철이는 그 목소리가 거슬렸다. 왜냐하면 한 번도 유빈이의 그런 목소리를 들은 적이 없었기 때문이다. 낮게 깔린 물안개처럼 침잠되고 우울한 음성이었으므로.

"나…… 이사…… 간다……."

마치 해서는 안 될 말을 하듯이, 혹은 사형수에게 당신 삶을 마무리할 날이 오늘이라고 말해주어야 하는 간수처럼 간신히 말을 하는 유빈이의 입술이 바르르 떨렸다. 수철이는 가슴에 커다란 바윗덩어리가 쿵 하고 떨어지는 소리를 들었다. 그리고 그만큼 아픔과 통증을 느꼈다. 이것은 단 한 번도 상상하지 못했던 말이다.

"정말이니?"

"응, 내일 이사 가. 미리 말하면 네가 너무 힘들어할 것 같아서……."

말끝을 흐리는 유빈이의 눈에서 눈물이 흐르는 것 같았다. 수철이는 심장이 얼어붙은 사람처럼 잠시 호흡이 멈췄다. 뭐라고 말을 하긴 해야겠는데 말이란 것이 도무지 나오지를 않았다. 그저 슬프고 가슴이 짓눌린 것처럼 아팠다.

"내일? 정말 내일?"

"그래, 내일. 오늘이 우리 마지막으로 얼굴 보는 거야. 아니야, 다음에 또 볼 수 있겠지. 서울로 가거든. 여기서 가까운 곳이니까."

서울은 이곳에서 두 시간 정도 시외버스를 타고 가면 도착할 수 있는 거리이다. 하지만 수철이는 단 한 번도 서울에 가본 적이 없다. 이 동네 아이들도 거의 그렇다. 서울과 이곳은 지리적으로는 멀지 않지만 심정적으로는 매우 먼 곳이기도 하다. 조그만 소읍의 풍경과 서울의 변화한 거리는 다르다. 이곳에서 살다가 서울로 이사 간 몇몇 아이들은 단 한 명도 이곳을 다시 찾지 않았다. 그래서 아이들은 누가 서울로 이사 간다고 하면 친구를 영영 볼 수 없는 가혹한 이별을 예상했다. 수철이도 지금 그 심정이다. 이제 영영 볼 수 없게 되는 건가?

"우리 다음에 다시 만날 수 있을까? 유빈아, 왜 이제야 말해? 난 어떻게 하라고. 최소한 너와의 이별에 대해 마음의 준비라도 할 수 있도록 미리 말해주지. 나쁜 자식!"

처음으로 유빈이를 향해 수철이가 원망의 말을 했다. 지금껏 단 한 번도 이런 격한 말을 한 적이 없었다. 그만큼 이 현실이 믿기지 않는 것이다. 이제는 수철이의 눈에서 눈물이 펑펑 흘러내렸다. 유빈이가 그런 수철이를 가만히 포옹해주었다.

"미안해, 친구야. 너와 헤어진다는 것은 너무 힘든 일이야. 그래서 너도 나만큼 아플 것 같아 미리 말할 수가 없었어. 내일 이사 가기 싫어. 여기서 너랑 오래오래 함께 지내고 싶어. 고등학교도 같은 곳으로 가고, 대학도 같은 곳으로 가고, 같은 직장에 다니면서 같은 마을에서 살고 싶었단 말이야. 그런데 어쩔 수가 없어. 부모님께서 이미 집을 파셨거든. 다음에 꼭 다시 만나자, 수철아. 그때까지 잘 지내. 내가 편지도 하고 연락할게."

"그래, 꼭 연락해야 해. 유빈아, 그동안 정말 고마웠다. 난 가진 것도 없고 가난하고 내세울 것도 없는 애인데, 넌 항상 내 장점을 보아주고 단점을 감싸주었어. 되돌아보면 난 받기만 한 것 같아. 너한테 해준 게 별로 없어. 미안하다, 더 잘 해줄걸. 너도 이사 가서 잘 지내고 건강해. 다음에 다시 만날 때 나보다 더 잘 살고 더 건강하고 더 행복해야 해, 알았지?"

수철이가 유빈이를 더 힘껏 끌어안으면서 말했다. 소담스러운 하얀 눈이 두 사람의 이별에 증인이라도 되겠다는 듯이 사방에서 구슬프게 흩날리기 시작했다. 서로의 귓가에 울음소리가 들릴까 봐 가슴속으로 우는 두 친구의 모습은 흑백 사진 속 추억이 되어 시간의 기억에 새겨졌다.

다음 날, 정말 유빈이가 이사를 갔다. 수철이는 어제 일이 믿기지가 않았다. 유빈이가 자신을 놀리려고 장난으로 그런 것인지도 모른다고 생각했다. 그러나 장난이 아니었다. 월요일이 되어도, 화요일이 되어도 유빈이는 학교에 나오지 않았다. 그렇게 두 사람은 헤어지게 되었다. 살아서는 다시 볼 수 없을지도 모를 아득한 이별이었다.

몇 해의 겨울이 가고 여름이 지나갔다. 여름이면 방죽에 아이들이 모여 수영을 하고, 가을이면 기찻길 옆에 하늘하늘 코스모스가 피어나고, 또 여름이 오면 교정에는 등나무 꽃이 보랏빛 향연을 펼쳤지만 유빈이가 없는 방죽은, 유빈이가 없는 등나무 아래는, 유빈이가 없는 기찻길은 너무 쓸쓸했다.

수철이는 한쪽 가슴을 잃어버린 사람처럼 공허한 심정으로 몇 년의 시간을 보냈다. 편지를 하고 연락을 하겠다던 유빈이는 어쩐 일인지 한 번도 연락이 없었다. 너무나 보고 싶은데 그건 혼자만의 그리움이 되어 버렸나보다 하고 생각했다.

"유빈이는 이제 나 따위는 잊고 살고 싶은 거야."

수철이는 이렇게 자조했다.

그리고 서서히 유빈이를 기억에서, 마음에서 지웠다. 열네 살 겨울의 유빈이는 이제 수철이에게 더 이상 떠오르지 않게 되었다. 그렇게 유년의 한때를 깔끔하게 삭제했다. 다시는 재생할 수 없도록 모질게 유빈이라는 이름을 가슴에서 지웠다.

그리고 긴 시간이 꿈결처럼 흘렀다.

"사장님, 노조 간부들이 임금 인상을 해주지 않는다는 명목으로 며칠 내로 전면 파업을 하겠답니다."

"뭐라고? 건방진 녀석들. 자기들이 누구 덕에 먹고사는데, 뭐 파업? 파업하면 한 놈도 빠짐없이 다 잘라버려!"

이 사장이 언성을 높였다. 강 비서가 주춤거리면서 서류를 내밀고 자리에서 물러났다. 거기에는 노조 간부들의 명단이 적혀 있었다. 눈엣가시 같은 존재들이다.

'이 회사를 누가 만들었는데 사사건건 나서서 트집을 잡고, 걸핏하면 임금이나 올려달라고 떼를 쓰는 거야?'

재계 서열 100위 안에 드는 기업으로 성장시키기 위해 그동안 피도 눈물도 없는 독종이라는 소리를 들어가면서 밤낮없이 일만 했다. 그래서 이제 남부럽지 않게 잘살게 되었다. 그러나 늘 뭔가 허전하고 텅 빈 것 같은 느낌이 들었다. 이 사장의 얼굴에 어두운 그늘이 드리워졌다.

오늘은 그만 퇴근해야 될 것 같았다. 머리가 어지럽고 속이 메스꺼웠다. 엘리베이터를 타고 1층으로 내려와 로비를 걸어가는데, 붉은 머리띠를 한 노조원들이 모여 농성을 하고 있었다.

"악덕 기업주, 이수철은 물러가라! 물러가라! 노동자의 피를 빨아먹고 그 피로 연명하는 이기적인 이수철에게 분노한다!!"

확성기에서 갈라진 남자의 목소리가 검붉은 쇳가루처럼 퍼져 나와 회사 건물 전체에 뿌려졌다. 경비원들이 나와서 그들을 제지했지만 별 소용이 없었다. 이 사장을 발견한 노조원 몇 명이 먹잇감을 발견한 맹수처럼 달려들었다. 이 사장은 개의치 않는다는 듯 앞만 보고 걸어갔다. 오늘은 쉬고 싶다. 그의 등 뒤에서 노조원들이 더 커다랗게 구호를 외쳤다.
"왜 비겁하게 도망가냐? 이수철, 우리의 정당한 요구를 무시하지 말라! 악덕 기업주 이수철은 각성하라!!!"
회사 앞에는 박 기사가 차를 대기시켜놓고 기다렸다. 수철이는 오늘만큼은 그 차를 타고 싶지 않았다. 그것은 오늘따라 자신을 집어삼키려고 입을 벌리고 있는 악어의 모습처럼 보였기 때문이다.
"사장님, 어서 타십시오."
"박 기사, 오늘은 나 혼자 알아서 집에 갈 테니 먼저 가게."
그는 터벅터벅 큰길가로 걸어가 택시를 잡았다. 얼마나 오랜만에 타보는 택시인지 모른다. 십여 년은 족히 넘은 것 같다. 언젠가부터 버스나 택시, 전철 등의 대중교통은 그와 먼 이동 수단이 되어버렸다. 그리고 자연스럽게 그런 것들을 타고 다니는 서민들을 바라보는 그의 시선도 왜곡되고 변절되었다. 사실은 자신이 가장 밑바닥에서 살았던 사람이라는 것을 누구보다 잘 알고 있었지만, 그는 그것을 부정하고 싶었던 것이다. 수돗가에서 물로 배를 채우던 유약한 수철이는 더 이상 없다.
"어디까지 가십니까?"
택시 기사가 백미러로 그를 힐끔 쳐다보면서 물었다. 그의 옷차림새나 풍채가 택시와는 어울리지 않아 보였을 것이다.
"서울에서 전망이 가장 좋은 곳에 데려다주십시오."
"아, 그럼 남산이 좋겠네요."
기사가 핸들을 틀어 남산 방향으로 차를 몰았다. 저녁이 되기 전의 가을은 스산했다. 차창 밖으로 휙휙 마른 나뭇가지들이 스쳐갔다. 그것들의 발밑에는 말라비틀어진 나뭇잎들이 한 뭉치씩 무덤처럼 소복이 쌓여 있었다. 남산에 도착한 수철이는 이리저리 굽어진 길 앞에서 어디로 가야할지 머뭇거릴 수밖에 없었다. 아직도 한참을 위로 걸어 올라가야 했다. 어둠의 포자들이 빌딩 사이로 슬금슬금 다가오고 있었다. 한참을 고심하던 그가 좁은 골목을 선택해 걸었다. 평일이라서인지 사람들이 드문드문 눈에 띌 뿐 한가롭기까지 한 길이다. 걸어가면서 생각했다.

'그동안 나는 무엇을 위해 살았는가?'

"아저씨, 도와주세요!"

그때 수철이의 눈앞에 앳된 여자아이가 헐레벌떡 달려왔다. 아무리 보아도 아직 십 대를 벗어나지 못한 미성년자처럼 보이는 아이는 무언가에 쫓기고 있는 듯 두려워하면서 그에게 매달렸다.

"얘야, 무슨 일이냐?"

"저기 어떤 남자가 죽었어요. 아무래도 그런 것 같아요. 저기 풀숲에 사람이 있다구요. 내려오다 우연히 봤는데, 꼼짝을 안 하고 있어요. 전 그만 가볼게요. 아저씨가 그 사람 살려주세요!"

그러면서 손가락으로 풀숲을 가리킨 소녀가 황급히 산 아래로 달려갔다. 미처 붙잡아서 무언가를 더 물어볼 틈도 주지 않고 가버렸으므로 이제 그 풀숲에 있는 사람에 대한 책임은 전적으로 수철이에게 있었다. 도대체 누가 풀숲에 있다는 것인가. 조용히 도심의 야경을 관망하며 마음의 혼란을 잠재우고 싶었던 그의 계획은 풀숲에 있다는 작자에 의해 변경되어야만 했다. 약간의 짜증과 호기심이 생겨났다. 소녀가 알려준 지점에 다다르자, 한 사내가 엎드린 채 누워 있었다. 한눈에 보아도 행색이 초라하고 남루하기 그지없었다. 너덜너덜한 검정색 셔츠에, 누더기가 다 된 회갈색 바지, 게다가 푸석한 머리카락은 어깨 너머로 흉물스럽게 남실거리고 있었다. 다행히 숨은 쉬고 있었다.
"여보세요! 정신 차리세요."
 수철이가 그를 흔들어 깨웠다. 그러나 사내는 요지부동이었다. 그에게서 술 냄새가 확 풍겼다. 술을 마시고 정신을 잃은 건지 술에 취해 잠이 든 건지 모를 일이었다. 그래도 이 야산에 이렇게 놔두면 안 되겠다 싶어서 수철이가 그의 몸을 정면으로 돌려놓았다. 헝클어진 머리카락이 떡처럼 얼굴에 더덕더덕 달라붙어 얼굴이 잘 보이지 않았다. 게다가 어둠이 어느새 찾아와 그의 얼굴을 정확히 식별할 수조차 없었다.
"여기서 이렇게 있다가는 큰일납니다. 어서 정신 차려요."
"내버려둬!"
 수철이의 손을 뿌리친 사내가 다시 풀밭 위에 제 몸을 눕혔다. 가을이기는 하지만 밤이 되면 급격하게 기온이 내려가는 게 산이다. 저대로 있다가는 저체온증으로 생명을 잃을 수도 있었다. 수철이는 사내를 그대로 두고 나올 수가 없어서 다시 한 번 그를 흔들어보았다.
"정말 죽고 싶어서 이래요? 당신은 목숨이 소중하지 않습니까? 당신에게도 가족이 있을 것 아닙니까, 친구도 있을 것이고. 이렇게 함부로 자신의 몸을 방치하면 안 됩니다."
 그 말을 하면서 왠지 마음이 울렁거렸다. 수철이는 얼마 전에 아내와 이혼을 했다. 회사 일에 미친 남자랑 살기 싫다면서 아내는 결혼생활 이십 년 만에 처음으로 가출을 하더니 끝내 이혼을 요구했다. 사실 그럴 만도 했다. 지난 이십 년 동안 수철이는 아내에게 따뜻한 사랑을 주지도 않았고, 그녀의 외로움을 공감하지도 않았다. 다행히 둘 사이에는 아이가 없었다. 그게 다행이라면 다행일까. 어머니는 그가 대학 다닐 때 교통사고로 돌아가셨다. 이제 그에게 가족은 없다. 친구는 어떠한가. 친구란 말만 해도 가슴이 아리다. 그런 자신이 낯선 사람에게 하는 위로란 턱없는 가식이지 않을까 싶어 마음에 현기증이 일었다.

"가족, 친구? 친구……."

사내가 갑자기 친구란 말을 웅얼거리면서 몇 번을 되뇌었다.

"나에게도 친구가 있었지. 어디선가 잘 살고 있을 거야."

"그럼 그 친구를 생각해서라도 이러시면 안 되지 않겠어요. 어서 일어나서 집으로 돌아가세요."

"난 집이 없는데. 아니지, 하늘 아래 모든 곳이 다 내 집이요, 땅 위의 모든 장소가 내 안식처지."

이게 무슨 말인가 싶었다. 아마 정신이 이상한 사람이 아닐까 싶어서 수철이는 그만 자리를 털고 일어나야겠다고 생각했다. 까딱하다가는 정신 이상자와 얽혀 난감한 상황에 처할 수도 있을 것이라는 경계심이 들었기 때문이다.

"정 그러시다면 전 이만 가보겠습니다."

"잠깐만!"

사내가 갑자기 고개를 쳐들더니 그를 우악스러운 손길로 붙잡았다.

"이렇게 무책임하게 그냥 가면 어떻게 합니까? 당신은 최소한 인간의 도리도 모르오? 사람이 이 모양이면 뭔가 도움을 주어야지. 참 매정한 양반이구먼. 이보쇼. 내 다리 좀 보시오. 나는 지금 한쪽 다리가 마비되어 움직일 수가 없단 말이오. 아까 어떤 소녀가 나를 보고 기겁을 하고 도망가더니, 이젠 당신마저 날 내버려두고 가버리면 난 이 밤에, 이 어두운 산에서 꼼짝없이 얼어 죽어야 할 것이오. 그러면 당신은 살인자나 다를 게 없소. 그렇지 않소?"

 막상 수철이가 가려고 하니 안 되겠다 싶었는지 사내가 협박 반 사정 반 섞어서 애원을 했다. 이제 입장이 바뀐 것이다.

 "저 오늘 굉장히 힘듭니다. 사실 당신을 도와줄 여력도 없어요. 제가 119를 불러드릴 테니까 구조대원들 오면 함께 가서서 치료받으시고 남은 인생 잘 살기 바랍니다. 그럼 안녕히."

 "이, 이거 봐요! 난 댁이 필요해요. 날 놔두고 가지 말란 말이오!"

 수철이는 그 말을 매정하게 뿌리칠 수가 없었다.

 '나를 필요로 한다고 이렇게 절박하게 외치는 사람이 얼마나 있었던가?'

 문득 이 지저분한 몰골의 사내에게 정이 갔다.

 "그럼 어떻게 해드리면 될까요?"

 "난 우선 씻고 싶소. 따뜻한 곳에 가서 편안히 쉬고 싶기도 하고."

 갈수록 태산이라더니 이젠 별 요구 사항을 다 말했다. 수철이는 이 낯선 사내의 정체가 궁금해졌다.

 "그런데 난 잘 걸을 수가 없으니 날 업고 저기 아래까지 데려다주시오. 그리고 쉴 곳도 마련해주시고."

 "업어달라고요?"

 "그렇소. 그게 그렇게 힘든 부탁이오? 그렇다면 어쩔 수 없지. 날 업어줄 그 누군가를 계속 기다리다가 안 오면 영원히 눈을 감든지."

 수철이는 아내를 업어준 적도 없는 사람이다. 누군가를 업어준다는 것은 그를 사랑하는 마음이 있거나 최소한 호감 정도는 있어야 가능한 일이 아닌가. 난처한 상황이었다. 업어주기는 싫고 그렇다고 다리가 아픈 사람을 이 밤에 풀숲에 내버려두고 그냥 가버릴 수도 없는 일이기 때문이다. 게다가 이 사내는 자신을 간절히 원하고 있지 않은가. 수철이의 마음이 봄날의 대지처럼 서서히 데워졌다.

"그럽시다! 뭐 그리 어려운 일도 아닌데."

이렇게 해서 수철이는 사내를 업고 골목길을 내려와 시내에 있는 찜질방으로 들어갔다. 헝클어진 머리와 숯 검댕이를 칠해놓은 것 같은 얼굴 때문에 사내는 엉망이었다.

"씻어야겠소. 영 가려워서 참을 수가 없네."

사내가 씻으러 간 사이에 수철이는 식혜와 구운 계란을 사서 앉아 있었다. 곁에서 젊은 남녀 두 명이 낯간지러운 애정 행각을 펼치고 있었다.

"자기는 왜 이렇게 잘생겼어?"

"자기도 예뻐. 눈을 뗄 수 없을 만큼. 난 자기만 보면 흥분돼."

그러고는 스스럼없이 키스를 하고 서로의 몸을 더듬었다. 요즘 젊은 것들이란. 수철이는 고개를 돌렸다. 이제 수철이의 머리에도 흰머리가 하나둘 생기기 시작했다. 불혹의 나이를 넘어선 지가 엊그제 같은데, 어느덧 오십이 다 되어가는 자신이 문득 처량하게 생각되었다. 저들의 젊음이 부럽고 시기심이 일어날 것만 같았다. 고개를 돌린 곳에는 할아버지가 보기에 민망한 자세로 누워 자고 있었다. 얼마 전, 뉴스에서 칠십대 할아버지가 찜질방에서 숨진 지 이틀 만에 발견되었다는 것을 보아서인지 수철이의 눈은 할아버지가 숨 쉬고 있는지를 주목했다. 다행히 할아버지는 코까지 드르렁거리며 잘 자고 있었다.

"시원하구먼. 역시 사람은 씻어야 해."

샤워를 하고 한결 말쑥해진 채 나타난 사내는 아까와는 전혀 다른 사람이 되어 있었다. 그런데 수철이는 좀 이상한 기분이 들었다. 왜 그런지 그 사내가 낯설지 않았다. 서글서글한 눈매, 낮고 반듯한 목소리, 그리고 손등의 흉터. 수철이는 놀라움을 금치 못하고 있는데, 사내는 태평하게 앉더니 구운 계란을 자기 머리에 툭 하고 내리쳐 껍질을 까면서 싱글벙글 웃었다.

"혹시, 너 유빈이 아니냐?"

"유빈이? 난 그런 사람 모르는데. 이 양반이 지금 무슨 소리를 하는 거요?"

사내가 약간 귀찮다는 듯 수철의 말을 흘려버렸다. 그렇지만 분명 유빈이가 맞았다. 수철이의 기억에 의하면, 저 손등의 흉터는 자신의 집에 놀러왔던 날 밤에 만식이 형, 동호와 숨바꼭질을 하다가 넘어져서 생긴 상처였다. 유빈이의 손등에 약을 발라주었던 게 바로 자신이었다. 그리고 절대로 유빈이가 아니라고 할 수 없는 것은 바로 목소리이다. 세월이 흘러 조금 달라지기는 했지만, 다정하고 온화하던 그 목소리의 토대는 변하지 않았다. 산에 있을 때는 미처 알아차리지 못했지만, 이제 확실히 그 목소리가 누구의 것인지 알 수 있었다.

"유빈이 맞잖아! 유빈아, 나야, 나! 수철이 몰라?"

"수철이?"

"그래! 나 수철이야."

수철이는 자신도 모르게 어느새 쉴 새 없이 눈물을 흘리기 시작했다. 마치 엄마를 잃은 어린애처럼 서러움이 가득한 눈물이 제어할 수 없이 솟아났다. 겨우 감정을 추슬러 말을 이었다.

"네가 그렇게도 살뜰하게 챙겨주던 이수철 몰라? 우리 둘이 기찻길을 걸으면서 평생 우정을 지키자고 약속했던 이수철 몰라? 수돗물로 배를 채우던 나에게 넌 도시락을 기꺼이 나눠주었잖아. 방죽에 수영하러 갔던 그해 여름 기억 안 나?"

"누구신지? 난 당신 몰라. 사실은 작년에 교통사고가 나서 기억 상실증에 걸렸거든. 그래서 집도 모르고 내 가족이 누군지도 몰라. 내가 전에 어떤 사람이었는지 나도 궁금해. 난 누구였을까?"

사내가 고개를 갸우뚱거렸다. 그는 오랜 노숙으로 인해 많이 지친 모습이었다. 환한 곳에서 보니 사내의 얼굴에는 살점이 별로 없었다. 심하게 야위고 깡마른 얼굴이었다. 몸도 마찬가지였다. 체격에 비해 지나치게 왜소한 몸은 웬만한 여자들보다도 허약해 보였다. 그 모습을 보니 가슴이 저렸다.

'그럼 넌 나를 기억 못 하는 거니?'

수철이의 마음이 천 갈래 만 갈래 갈기갈기 처참하게 찢어졌다.

"다음에 다시 만날 때 나보다 더 잘 살고 나보다 더 건강하고 나보다 더 행복하라고 했잖아, 이 바보야! 왜 이렇게 된 거야, 왜?"

수철이가 오열하자 주변에 있던 사람들이 그 모습을 보고 웅성거렸다. 수철이의 슬픔을 전혀 공감하지 못하고 있는 사내가 그런 수철이를 감정 없는 목소리로 달랬다.

"왜 그러시오? 그만 울고 이 계란이랑 식혜나 먹읍시다. 참 맛있구먼!"

"많이 먹어, 유빈아."

수철이가 눈물을 닦으면서 유빈이의 눈을 바라보았다. 푹 꺼진 눈두

덩이 속에 자신을 그렇게 사랑해주고 아껴주던 유빈이의 눈동자가 있다.

'넌 나를 몰라보아도 난 너를 알거든. 박유빈, 넌 내 친구 박유빈이야!'

"내가 당신 친구와 그렇게 많이 닮았소?"

사내가 갑자기 궁금한 듯 물었다. 찜질방의 훈훈한 온기에 사내의 얼굴이 발그레해졌다. 그 모습이 수철이의 눈에는 귀여워 보였다. 예전에도 유빈이는 그랬다. 조금만 따뜻한 곳에 가거나 뜨거운 음식을 먹으면 금세 얼굴이 상기되었다. 그 모습이 보기 좋았다. 순수해 보였기 때문이다.

"닮은 게 아니라 당신이 유빈입니다, 박유빈. 난 이제 당신을 유빈이라고 부를 것입니다. 유빈아!"

"그건 댁 마음대로 하시오. 내가 박유빈인지 아닌지는 모르겠지만, 아무튼 이름이 생겨서 좋긴 하네."

수철이는 유빈이에게 밥다운 밥을 먹이고 싶었다. 구운 계란 몇 개와 식혜로 허기를 달래기에는 유빈이의 육체가 지나칠 정도로 많이 망가져 보였다.

"우리 여기서 나가서 맛있는 거 먹자, 유빈아!"

"그럼 당신 이름은 뭐요? 나도 말 놓아야지, 편하게. 아까 내게 뭐라고 한 것 같은데?"

유빈이는 여전히 자신의 이름이 박유빈이라는 사실에 의문을 품은 채 수철이에게 물었다.

"난 이수철이야. 네가 날 몰라보다니 믿을 수 없다."

"수철이? 거참, 이름 한번 촌스럽구먼. 하하하! 뭘 먹고 싶냐고? 삼겹살에 소주 한잔이면 피로가 다 풀릴 것 같아."

유빈이가 세월의 흔적이 고스란히 묻어나는 거친 손으로 땀을 닦았다. 실내는 불가마 속처럼 뜨거웠다. 찜질방 주인이 유난히 온도를 높게 맞춰놓은 듯싶었다. 수철이도 사실은 아까부터 엉덩이를 들썩였다. 앉아 있기도 힘들 만큼 바닥이 펄펄 끓었기 때문이다.

"그럼 나가자, 내가 살게."

두 사람이 향한 곳은 욕쟁이 할머니가 운영하는 삼겹살집으로 하루 종일 손님들이 끊이지 않는 곳이었다. TV 프로그램에 맛있는 집으로 소개되기도 했고, 이 지역에서는 꽤 유명세를 탄 곳이기도 했다. 수철이와 유빈이를 보고 푸근한 인상의 할머니가 걸쭉한 인사를 건넸다.

"어서와, 잡것들. 왜 이제 오냐? 저기 처 앉아라. 뭐 퍼먹을래?"

그 욕을 들으니 하루내 쌓인 스트레스가 단숨에 풀리는 쾌감이 느껴지고 오묘한 재미가 있었다. 수철이가 웃음을 참느라 고역을 치르고 있는데, 유빈이가 주머니에서 만 원권 다섯 장을 꺼냈다.

"내가 살게. 오랜만에 고기 좀 먹어보겠다. 수철이 네 덕분에."

어디서 난 돈인지 몰라도 지폐에는 누군가 휘갈겨놓은 낙서와 시커먼 곰팡이 등이 아로새겨져 있었다. 유빈이가 그동안 어떻게 살아왔을지 생각하니 콧잔등이 시큰해졌다.

"유빈아, 그럼 네가 사준 삼겹살 맛있게 먹을게. 오늘은 내가 사려고 했는데, 또 너에게 얻어먹고 있구나, 내가."

지글지글 솥뚜껑 위에 구워진 삼겹살에서 고소한 냄새가 진동하기 시작했다. 유빈이는 능숙한 젓가락질로 그것들을 뒤집더니 가장 빨리 익은 고기 한 점을 상추에 싸서 수철이에게 내밀었다. 그 안에는 마늘과 청양고추가 듬뿍 넣어졌다.

"어쨌든 박유빈이든 아니든 내게 이름을 주어서 고맙다, 수철아. 이거 먹어라. 내가 너와 만난 첫 기념으로 주는 선물이야."

"고마워. 네가 싸주는 상추쌈을 먹게 되다니 꿈만 같다. 난 영영 널 못 볼 줄 알았어. 이젠 내가 널 보살펴주고 지켜줄게."

입안에 가득 상추쌈을 넣고 오물거리는데 계속 눈이 근질거렸다. 마늘과 청양 고추의 매운맛 때문에 입안에 화산이 폭발한 것같이 얼얼했다. 이건 예전에 유빈이가 잘 써먹던 수법이다. 유빈이는 수철이를 놀려주려고 그런 쌈을 싸서 먹여준 적이 몇 번 있었다. 그건 수철이가 유빈이네 집에 놀러갔을 때의 일이다. 옛 생각에 주르르 눈물이 쏟아질 것만 같았다. 수철이는 눈물을 참으려고 고기를 부지런히 익혔다. 유빈이는 걸신들린 사람처럼 허겁지겁 삼겹살을 먹었다. 얼마나 굶주렸는지 금세 삼겹살 10인분이 바닥났다. 15인분을 시켜서 먹고 나서야 유빈이가 흡족한 미소를 지었다.

"이제야 살 것 같다. 이런 기분은 아주 옛날에 느꼈던 기분인데. 내게도 친구가 있었나 봐. 너처럼 좋은 친구 말이야."

수철이의 가슴에 그 말이 가시처럼 박혔다. 자신이 그렇게 아끼던 친구를 앞에 두고도 몰라보는 유빈이가 안타깝고 슬펐다. 식당 안은 고기 굽는 냄새와 담배 연기로 가득 차 있었다. 게다가 술꾼들이 내뱉는 거친 말들이 공기 중에 둥둥 떠다니면서 귀를 아프게 했다.

"유빈아, 우리 집에 가자. 너 갈 데 없잖아. 나랑 같이 우리 집에 가자."

"너희 집? 가도 될까?"

수철이의 존재를 제대로 인식하지 못하는 유빈이는 이 낯선 남자의 제안이 어안이 벙벙했다. 구해준 것도 고맙고 삼겹살 값을 보태준 것도 고마운데, 이제 자기 집에 같이 가자고 하니 황당하기도 할 것이다. 수철이가 자신에게 어떤 친구였는지 기억이 전혀 없는 그에게는 당연한 현상이었다.

"그럼 당연하지, 뭘 놀래? 이제 나랑 같이 살자. 네 기억이 회복되고 가족을 찾을 때까지 함께 지내자."

수철이의 제안에 유빈이가 말없이 웃었다. 그 웃음은 긍정도 부정도 아닌 것 같았다.

"너무 오랜만에 맛있는 걸 먹고 편하게 지냈더니 배가 탈이 났나 봐. 나 화장실 좀 다녀올게."

유빈이가 수철이의 얼굴을 지그시 바라보다가 자리에서 일어나면서 말했다. 수철이는 그런 유빈이에게 포근한 미소를 지어 보였다.

"응, 그래. 빨리 와. 집에 가서 우리 사진 보여줄게."

고개를 천천히 끄덕이던 유빈이가 화장실에 가고, 수철이는 유빈이를 기다리면서 식은 고기 한 점을 집어 씹었다. 적적한 마음이 이렇게 풍요로워지는 것은 유빈이가 있어서일 것이다.

'오늘 밤에 집에 가서 유빈이에게 아름다웠던 우리의 추억을 모두 이야기해주리라.'

생각만으로도 행복했다. 그런데 고기 맛도 다 사라지고 아무 맛도 느껴지지 않을 만큼 씹어도 유빈이가 돌아오지 않았다.

삼십 분을 기다렸다. 아무래도 불길했다. 불안한 마음에 심장이 두근거렸다. 예상대로 화장실에 유빈이는 없었다. 식당 안을 샅샅이 찾아보았지만, 유빈이의 그림자도 발견할 수 없었다. 수철이는 다리에 힘이 풀린 채 그 자리에 주저앉았다. 방금 전까지 마주 앉아 있던 유빈이의 모습이 아른거렸다. 문득 유빈이가 앉아 있던 자리에 쪽지가 놓여 있는 것을 발견했다. 수철이는 떨리는 손길로 그것을 펼쳐보았다.
　거기에는 이렇게 적혀 있었다.
　"수철아, 나 유빈이야. 미안하다. 이렇게 너의 곁을 다시 떠나가게 되는 것을 용서해. 나 사실은 기억 상실증에 걸리지 않았어. 네가 이수철인 것을 널 만나기 전부터 알고 있었어. 이사한 후로 네 생각 안 한 적이 없었다. 얼마나 보고 싶었는지 몰라. 그런데 이사한 후로 내 주변에 변화가 생겼어. 바로 내 동생이 생긴 거야. 동생이 생긴 후로 아버지, 어머니는 나를 파양해버렸어. 난 버림받은 거지. 그래서 너에게 연락할 겨를이 없었어. 중국집에서 배달 일을 하면서 하루하루 먹고살기도 힘든 삶을 살았거든. 그래도 내 마음속에는 늘 수철이 네가 있었단다. 연락 못 해서 정말 미안해. 솔직히 말하면, 오늘 내가 너 보고 싶어서 네 회사 앞에 찾아갔었어. 네가 성공해서 잘사는 모습을 보니 얼마나 기뻤는지 몰라. 네가 택시를 타고 남산에 갈 때 나도 네 뒤를 따라갔어. 한 번이라도 좋으니 멀리서라도 널 보고 싶었어. 그래서 연극을 했지. 지나가던 아이에게 네가 오는 걸 알려주고, 날 구해주라고 말해달라고 했어. 난 사실 연극배우야. 주연은 해본 적 없는 무명의 조연이지. 예상대로 넌 나를 버려두지 않고 업어주더구나. 역시 넌 착한 아이야. 그리고 찜질방에서 날 알아봤을 때 얼마나 감동했는지 몰라. 그래도 차마 너에게 나란 걸 말하지 못하겠더라. 왜냐하면……."
　여기까지 읽고 다음 글을 읽으려는데 눈물이 앞을 가려서 글씨가 잘 보이지 않았다. 수철이는 두 눈이 어느덧 퉁퉁 부었다. 주인 할머니가 그런 수철이를 걱정스런 눈길로 쳐다보다가 한마디 내뱉었다.

"울긴 왜 울어. 빌어먹을 잡것. 남자는 아무 때나 우는 게 아녀, 쯧쯧."

그러나 욕을 들어도 이젠 즐겁지가 않았다. 수철이는 다시 유빈이가 남긴 글을 마저 읽었다.

"왜냐하면 난 얼마 살지 못하기 때문이야. 사실 나 간경화 말기야. 외롭고 힘들 때마다 술을 마셨거든. 그래서 간이 녹아내렸나 봐. 하늘이 벌을 내린 거지. 함부로 몸을 방치한 죄, 그리고 친구를 가슴 아프게 한 죄. 이제 난 내가 있던 자리로 돌아간다. 오늘 너 만나서 정말 반갑고 행복했다. 네 등에 업혀서 남산 골목길을 내려올 때 그렇게 눈물이 나더라. 넌 내 눈물을 못 보았겠지만 한참을 네 등에서 울었단다. 그건 행복과 기쁨의 눈물이었어. 사랑하는 친구를 다시 만나 기뻐서 흘린 눈물. 잘 살아, 수철아! 우리가 걷던 기찻길, 그 보라색 등나무 꽃, 방죽의 푸른 물과 뜨거운 여름의 태양 모두 기억해. 내 마음속에 모두 잘 있단다. 그렇지만 그중에서 가장 오랫동안 내 마음에 머무는 것은 이수철, 바로 너야. 너에게 아픈 내 모습을 보여주고 싶지 않아. 내가 아픈 모습을 보면 네가 더 아파하고 괴로워할 것을 너무나 잘 알기 때문이야. 그래서 이렇게 가는 거야. 잘 살아! 내 삶에 가장 소중한 친구였던 오직 한 사람 이수철, 건강하고 행복하게 잘 살아라."

"유빈아, 유빈아! 이 바보 멍청아, 나쁜 놈아! 이렇게 가버릴 거면 왜 나타난 거니? 왜 내 마음 이렇게 아프게 하는 거니? 내가 널 얼마나 보고 싶어 했는데. 유빈아, 돌아와. 내가 지켜줄게, 돌아와……."

수철이는 가슴을 치면서 목 놓아 울었다.

'어디에 가서 내 친구를 다시 만날 수 있단 말인가?'

멀어지는 친구의 뒷모습이 시야에서 사라지지 않았다. 그 모습이 아프고 힘겨워 보이지 않았다면 이렇게 애통하지 않았을지도 모른다. 그렇지만 친구는 지금 목숨이 위태로운 지경이 아닌가. 그런 친구를 붙잡지 못한 자신이 원망스러웠다. 영원한 이별이란 예감이 더욱 몸서리치도록 눈물 나게 했다.

"그렇게 아프면 말을 해야지. 이렇게 도망치듯 가버리면 난 어쩌란 말이냐, 유빈아! 내 친구 유빈아, 어디로 간 거니? 어디로 사라져버린 거야."

손님들이 모두 떠난 빈 식당에 수철이의 울음소리가 새끼를 잃은 어미의 절규처럼 처절하게 울려 퍼졌다. 십여 년 전 공장에서 일을 하다가 가스 폭발 사고로 먼저 세상을 떠난 막내아들과 닮은 수철이가 가게에 들어선 순간부터 주의 깊게 바라보던 욕쟁이 할머니도 투박한 손으로 눈가를 훔친다.

"잡것들, 뭔 인생이 그렇게 모질다냐. 밥이나 처먹고 가라니까, 사람 염장을 이렇게 지르네."

수철이가 애타게 찾는 유빈이는 멀리서 식당을 지켜보고 있었다. 오래된 식당 건물은 어둠 속에서도 아릿하고 처연한 기운이 계속 새어 나왔다. 그리고 고양이가 각혈하는 것 같은 수철이의 뜨겁고 격한 울음소리도 식당의 문틈 사이를 빠져나와 유빈이의 귀에까지 고스란히 전해졌다. 절대로 친구에게 들키지 않겠다는 듯 자신의 존재를 어둠 속에 숨기고 서 있던 유빈이의 눈시울이 어느새 흥건하게 젖어들었다. 심장을 뚫고 용솟음치는 것 같은 뜨거운 눈물이 좀처럼 멈추지 않았다. 뿌연 식당 유리창 너머로 아직도 친구가 울고 있는 모습이 보였다.

"네가 울면 난 심장이 따끔거려. 그러니까 유빈아, 우리 서로 울지 말고 웃으면서 살자. 한 명이 울면 다른 한 명이 너무 아프잖아. 나도 울지 않고 너도 울지 않고 즐겁게 살자, 알았지?"

먼 옛날 친부모 생각에 눈물을 흘릴 때 수철이가 해주던 위로의 말이 어둠 속을 상처처럼 뿌옇게 부유했다. 복수가 차오르는지 배가 뒤틀리고 극심한 통증이 느껴졌지만, 수철이가 그곳에서 나와 집으로 안전하게 갈 때까지는 편하게 쉬러 갈 수가 없다. 얼마 남지 않은 이승에서 보는 사랑하는 친구의 마지막 모습이 아닌가.

'조금만 더 친구를 보고 싶다. 조금이라도 더 오랜 시간 친구와 같은 하늘 아래 머물고 싶다. 하늘이 허락해준다면 더 오랫동안 친구의 모습을 보고 싶은데⋯⋯.'

그러나 이별은 예정된 것임을 안다. 유빈이가 뼛속 깊이 파고드는 통증에 입술을 깨물며 온몸을 비틀었다. 참을 수 없는 고통을 기어이 참아가면서 유빈이는 아주 오랫동안 숨어서 식당 입구를 주시하고 있었다. 친구가 울음을 그치고 그 문을 나설 때까지.

CHAPTER 3

역경을 이기는 순수의 힘

역경을 이기는 순수의 힘

인생의 위기가 찾아오면
순수가 지켜줄 것이다

위기는 곳곳에 숨죽이며 도사리고 있는 불순한 세력이라고 할 수 있다. 대한민국은 지금 경제위기이다. 아시아의 경제도 위기이고, 유럽의 경제도 위기이고, 아프리카의 경제도 위기이다. 나라마다 자국이 위기에 처해 있다고 생각하고 있다. 우리나라만 보더라도 환율이 상승하고, 주가가 하락하고, 물가가 전년 대비해 껑충 뛰어오르고, 전셋값이 집값에 버금갈 정도로 치솟는 것을 보며 사람들은 우리 경제에 큰 위기가 찾아왔다고 두려워하고 있다. 그 두려움을 잠재울 요량으로 각 분야에서 내로라하는 전문가들이 어떻게 하면 물가와 환율을 안정시키고, 주가의 추가 하락을 막고, 전세 대란을 잠재울 수 있는지에 대한 의견들을 쉴 틈 없이 여기저기서 쏟아내고 있다.

위기를 탈출하기 위해 갖가지 방법들이 동원된다. 정부는 정부대로, 국회는 국회대로, 서민들은 서민들대로 살아남기 위해 발버둥치고 있다고 해도 과언이 아니다. 위기가 찾아오기 전에 이런 위기상황을 만들지 않았더라면 얼마나 좋았을까 싶지만, 이미 찾아온 위기 앞에서는 현재의 곤란한 처지를 개선하기 위해 노력하는 것이 더 현명한 일일 것이다.

우리가 살아가는 날들이 길어질수록 위기는 더욱 자주 찾아오게 되어 있다. 젊은이보다는 노인이 더 많은 위기를 겪었다고 해도 맞는 말이다. 삶의 시간과 위기의 양이 꼭 정비례한다고 말할 수는 없지만, 그래도 살아온 시간이 많은 사람이 갖가지 위기를 극복해왔다고 볼 수 있다. 눈만 뜨면 찾아오는 것이 위기의 순간일 수도 있기 때문이다. 개인차가 있기는 하지만 위기에 대처하는 방법은 다양하다.

위기가 다가오자 놀라서 처음부터 맥없이 포기하는 사람, 극복하기 위해 조금 노력하다가 '에라, 모르겠다.' 하면서 도중에 지쳐 항복하는 사람, 불굴의 의지로 위기와 싸워서 장렬히 전사하는 사람, 혹은 위기를 때려눕히고 자신의 길을 유유히 다시 걸어가는 사람 등 여러 부류가 있다. 하지만 그들 모두가 원하는 것은 위기에 처할 때 누군가 곁에서 용기를 주고 위로해주면 좋겠다는 마음일 것이다.

그런 누군가 여기 있다. 그가 바로 순수이다. 순수는 변하지 않는 절개를 지닌 여인처럼 한결같은 마음으로 인간의 상처를 어루만져준다. 깊고 그윽한 시선으로 인간의 삶을 응시하면서 고통과 슬픔으로 얼룩진 시간을 치유해준다. 특히 우리가 위기에 처하게 되면 순수는 주도면밀하게 위기를 초래한 것들을 관찰하며, 어떻게 하면 위기를 극복할지에 대한 해답을 제시해주기 위해 고심한다. 순수는 용감하고 의연하며 굳세고 믿음직스럽다. 우리가 이전에는 알지 못했던 순수의 숨은 힘으로 위기는 제 뜻을 펼치지 못하고 사라지게 될 것이다.

많은 사람들이 순수에 대해 오해하고 있다. 순수라는 낱말을 들으면 때 묻지 않은 순결한 이미지를 떠올리는 것과 동시에 나약한 이미지를 상상한다. 순수한 사람은 결코 순수하지 못한 사람들을 이길 수 없다는 생각 또한 고정 관념처럼 뇌에 각인되어 있다. 그렇지만 그것은 어디까지나 오해에 불과하다. 순수는 인간을 위기 상황에서 구해줄 수 있고, 다시 희망의 삶을 살아갈 수 있도록 이끌 분별력과 지도력을 갖춘 위대한 지혜이며 가치이다.

　인생의 위기가 오면 순수가 지켜줄 것을 믿어라. 순수하게 마음을 가다듬고 살아가노라면 그렇지 못한 이들이 도달하지 못할 인성의 최고점에 오르게 된다. 순수하다는 것은 선(善)하다는 것과 같다. 선이 무엇인가. 구체적으로 파고들면 선한 사람은 자신의 이익을 위해 타인을 희생시키지 않는 것이고, 정의를 추구하며, 생명을 존중하고, 올바른 가치관과 정직한 사명감을 가지고 꿈을 실현하고자 하는 사람이다.

　나는 선한 사람이 바로 순수한 사람이라고 생각한다. 그렇지 않을 수 없는 것이 악한 사람이 순수할 수는 없기 때문이다. 악한 사람도 내면 깊숙한 곳에는 순수가 있기는 하다. 그러나 그는 자신의 순수를 꺼내어 생명을 불어넣지 못했다. 그의 순수는 죽은 것이다. 그가 순수를 찾아내어 숨결을 불어넣지 않았기 때문에 그는 악한 인간이 되고 만 것이다.

　순수한 사람이 되고 싶다면 선을 인생의 지침으로 삼아야 한다. 그래야만 순수로부터 보호받고 위기가 찾아오더라도 자신을 지킬 수 있다. 선한 사람이 악한 사람을 교화하고 악한 사람이 순수와 손잡고 반성하며 앞날을 선하게 살기로 한다면 더 이상 범죄는 일어나지 않을 것이다. 이 세상에서 일어나는 대부분의 부정과 부패와 정의롭지 못한 일들은 순수가 부재중인 사람들이 만들어낸 것들이다. 그들이 선을 구하지 않고 구태의연한 가치들을 붙들고 살아간다면 결국 실패한 인생을 살아가게 될 것이다. 구태의연한 가치란 무엇인가? 물질적 욕구 충족을 위해 순수를 저버리고, 선을 짓밟고, 정의를 깔아뭉개는 것들이다. 구태의연한 가치와 작별하라. 그리고 순수와 동행하라. 순수는 그대가 위기를 슬기롭게 극복할 수 있도록 실제적인 도움을 줄 궁극의 자산이 될 것이다.

역경을 이기는 순수의 힘

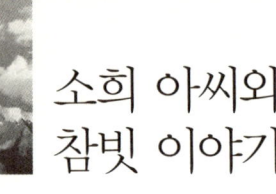

소희 아씨와
참빗 이야기

순수한 사랑에 관하여 말하는 것은 어쩌면 너무 진부할지도 모른다. 하지만 순수한 사랑만큼 사람의 심금을 울리고 감동을 주는 것도 없지 않을까 싶다. 순수한 사랑은 모든 이들에게 호소할 수 있는 최고의 기술이다. 누군가를 사랑하려거든 순수하게 사랑하라. 그대 곁에 있는 모든 사람들에게 순수한 사랑이라는 무형의 가치를 아낌없이 나누어주어라. '소희 아씨와 참빗 이야기'는 순수한 사랑에 관한 이야기이다. 순수가 우리에게 주는 위로는 바로 순수한 사랑을 함으로써 서로를 달래주는 것이 아닐까. 서로의 눈물을 닦아주고 서로의 빈 곳을 채워주는 것은 순수한 사랑으로써 가능한 일임을 기억하자. 오늘도 나는 순수한 사랑을 꿈꾼다. 마치 소희 아씨가 선비를 사랑하듯.

옛날 어느 마을에 몹시도 가난한 선비가 살았다. 선비는 일찍이 부모를 여의고 나서 혼자 글공부를 하고 낮에는 시장에 나가 물건을 팔았다. 그가 파는 물건은 밤마다 그가 손수 만든 공예품이었는데, 꽤 근사한 모양과 실용적인 면이 있어서 인기가 좋았다.
"이 참빗은 얼마인가요?"
선비가 펼쳐놓은 물건들을 유심히 살펴보던 예쁜 아가씨가 참빗을 가리키며 물었다.
"돈은 받지 않습니다."
"그럼 어떻게 해야 이 물건을 살 수 있나요?"
"손님께서 지닌 가장 가치 있는 물건을 제게 주십시오. 그러면 제가 이 참빗을 드리리다."
아가씨가 곰곰이 생각에 잠겼다. 그 곁에서 둘의 대화를 듣고 있던 삼월이가 투덜거렸다.
"이분이 누군지 알고 이러시오? 이 아가씨는 바로 김 대감님 외동따님이신 소희 아씨란 말입니다. 그깟 참빗 하나 가지고 지금 뭐하자는 거예요? 몇 푼 되지도 않겠구먼."
"삼월아, 넌 가만히 있어라."
소희 아씨가 삼월이를 만류하고 난 후 살며시 미소를 지으면서 선비에게 제안했다.
"지금은 그 물건을 드릴 수가 없습니다. 내일 드리면 안 되겠습니까?"
"그건 좀 곤란합니다. 제가 오늘 가지고 나온 물건은 오늘이 가기 전에 다 팔아야 할 물건들입니다. 내일이면 이 참빗은 구하실 수 없습니다. 정 그러시다면 오늘 밤에 물레방앗간으로 교환하실 물건을 가지고 오시지요."
"네, 좋습니다. 선비님 말씀대로 하죠. 오늘 밤에 뵙겠습니다."
선비가 소희 아씨의 말에 무덤덤한 표정으로 고개를 끄덕거렸다.

"그럼 그렇게 하시오. 이 물건은 팔지 않고 챙겨서 오늘 밤에 가지고 나가겠소."

"아씨, 물레방앗간에 가시면 아니 되옵니다. 마님이 아시면 혼난다구요. 그곳은 위험해요. 너무 외진 곳에 있고, 또 정분난 남녀들이 드나드는 곳이잖아요."

삼월이가 아씨에게 간곡히 말했지만, 소희 아씨는 고집을 꺾지 않았다.

"난 이 선비님과 물건을 교환하기 위해 가는 거야. 그곳은 마을 사람들이 밤에도 많이 드나드는 곳이라 안전하니 걱정 마라. 참빗을 꼭 사올 테니."

"저까짓 참빗이 뭐라고 그러시는지 모르겠네. 널리고 널린 게 참빗인데."

삼월이가 옷고름을 잘근잘근 씹으면서 짜증스럽게 투덜거렸다.

그날 밤, 소희 아씨는 거울을 보면서 옷매무새를 가다듬었다. 삼월이가 넌지시 홀리듯 물었다.

"아씨, 무엇을 가지고 나가시려구요? 저한테만 알려주세요. 궁금해서 견딜 수가 없구먼요."

"삼월아, 그건 말해줄 수가 없단다. 나 물레방앗간에 다녀올 테니, 넌 내 이부자리에 들어가서 이불을 머리끝까지 쓰고 누워 있거라, 알겠느냐?"

"저도 함께 가고 싶어요. 아씨 혼자 가시면 위험하니까 저도 함께 가요, 네?"

삼월이가 애원하듯 매달리자, 마음 약한 소희 아씨가 허락했다.

"그럼 그렇게 해라. 그 대신 조용히 있어야 한다. 선비님께 누가 되지 않도록 말이야."

"그럼요. 걱정 마세요, 아씨. 죽은 듯이 있을게요."

그렇게 해서 삼월이와 소희 아씨는 보석 가루처럼 뿌려진 별빛들을 밟고 물레방앗간으로 향했다. 보름달이 휘영청 밝은 빛을 내뿜어서 밤이 아니라 늦은 오후 같았다. 삼월이는 소희 아씨 곁에 바짝 붙어서 걸어갔다. 달빛이 훤하기는 하지만 밤은 밤이었다. 어디선가 늑대 울음소리가 생생하게 들려왔고 바람 소리도 처연하게 들려왔다. 삼월이는 튼튼해 보이는 외모와는 달리 의외로 겁이 많은 편이었다. 엊그제 오 대감 댁의 덕배가 이 산에 나무하러 올라왔다가 곰보다 더 큰 호랑이를 봤다고 해서 그런지 더 무서워했다. 등골이 오싹한 것이 소름이 돋기에 충분했다. 설마 곰보다 더 큰 호랑이가 있겠나 싶지만 그래도 공포심은 가라앉지 않았다. 소희 아씨가 그런 삼월이의 마음을 눈치챘는지 장난을 쳤다. 최대한 우렁차고 겁에 질린 소리를 목에서 뽑아냈다.

"삼월아, 저, 저기! 호, 호랑이……."

"어머나!"

삼월이가 거의 허리 높이만큼 펄쩍 뛰어오르면서 놀랐다. 얼마나 크게 비명을 질렀는지 소희 아씨도 자신의 장난을 깜빡하고 놀랄 정도였다. 그래도 시치미를 뚝 떼고 능청스럽게 덧붙였다.

"호랑이가 아니고 호랑이랑 비슷한 바위 같은 게 있다. 잘 봐봐. 호랑이 바위인가 봐."

"엉엉, 아씨 그러지 마세요. 전 진짜 호랑이라도 나타난 줄 알고 놀라서 심장이 멎는 줄 알았구먼요."

"호호호! 미안하다. 다 왔네."

그러고 보니 물레방아가 돌아가고 있는 산 중턱에 다다랐다. 밤에는 주인이 아랫마을에 있는 집으로 돌아가기 때문에 물레방앗간은 비어 있었다. 물레방아 혼자 빙글빙글 돌아가고 있는 모습이 조금은 애처로워 보였다. 달빛 덕분에 그리 어둡지 않아서 사방의 풍경이 다 눈에 들어왔다. 졸졸졸 흐르는 계곡물을 저 혼자 길어올려 한 바퀴 돌아가면서 그걸 아래로 쏟아내느라 바쁜 물레방아의 모습이 보였다. 그런데 아무리 둘러보아도 사람 그림자는 보이지 않았다. 선비의 행방은 묘연했다. 아직 도착하지 않은 것인지도 모른다.

"삼월아, 선비님 아직 안 오신 것 같지? 주변을 살펴보렴."

"네, 아씨."

삼월이가 물레방아 뒤편으로 들어갔다. 달빛도 수풀에 가로막혀 물레방아 뒤편은 어둡고 으스스했다. 겁이 많은 삼월이는 살금살금 풀숲을 헤치고 방앗간 뒤편을 살펴보았다. 그런데 시커먼 것이 눈앞에 서 있는 것이다. 삼월이가 경기를 하듯 놀라서 소리쳤다.

"사람 살려! 아씨, 여기 누가 있어요. 살려주세요. 무서워요."

그러자 시커먼 그림자가 멈칫했다. 달빛을 등에 지고 서 있어서 사람인지 괴물인지 식별하기도 어려웠다. 사실은 자세히 보면 볼 수도 있지만, 삼월이가 원체 겁이 많아서 눈을 제대로 뜨지 못했기 때문에 그 시커먼 존재를 더 훑어보지 못한 것이다.

"형님, 여기 이상하게 생긴 여자가 있는데요. 이 여자가 설마 소희 아씨는 아니겠죠?"

굵고 텁텁한 젊은 남자의 목소리였다. 그러자 낮에 들었던 선비의 목소리가 연이어 들려왔다.

"삼월 씨? 나 참빗 팔던 선비요. 모르시겠소?"

그제야 정신이 돌아온 삼월이가 선비를 알아보고 활짝 웃었다.

"어머머, 선비님. 달빛 속에서도 여전히 미남이시네요. 애고, 제가 뭔 말을 하는지. 아씨! 여기 선비님 오셨어요."

그렇게 해서 소희 아씨와 선비가 재회하게 되었다. 네 사람이 달빛 아래 둘러서서 서로를 쳐다보았다. 소희 아씨가 어색함을 깨고 물었다.

"선비님 곁에 계신 분은 누구신가요? 그리고 선비님 성함도 궁금해요."

"아, 이 친구는 마을에서 날 형처럼 따르는 절친한 동생 김홍식이라고 하오. 내 이름은 서윤식이고."

삼월이의 목소리가 그 틈에 끼어들었다.

"김홍식 선비님, 저랑 이야기나 하실래요? 요즘 그쪽 마을은 어떤 이야기들이 돌고 있는지 궁금하네요. 저쪽으로 가셔서 이야기해요."

"그럴까요. 형님, 그럼 두 분이 이야기하세요, 저희는 저쪽에서 이런 저런 이야기 나눌게요."

두 사람이 편하게 이야기할 수 있게 삼월이와 홍식이가 자리를 비켜주었다. 이제 두 사람만 남게 되었다. 여전히 달빛은 은은하게 숲속에 내려와 아름다운 소희 아씨의 비단 옷자락 위에 떨어지고 있었다. 달빛 아래에서 보니 소희 아씨의 미모가 눈이 부셨다. 윤식은 동요하는 마음을 추스르고 진중한 목소리로 말했다.

"참빗과 바꿀 가치 있는 물건을 가지고 오셨습니까?"

그러자 소희 아씨가 대답을 하지 않고 한참을 망설이기만 했다.

"왜 말씀이 없으십니까? 전 아씨께서 하신 약속을 믿고 참빗을 팔지 않고 여기 가져왔습니다. 이 참빗과 바꾸실 물건은 무엇인가요?"

"저, 이런 말씀 드려도 화내지 않으셨으면 좋겠어요. 다소 실망하실지도 모르겠지만, 저에게 가치 있는 것은 이것이니까요."

"염려 마시고 편하게 말씀하세요. 전 그렇게 옹졸한 사람이 아닙니다."

윤식이 소희 아씨의 얼굴을 똑바로 바라보면서 부드럽게 말했다.

소희 아씨는 자신을 바라보는 윤식의 눈빛에서 특별한 감정을 보았다. 그것은 자기 자신의 마음과 같은 것이었다. 아까부터 계속 심장이 벌렁거리고 있었다. 마치 진달래 꽃술을 몰래 들이켠 것처럼 화끈하고 달콤한 그 무엇이 심장을 계속 건드렸다. 그것이 무엇인지는 모르겠지만 싫지 않은 느낌인 것만은 분명했다.

"선비님, 제가 가장 소중히 여기는 것은 제 눈과 입술입니다."

"어째서인가요? 전 지금까지 살면서 이런 대답을 하신 분을 처음 뵙습니다. 참 독특한 대답이네요. 본인의 눈과 입술이라 그걸 떼어달라고 할 수도 없고 참빗과 어떻게 교환을 하죠? 그렇다면 이유가 뭔지 들어보아야 할 것 같습니다. 그 이유가 수긍이 가면 이 참빗을 드리겠습니다."

소희 아씨가 다홍색 치마를 가볍게 움켜쥐면서 자리에 앉았다. 한 마리 나비가 연꽃잎 위에 앉듯 자태가 황홀했다. 윤식도 덩달아 앉았다. 자석에 이끌리듯 그녀가 하는 행동을 따라하는 것이다.

"고맙습니다. 선비님께서 황당하다면 황당하다고도 볼 수 있는 제 말을 이렇게 진지하게 들어주시니 감사합니다. 우선 낮에 그 자리에서 당장 대답을 하지 못했던 것은 선비님께서 너무 놀라실 것 같아서 그런 것입니다. 이해해주실 수 있으시죠?"

윤식이 그 말에 고개를 끄덕여 보였다. 그는 소희 아씨에게서 나는 향기 때문에 지금 정신이 혼미해질 지경이었다.

'그녀의 향기는 대체 무엇이란 말인가? 이 묘하고도 아슬아슬한 느낌이란?'

그녀가 다시 말을 하기 시작했다. 사람이라고 하기에는 너무나 비현실적으로 아름다운 여인이었다. 윤식의 마음에 잔잔하게 파문이 일었다. 사랑, 사랑, 사랑이라는 파문.

"제가 가장 소중히 여기는 것이 눈과 입술이라고 했지요. 왜 그런지 말씀드리겠습니다. 우선 제 두 눈은 여과 없이 이 세상을 보여주기 때문입니다. 왜곡하거나 제멋대로 과장하거나 축소하지 않고 있는 그대로의 세상을 볼 수 있게 해주는 이 두 눈이 없다면 전 세상을 객관적으로 이해할 수 없었을 것입니다. 물론 선비님의 모습도 볼 수 없었을 테지요. 그리고 두 번째 소중하다고 말한 이 입술이 있기에 저는 제 마음을 언어로 변환해서 다른 사람에게 전할 수 있습니다. 그것은 누구나 공감하는 평범한 대답이 되기도 할 것입니다. 제가 입술을 특별히 여기는 것은 제 입술에서 새어 나오는 말이 다른 사람에게 기쁨을 주고 희망을 줄 수 있기 때문입니다. 입술이 없다면 그런 일은 불가능하겠죠. 아무리 가슴속에 사랑이 넘치고 넘쳐도 입술을 열어서 말하지 않으면 상대방이 이해하기 힘들 테니까요."

"정말 하나같이 옳으신 말씀입니다. 전 바로 당신을 기다리고 있었습니다. 이 참빗을 가지고 천년을 기다려왔습니다. 이 참빗의 주인이 이제야 나타나셨네요, 소희 아씨!"

윤식은 눈물을 글썽이며 소희 아씨의 손을 잡았다. 그녀의 손에 참빗을 들려주면서 그가 울먹였다.

"난 당신을 기다리기 위해 오랜 세월 이 지상에 머물고 있었습니다. 이 참빗의 주인을 찾지 못하면 영원히 이 세상에서 홀로 고독하게 살아가야 할 운명이었습니다. 이제 참빗의 주인인 당신을 만났으니 전 다시 하늘로 올라갈 수 있게 되었습니다."

"절 기다리셨다구요? 제가 이 참빗의 주인인가요? 정말 무슨 말씀이신지 알아듣기가 어렵습니다, 선비님."

"이 참빗의 주인이 될 사람은 세상을 편견 없이 바라볼 줄 알고, 무엇보다 순수한 영혼을 지닌 사람이어야 한다고 신께서 제게 말씀하셨습니다. 전 천상 세계에서 그런 사람을 찾아 참빗을 전하라는 명을 받고 이 세상에 온 천사입니다. 그동안 수많은 사람들이 이 참빗을 사겠노라고 했습니다. 그러면 저는 자신이 가장 가치 있게 여기는 것을 가져오라고 했습니다. 어떤 이는 어마어마한 황금 덩어리를 들고 왔고, 어떤 이는 자기 자식을 데려왔고, 또 어떤 이는 그동안 모은 재물을 들고 오기도 했습니다. 그러나 그들은 한 가지를 가지고 오지 못했습니다. 그것은 바로 순수한 마음입니다. 신께서는 순수한 마음이 없는 자는 결코 이 참빗의 주인이 되지 못할 것이라고 하셨습니다. 그런데 오늘 저는 당신의 마음에서 순수를 보았습니다. 욕심 없고 세상에 대한 사랑이 가득한 당신이야말로 이 참빗의 진정한 주인입니다. 이 참빗은 당신에게 수많은 부귀영화를 가져다줄 것입니다."

윤식이 잡았던 그녀의 손을 놓아주었다. 소희 아씨는 그 손을 놓치고 싶지 않았다. 이 선비야말로 자신이 원하던 이상형이라는 것을 깨달았기 때문이다. 그러나 그는 뒷걸음질 치면서 그녀로부터 멀어지기 시작했다.

"전 이만 돌아가겠습니다. 당신은 정말 아름답습니다. 헤어지고 싶지 않지만 참빗을 전해주었기 때문에 전 하늘로 돌아가야만 합니다. 제 소임을 다했기 때문에 돌아가야 합니다. 당신께서 그 빗으로 머리를 빗을 때마다 원하는 것들이 이루어질 것입니다. 이 나라에서 가장 부유한 사람이 될 수도 있고, 이 세상에서 가장 행복한 사람이 될 수도 있습니다. 당신이 원하는 모든 것을 얻을 수 있을 것입니다. 행복하세요."

그의 목소리가 심히 불안정하게 흔들렸다.

소희 아씨가 그의 품으로 달려가 안겼다.

"가지 마세요, 선비님. 사실 전 선비님을 처음 본 순간부터 사랑했습니다. 이 참빗은 갖지 않겠습니다. 저는 사실 이 참빗을 받을 자격이 없는 사람입니다. 저보다 훌륭한 사람이 얼마든지 많이 있습니다. 선비님, 가지 마세요. 전 선비님과 헤어지기 싫습니다."

"아씨, 저도 당신을 처음 본 순간부터 사랑했는걸요. 그리고 저 때문에 참빗을 포기하시다니 정말 당신은 욕심 없고 착한 분이십니다. 모든 걸 가질 수 있는데, 저 같은 가난한 선비를 선택하시다니 역시 제가 사람을 잘 보았네요. 그렇지만 하늘의 명이라 저는 돌아갑니다. 하지만 소희 아씨를 잊지 않겠습니다. 사랑합니다. 지상에 머무는 동안 오래오래 행복하게 사세요. 저 하늘에서 당신을 바라보면서 기다리고 있겠습니다."

윤식이 그녀의 손을 뿌리치고 서서히 멀어져갔다. 조금씩 멀어지던 그를 향해 밤하늘에서 눈부신 한 줄기 빛이 내려왔다. 그리고 그의 몸을 싣고 꿈결같이 아득하게 사라져버렸다. 소희 아씨가 그 모습을 보고 흐느꼈다. 참빗이 그녀의 손에서 작은 몸을 뒤척이며 함께 슬퍼했다.

"날 버려두고 그렇게 냉정하게 가버리시다니. 선비님! 당신이 가시면

이 참빗이 무슨 소용이란 말인가요. 사랑을 잃어버린 이 가여운 여인에게 참빗이 무슨 소용이란 말인가요. 전 이 빗이 필요 없습니다. 누구에게 아름답게 보이려고 머리를 빗어야 하나요? 당신이 내 사랑인데. 전 이 빗을 버리겠습니다. 부귀영화가 무슨 소용이 있습니까? 사랑하는 사람을 잃어가면서 얻은 돈과 명예가 어떻게 행복을 보장해주겠습니까?"

소희 아씨는 참빗을 숲속 멀리 던져버렸다. 그러자 그 순간 소나기가 내리듯 하늘 끝에서 찬연한 빛이 쏟아져 내리기 시작했다. 달빛보다 더 환하고 밝은 빛 속에 방금 전에 사라졌던 선비의 모습이 보였다. 그가 다시 온 것이다.

"당신의 순수한 사랑으로 인해 다시 돌아왔습니다. 저 역시 아씨 없이는 살아갈 수 없었는데 신께서 당신의 모습을 보시고 지상에 내려가라고 허락해주셨습니다. 사랑해요, 소희 아씨. 당신만을 사랑해요."

윤식이 그녀를 꼭 끌어안았다. 두 사람이 서로의 품에 안겨서 하염없이 눈물을 흘렸다.

"고마워요. 돌아와주셔서 정말 고마워요. 당신을 위해 좋은 아내가 될게요."

두 사람의 사랑을 축복하듯 하늘 저 멀리서 아침 햇살이 밝아오고 있었다. 그들의 모습을 숨죽여 바라보던 또 다른 두 사람이 서로의 얼굴을 마주 보면서 웃었다.

"우리 아씨가 드디어 사랑하는 사람을 만났구먼요. 경사 났네, 경사 났어. 남자라면 쳐다보지도 않던 우리 소희 아씨가 저렇게 좋아하는 사람을 만났으니."

삼월이가 진심으로 기뻐하는 모습을 보고 홍식이도 한마디했다.

"우리 형님, 이제 좋은 일만 생기실 거예요. 그렇게 고생하시더니 저렇게 아름다운 신부를 맞이하시려고 그러셨나 봐요. 얼굴도 아름답지만 마음씨는 더 고운 아씨네요."

소희 아씨와 윤식은 그 후 결혼해서 아들 둘, 딸 셋을 낳고 행복하게 오래오래 살았다. 그들의 가슴 시린 사랑은 지금도 전해 내려오고 있다. 순수한 마음이 맺어준 신비한 사랑의 이야기로 오래도록 사람들 사이에 회자되고 있다.

역경을 이기는 순수의 힘
안개를 헤치고
앞으로 나아가라

안개 속을 걸어가본 적이 있는가? 멀리서 볼 때는 안개 속으로 들어가면 아무것도 보이지 않을 것 같지만, 막상 들어가보면 희미하지만 분명히 앞이 보인다. 사물을 정확히 식별해낼 만큼 명확하게 보이는 것은 아니지만, 희뿌연 안개 입자들을 헤치고 앞으로 나아가면 어느새 몇 발자국 앞으로 나아간 자신을 발견하게 된다. 인생도 그러하다. 멀리서 보면 막연하고 거대한 강물같이 흘러가지만, 가까이 다가가서 보면 그 속에는 무수한 일들이 일어나고 더디더라도 자신을 방해하는 것들을 조금씩 치우고 전진한다. 아침 호수에 자욱한 물안개 같은 것이 인생이라고 볼 수 있다. 내부에 도달할수록 더 짙은 안개가 시야를 흐리지만 그렇다고 다시 되돌아 나올 수는 없다. 그저 앞으로 걸어가야만 한다.

안개를 헤치고 앞으로 나아가라. 이것이 신이 인간에게 준 과제이다. 어려운 과제일수록 그 과제를 풀고 나면 성취감이 극에 달한다. 쉬운 문제야 눈 깜짝할 사이에 풀어버리고 의기양양해하지만, 성취도에서는 어려운 문제를 해결하고 난 후에 얻는 만족감을 따라갈 수가 없다. 그러므로 인생이 힘겹고 고단할수록 그대에게 더 큰 행복이 찾아올 것을 믿어도 좋다. 역경이 끔찍할 만큼 처절하고 괴로운 것일수록 편안한 삶을 살아온 사람이 얻지 못할 지혜를 얻을 수 있다는 것도 진리이다.

"내 인생이 안개에 갇힌 것 같아. 앞이 보이질 않아."

이렇게 자신의 처지를 비관하다가 삶을 마감하는 사람이 의외로 많다. 조금만 힘을 내서 한 발짝 앞으로 나아갔더라면 그들이 절대로 걷히지 않을 것이라고 믿었던 안개는 흔적도 없이 자취를 감추었을 텐데, 얼마나 안타까운 일인가. 인생의 안개란 인간을 은둔하게 만들고 허약하게 만들며 희망을 잃게 만드는 것이다. 인생을 부정적으로 해석하게 만드는데 기여한다고 할 수 있다. 그런 안개를 과감히 헤치고 앞으로 나갈 수 있도록 하기 위해서 필요한 것이 용기와 결단력이다. 그리고 더욱 중요한 것은 자신을 지탱해줄 수 있는 힘을 기르는 것이다.

<u>스스로</u>를 굳건히 세울 수 있는 가치관의 정립이 필요한 시점이다. 왜 살아가고 있는지, 왜 숨 쉬고 있는지, 왜 생각하고 있는지, 왜 존재하고 있는지에 대한 자신만의 대답을 가지고 있어야 한다. 굳이 누구에게 그것을 말해야 할 의무는 없다. 그대의 마음속에 평생 그 대답을 간직하고 있어도 좋다. 그리고 힘들 때나 외로울 때 그 대답을 꺼내어 음미해보는 것이다. 도덕이나 정의나 사랑이나 이별 그리고 꿈과 이상에 대하여 규정한 자신만의 대답들을 응시해보면 무엇을 해야 하고 무엇을 하지 말아야 하는지에 대한 결론이 도출될 것이다. 거대한 운명의 소용돌이에 휘말려서 떠내려갈 수밖에 없어 보이는 상황에서도 자신만의 확고한 가치관을 지닌 사람은 흔들리지 않는다.

안개가 자욱한 광야를 걸어가는 세 명의 여행자들이 있었다. 한 명은 남루한 차림의 백발 노인이었고, 한 명은 젊고 아름다운 여인이었고, 나머지 한 명은 머리가 반쯤 벗겨진 중후한 중년 신사였다. 이 광야를 거쳐야만 그들은 원하는 목적지에 도달할 수 있다. 세 명의 여행자들은 언젠가부터 함께 걸어가게 되었다. 원래는 백발의 노인이 혼자 걷고 있었으나 얼마 전에 중년의 신사가 나타나더니, 조금 후에는 젊은 여인이 일행에 합류한 것이다. 날씨가 매우 습하고 안개는 한 치 앞을 분간할 수 없을 정도로 짙게 드리워져 연신 땀이 비 오듯 흘렀다. 그중에서 나이가 가장 많은 노인이 먼저 자기 소개를 했다.

"젊은이들, 이렇게 함께 걷게 된 것도 인연인데 서로 인사나 나누세. 나는 구두를 오랫동안 고쳐온 '구두 할아버지'라네. 사람들이 나를 그렇게 부르더군. 자네들도 그렇게 부르게나. 내년이면 내 나이가 아흔이지."

땀으로 온몸이 흠뻑 젖은 중년 신사가 노인의 말이 끝나자마자 놀라워했다.

"할아버지, 저예요. 만수요, 강만수! 제가 예전에 할아버지 구둣방에 가끔 갔었는데 아버지 구두 가지고요."

"오호라! 그리고 보니 네가 만수구나. 예전 모습이 남아 있네. 두 볼에 보조개를 보니 알겠어. 참 귀여운 아이였는데."

"귀여운 아이였는데 저도 많이 늙었죠? 이젠 머리도 다 벗겨지고 제가 걸어온 길도 꽤 되네요. 그런데 아가씨는 어떤 분이신가요?"

만수가 한 발짝 뒤에서 차분히 걸어오고 있는 긴 머리의 여인을 향해 물었다. 그녀의 검고 생기 흐르는 긴 생머리는 초원 위를 달리는 말 갈기처럼 윤기 있고 매혹적이었다.

"전 수지예요. 더 이상 말하고 싶지 않네요."

무엇인가를 숨기고 싶어 하는 말투에 경계심이 가득했다. 그녀의 하얀 얼굴에는 왠지 모를 그늘이 보였다. 만수는 다시 노인에게 집중했다.

"할아버지, 이렇게 다시 만나게 되어 반가워요. 그동안 어떻게 여기까지 걸어오셨어요? 이 길은 유난히 안개가 짙고 길도 험한데요. 게다가 물을 마실 곳도 드물어서 저도 오는 길에 몇 번이나 쓰러졌었지요."

"난 참 오랜 시간을 걸어왔지. 수많은 사람들의 구두를 수선하고 그들로부터 받은 돈으로 가족을 부양하고 열심히 살아왔어. 그리고 어느 날 난 홀로 이 광야에 오게 되었어. 가족들이 늙고 병든 나를 감당하기 힘들어해서 혼자 이곳을 찾게 된 거지. 사람들이 그러더군. 이 광야의 끝에 가면 인생의 비밀을 풀 수 있을 것이라고. 오는 길은 쉽지 않았지. 그렇지만 이곳에 오지 않으면 갈 곳이 없게 된 처지였지. 내가 살면 얼마나 살겠나. 죽기 전에 광야의 끝에 가야 할 텐데. 이 나이가 되도록 난 인생의 비밀을 모르겠단 말이야."

할아버지의 말을 묵묵히 듣고 있던 만수가 발길을 멈추고 제안했다.

"우리 이곳에서 쉬었다 가요. 이미 충분히 힘들었잖아요. 날도 어두워지는데 이곳에 여장을 풀고 쉬어가시죠?"

"네, 그래요. 저도 쉬고 싶네요."

수지가 처음으로 적극적으로 자신의 마음을 표현했다. 그녀의 목소리는 가늘고 섬세했다. 코스모스 꽃대가 가을바람에 흔들리면서 내는 소리처럼 향기로웠다.

마침 그곳에는 바위산 아래 작고 아담한 동굴이 하나 있었다. 그곳은 세 명이 들어가서 하룻밤을 보내기에는 안성맞춤이었다. 세 사람은 그곳으로 들어가 불을 지피고 여장을 풀었다. 수지가 분홍색 가방에서 복숭아 통조림을 꺼내어 종이컵에 담아 두 사람에게 나눠주었다. 복숭아의 노란 살들이 아직도 탱탱했다. 그것을 보고 마치 여인의 속살처럼 탐스럽다고 만수는 생각했다.

"여기 오기 전에 저는 술집에서 일했어요. 고아로 자라서 좋은 직장을 다닐 만큼 학교도 나오지 못했고 그래서 결국 다다른 곳이 술집이었죠."

"그랬군요. 수지 씨는 그런 곳에서 일할 분 같지 않은데, 굉장히 지적으로 보여서요."

만수가 진심을 담아서 말했다.

그녀의 첫인상은 무척 차분하고 단아한 모습이었다. 그런 그녀가 술집에 다녔다는 말은 다소 충격적이었다. 술을 한 잔만 마셔도 취할 것 같은 가냘픈 인상이었기 때문이다.

"마음고생이 심했겠네. 참한 아가씨가 그런 일을 했으니 얼마나 힘들었을까!"

할아버지는 수지가 건네준 복숭아 통조림 국물을 후루룩 마시면서 안타까운 표정을 지었다. 통조림 깡통이 동굴 바닥에서 빈 몸뚱이를 내어 보이면서 멀뚱하게 세 사람을 바라보고 있다. 마치 '내 안에 있던 것 돌려줘.' 하는 것 같았다.

"네, 맞아요. 정말 죽기 아니면 까무러치기로 일했죠. 술에 취해서 정신을 잃은 적도 많았어요. 손님들이 따라주는 술을 거부하면 제게 욕설을 퍼붓고 주인에게 항의하고 때론 따귀를 때리곤 했죠. 그래서 주는 대로 다 받아 마셔야 했어요. 지금 생각하면 왜 그곳에서 그렇게 살았는지 제 자신이 참 원망스러워요. 몸도 마음도 황폐해졌죠."

"수지 씨 이야기 들으니까. 참 가슴이 아프네요. 저도 한때는 잘나가는 사람이었죠. 이제 이렇게 볼품없이 머리도 벗겨졌지만 예전에는 학원 강사로 잘나갔어요. 그렇지만 그것도 한때였어요. 저보다 더 능력 있고 잘생기고 젊은 강사들이 들어오자 전 도태되고 말았죠. 이젠 어느 학원에서도 절 받아주지 않아요. 그래서 아직까지 결혼도 못 하고 혼자 살고 있죠. 저도 이 광야의 끝에 가면 인생의 고민에 대한 해답을 얻을 수 있다는 소문을 들어서 온 거예요."

만수가 반도 남지 않은 머리칼을 쓰다듬으면서 머쓱해했다. 만수에게 수지는 하얀 미소를 지어 보였다. 그녀의 치아가 새하얗게 빛나서 만수의 눈에는 그 미소가 온통 하얗게 보였던 것이다. 만수가 지금까지 살면서 보아온 어떤 여자보다 수지는 아름답고 청순한 여자였다. 그런 여자가 술집에서 남자들에게 술을 따르면서 살아왔다니 가슴이 시렸다.

"그곳에서 나올 수 있게 도와준 남자가 있었어요. 그 남자 아니었으면 저는 지금도 술집에서 술을 따르면서 내 인생을 원망하고 저주하고 있었을 거예요. 그가 저에게 용기를 주고 새로운 직업을 가질 수 있도록 도움을 주었거든요. 우리는 정말 사랑했어요. 그 사람이 유부남이란 사실을 알기 전까지는요."

수지의 목소리가 현악기의 줄처럼 애달프게 떨렸다. 만수가 그녀의 마음을 헤아린 듯 밝고 쾌활한 톤으로 말했다.

"수지 씨! 복숭아 통조림이 맛있네요. 지금까지 먹어본 복숭아 통조림 중에서 최고로 맛있어요. 더 없을까요? 더 먹고 싶은데."

그 목소리에는 그녀가 더 이상 과거로 인해서 아프지 않기를 바라는 배려가 담겨 있었다.

할아버지는 두 사람이 하는 말에 귀 기울이고 있었다. 할아버지는 요즘 귀의 상태가 좋지 않아 말소리가 점점 희미하게 들렸기 때문이다.

"이곳은 안전할까? 난 아까 걸어오다가 늑대들을 보았어. 조심해야 하는데."

그러고 보니 어디선가 늑대 울음소리가 들려오고 있었다. 세 사람은 모두 이 광야에는 위험이 항상 도사리고 있다는 것을 알고 있다. 광야의 끝에 가기 위해 여정에 오른 수많은 여행자들이 늑대들에게 잡아 먹히거나 정체불명의 괴생명체에게 붙들려서 어디론가 흔적도 없이 증발해버렸다는 것이다. 그래서 웬만한 용기가 없는 사람은 애초에 이곳으로 올 엄두도 내지 못한다. 그러므로 이 광야에 있다는 것 자체만으로도 굉장히 용감한 사람임에 틀림없다. 이 세 사람 역시 그렇다고 볼 수 있다.

"걱정 마세요, 할아버지. 늑대가 나타나면 제가 이 튼튼한 두 팔로 때려눕힐 테니까요. 안심하고 주무세요, 하하하!"

만수가 다소 과장된 음성으로 자신만만하게 말했다. 그가 보여준 팔뚝은 근육이 우람하게 붙어 있었다. 만수는 꾸준히 운동을 해왔으며, 자기관리에 철저한 사람이기도 했다. 술도 담배도 하지 않고 건강에 좋은 것은 늘 챙겨 먹었다. 운동 역시 하루도 거르지 않고 해왔다. 그렇지만 삶은 항상 그를 외면했다. 십 년 동안 짝사랑하던 여자는 그를 거들떠도 보지 않았고, 그의 가장 친한 친구와 결혼했다. 아무리 자기관리를 잘하고 건강하고 운동을 잘하면 뭐하나 싶었다. 사는 것 자체가 불행의 연속이라고 느껴졌다. 그래서 이 광야에 온 것이다. 행복해지고 싶기 때문이다.

먼 길을 걸어오느라 세 사람은 많이 지친 상태였다. 다행히 밤이 깊어져도 그리 춥지는 않았다. 만수가 동굴 입구 쪽에서 앉은 채로 잠들고,

수지와 할아버지는 안전한 안쪽에서 누워 잠이 들었다. 얼마나 시간이 지났을까. 만수의 어깨를 누군가 흔들었다.

"저 좀 더 잘게요, 할아버지."

아직 아침이 되기에는 이른 시간이었으므로 만수는 눈도 뜨지 않고 말했다. 그런데도 어깨를 흔드는 손길이 멈추지 않았다. 할아버지가 이 새벽에 왜 이리도 끈기 있게 깨우나 싶은 만수가 겨우 눈을 떴다.

"누, 누구세요? 당신들은 도대체 누구죠?"

만수가 경악을 금치 못하고 말을 더듬었다.

그도 그럴 것이 그의 앞에 선 무리들은 사람이라고도 할 수 없고 아니라고도 할 수 없는 애매한 모습이었기 때문이다. 할아버지와 수지는 이 상황을 전혀 모르고 자고 있었다. 괴상망측한 얼굴을 지닌 괴생명체의 우두머리인 것 같은 자가 만수의 어깨를 잡고 흔들었던 것이다. 우두머리가 턱으로 할아버지와 수지를 가리키자, 그의 부하들인 것 같은 또 다른 괴생명체들이 두 사람을 순식간에 포박했다. 만수 또한 손발이 묶였다.

"우리는 너희 같은 자들을 처단하는 것을 임무로 삼고 있다. 이 광야에 들어오는 자들은 용서할 수 없어. 여기는 우리가 수천만 년 동안 살아온 곳인데 어느 날부터 너희 인간들이 이곳을 침범했어. 우리는 평화로웠고 서로를 위해주고 마음을 터놓고 지냈는데, 너희 인간들이 이곳에 들어온 이후로 서로 배신하고 미움을 품고 헐뜯고 증오하게 되었단 말이다. 그래서 우리 광야 수호대는 인간들을 색출해서 없애고 있지."

"뭔가 오해를 하고 계신 것 같은데 저희 세 명은 모두 순수한 목적을 가지고 이곳에 오게 된 것입니다. 저기 광야 끝에 가기 위해서죠. 그곳에 가려면 어쩔 수 없이 이곳을 통과해야 하니까요. 저희는 이 광야에 불순한 의도를 가지고 온 것이 아닙니다. 그렇죠? 수지 씨, 할아버지."

만수가 도움을 청하듯 두 사람을 불렀다. 수지는 의외로 침착하게 이 상황을 바라보고 있다. 할아버지가 만수의 말에 동조했다.

"그렇소. 우리는 이 광야에 티끌만큼도 해를 끼치지 않았고, 또한 그러지 않을 것이오. 오히려 어떻게 하면 광야에 좋은 흔적을 남길까를 생각하는 사람들이라오. 희귀한 식물들을 다치지 않게 하기 위해 조심해서 걸었고, 배고픈 동물들에게는 우리의 음식을 나눠주기도 했소. 그리고 많은 사람들이 이 광야를 위해 씨를 뿌려주었소. 자신이 가져온 씨앗들을 뿌려 곳곳에는 인간 세계에서 핀 꽃들이 피어 있었소. 우릴 풀어주시오."

"이봐, 영감. 영감 말도 조금 맞긴 하지만 인간들이 좋은 일을 한 건 극히 미미해. 그 대신 우리 광야에 있는 보물들을 훔쳐서 달아나는 인간들이 더 많소. 난 인간을 믿지 않아. 믿음을 주면 너무 쉽게 배신하더군. 수단과 방법을 가리지 않고 자신의 이익을 위해서는 다른 이를 짓밟고 올라서는 것이 인간이라는 것을 다 알고 있어. 자, 어떤 사람부터 죽여줄까? 고통 없이 보내줄 테니 서로 지목해봐."

할아버지가 말하는 동안 내내 언짢은 표정을 짓던 우두머리가 더 이상 대화하기조차 싫다는 듯 메마른 어조로 말했다. 자세히 보니 그의 눈은 세 개였고 나머지 부분은 인간과 별로 다를 바 없었다. 다른 부하들도 모두 눈이 세 개였다. 그리고 무척 키가 컸다. 아마 3미터는 족히 넘을 것같이 보였기 때문이다. 우두머리가 말을 마치고 대답을 기다리고 있었지만, 아무도 그 말에 대답하지 않았으므로 무겁고 긴 침묵이 동굴 안을 채웠다. 가끔 동굴 천장에 매달린 박쥐들이 뒤척거리는 소리가 들릴 뿐이었다.

"다른 사람을 지목하면 그 사람은 살려줄 수도 있어. 그러니까 가장 먼저 없앨 한 명을 지목하란 말이야. 왜 다들 꿀 먹은 벙어리가 되었나? 지금까지 많은 인간들이 이런 경우에 너도나도 다른 사람을 지목했는데, 너희는 왜 이러지? 자, 자, 잘 생각해봐. 다른 사람을 지목하면 살아남을 수 있어. 가장 나중에 지목하면 죽음밖에 없을 테니 서둘러서 얼른 말해봐."

"제가 지목하겠습니다."

수지가 침묵을 깨고 우두머리를 향해 자신 쪽으로 오라는 눈짓을 했다. 우두머리가 수지에게 다가갔다. 그녀의 아름다움은 우두머리의 마음도 흔들리게 하기에 충분했다. 이 광활한 사막에 이렇듯 아름다운 여인이 온 것은 처음인 것 같았다. 그동안 그가 죽인 수많은 여인들의 모습이 되살아났다. 살려달라고 애원하면서 다른 사람을 지목하던 그녀들의 입술은 결코 아름답지 않았다. 이 여인도 마찬가지일 것이다. 겉모습은 그럴 듯하지만 지금 다른 사람을 지목하고자 자신을 부르지 않았는가. 우두머리는 인간에게 기대할 것은 아무것도 없다고 자조했다.

그도 한때는 인간을 동경했다. 그의 어머니가 인간이었던 것이다. 그러나 어머니는 그와 아버지를 버리고 다른 인간에게 가버렸다. 아버지와 자신을 사랑한다던 어머니의 말은 모두 거짓이었던 것이다. 그래서 더욱 인간을 증오했다.

'자, 말해 봐라. 제 목숨을 구걸할 인간아, 누구를 지목하겠느냐?'

우두머리가 그럼 그렇지 하는 가소로운 표정을 지었다.

"그래, 말해 봐. 넌 살 수 있어. 저 두 사람 중 한 명을 지목하라고."

"미안해요, 두 분. 저를 용서하세요. 그래도 두 분과 함께 걸어와서 그동안 심적으로 많이 의지되고 고마웠어요."

수지가 두 사람을 번갈아 보면서 슬픔에 잠긴 목소리로 그렇게 말하자, 할아버지와 만수가 모든 것을 이해한다는 눈짓을 보냈다.

"그딴 말 그만하고 얼른 두 사람 중 한 명을 말하라니까. 시간 끌지 마. 그러면 셋 다 없애버릴 거니까."

"전 최수지를 지목하겠습니다. 그 사람은 지금 죽어도 여한이 없을 것입니다. 살아오면서 사람들에게 많은 아픔을 주었고 사회에 업적을 남기지도 못했으니까요. 그 사람을 없애주세요. 부탁입니다."

"최수지? 여자 이름 같은데. 하긴 요즘 인간들은 남자들도 여자 이름 가진 자들이 있더군. 자, 누가 최수지야? 영감이야? 아님 머리 벗겨진 당신이야?"

우두머리가 경멸에 가득 찬 눈으로 세 사람을 쏘아보면서 물었다.

'그럼 그렇지. 너희는 그저 그런 인간에 불과했어. 자기만 살겠다고 다른 사람을 지목하는 꼴 좀 봐라.'

"수지 씨, 왜 그러세요. 제가 저를 지목하겠습니다. 수지 씨는 안 돼요! 저렇게 젊고 아름다우신 분인데, 저를 죽이시고 나머지 두 분을 살려주세요. 부탁입니다. 저야 뭐 가족도 없고 세상에 미련도 별로 없으니 죽어도 상관없지만, 할아버지는 남은 인생이라도 행복해지셔야 되지 않겠습니까? 당신들은 어른 공경하는 도리도 몰라요? 강만수를 지목합니다. 그를 없애세요."

"아니야! 나 구두 할아버지를 지목하겠네. 이 늙은이야 살 만큼 살았는데 더 살아서 뭐하겠는가. 평생 다른 사람 신던 구두 수선하느라 좁은 구둣방 안을 벗어나지 못했지만 많은 사람들을 만났지. 그런데 지금 난 세상에서 가장 인간애가 넘치는 두 사람과 함께하고 있어. 난 지금 죽어도 여한이 없겠네. 자기 목숨을 타인을 위해 저렇게 서슴없이 내놓겠다고 말하는 젊은이들이 있으니 인류의 미래는 밝아. 자, 나를 죽이게. 구두 할아버지를 지목하시네."

"이것들이 장난을 하나? 그럼 최수지가 바로 너야? 나 원 참. 이런 경우는 처음 보겠네. 왜 다른 사람을 지목하지 않는 거야? 보통 인간들은 모두 서로 다른 사람 지목하느라 난리더구먼. 골치 아프네, 허허."

우두머리가 허탈한 웃음을 지으면서 고개를 가로젓다가 머리를 감싸더니 부하들에게 무슨 신호를 했다. 그러자 부하들이 세 사람을 묶었던 줄을 풀어주었다. 그리고 순식간에 사라져버렸다. 방금 전까지 눈앞에 있던 부하들이 마치 마술을 하듯 없어진 것이다. 우두머리의 모습이 변하기 시작했다. 그는 빛의 형체였다. 그의 온몸에서는 태양처럼 빛이 솟구쳐 나오고 있었다. 할아버지와 만수와 수지의 입이 다물어지지 않았다. 유명한 마술사가 변신하듯이 방금 전까지 서 있던 괴생명체는 온데간데없이 사라지고 빛으로 둘러싸인 신비한 존재가 그들 앞에 나타난 것이다.

"인간이 아직도 이렇게 순수한 사랑을 간직하고 있다니 놀라운 일이다. 이제 동이 터오면 너희는 다시 이 광야를 걸어가야 할 것이다. 여전히 안개가 너희 앞을 가로막고 온갖 짐승들의 위협을 받으면서 가게 될 것이다. 하지만 지금처럼 순수하게 타인을 위해 배려한다면 앞으로 남은 길을 걸어가는 동안 행복을 느끼고 인생의 비밀도 풀 수 있게 될 것이다. 안개를 헤치고 앞으로 걸어가거라. 오늘 너희 세 사람을 만난 건 나에게도 행복한 일이었구나."

신비한 존재인 빛의 음성은 너무나 맑고 선명해서 귓속을 청결하게 정화해주는 듯했다. 빛의 존재는 이 말을 남기더니 부하들이 사라진 것처럼 순식간에 사라졌다. 세 사람은 넋이 나간 듯 그들이 사라진 자리를 쳐다보았다.

"이게 무슨 일이지? 내가 요즘 몸이 안 좋아서 헛것을 본 건가? 여보게, 젊은이들, 이게 생시인가 꿈인가?"

"할아버지, 꿈이 아니에요. 지금 우리는 정말 신기한 경험을 한 것 같아요. 전 정말 두 분에게 고마움을 느껴요. 한 번도 누군가 저를 위해 이렇게 해준 적이 없었는데요. 고맙습니다! 광야에 오길 정말 잘한 것 같아요. 마음이 부자가 된 것 같아서요."

수지가 눈물을 왈칵 쏟아내었다.

그러자 만수도 울먹이면서 덧붙였다.

"저도 동감입니다. 지난 세월 누군가 저를 위해 뭔가를 해주지 않는다고 원망만 하며 살았는데, 오늘 처음으로 나도 누군가를 위해 뭔가를 해줄 수 있다는 것을 깨닫게 되었네요. 고맙습니다. 두 분 다 저의 은인이네요. 우리 내일은 더 열심히 걸어요. 제가 최선을 다해서 두 분을 모시고 갈게요."

"허허! 왜들 울고 그러나. 꿈 같은 일이 벌어지더니 두 사람이 울보가 되어버렸군, 허허허!"

구두 할아버지의 웃음소리가 청량하게 새벽녘 동굴 속을 어루만져주었다.

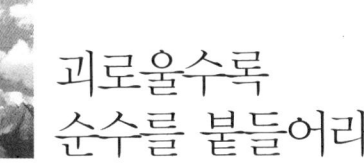

역경을 이기는 순수의 힘

괴로울수록
순수를 붙들어라

가장 현명한 사람은 자신의 내적인 상황을 제대로 파악하고 거기에 알맞은 대처를 하는 사람이다. 그것을 우리는 지혜라고 한다. 인생의 지혜 혹은 삶의 지혜라는 것은 따지고 보면 단순한 것이다. 괴로움을 줄이는 방법을 아는 것이 지혜의 목적이다. 정신적 괴로움이야말로 인간을 좀먹는 것 중에서 최고로 악질적인 것이다. 자신의 괴로움을 방치하는 것은 자신을 살상하는 행위나 다름없다는 사실을 인지하라. 그런 괴로움들은 언제, 어디에서, 어느 순간에 생길지 모르는 돌발적인 것이다. 마치 인식할 겨를도 없이 일어나는 교통사고처럼 정신적 괴로움은 제멋대로 생겨난다. 그래서 사람들은 괴로움을 대면하는 일에 서툴고 어색하다.

예고도 없고 어떤 조짐도 보이지 않다가 어느 날 돌발적으로 일어나는 사건들로 인해서 인간은 극심한 괴로움의 고통을 떠안는다. 그리고 온몸을 다해 몸부림치거나 죽을힘을 다해 발버둥 치다가 몇 사람은 현명한 지혜로 극복하지만, 많은 사람들은 좌절의 바다에 침몰하고 만다.

그렇다면 괴로움을 이겨내는 지혜란 무엇인가? 그것은 자신의 순수를 붙드는 것이다. 다른 사람의 순수를 탐낼 것도 없고 빌려달라고 애원할 필요도 없다. 자기 내면의 순수야말로 가장 깨끗하고 근원적이며 깊은 교감을 이룰 수 있는 존재이다.

인간이 잉태되기 이전부터 순수는 우주를 떠도는 소립자에 깃들어서 모든 생명의 탄생에 관여했다. 순수는 우리가 우리이기 이전부터 우리를 지켜봐왔고 우리의 안전을 염려했으며 우리를 사랑하고 필요로 했다. 그러한 고마운 순수성을 잃는 것이 얼마나 큰 손실인지 왜 사람들은 깨닫지 못하는 것일까? 그것을 잃고 산다는 것은 자신의 본성을 잃어버린 채 자신과는 아무런 상관도 없는 껍데기를 뒤집어쓰고 살아가는 것과 매한가지라는 것을 왜 눈치채지 못하는 것인가?

나는 많은 시간을 괴로움 속에서 살아왔다. 그러한 괴로움의 시간을 견뎌내기 위해 무던히도 싸워야 했다. 그 싸움은 결국 자기 자신과의 싸움이었다.

이제는 그렇게 싸우지 않아도 나는 평화롭고 행복한 감정을 충분히 느끼며 살고 있다. 괴로울수록 순수를 붙들었기 때문이다. 괴로움을 이기는 방법은 순수를 찾아서 내면의 선(善)을 완성하는 것이다. 그리고 온전히 영혼의 불순물을 제거하여 삶에 대한 긍정의 눈을 뜨는 일이다. 자기 연민이나 세상에 대한 분노, 타인에 대한 턱없는 불평불만, 어떤 현상에 대한 부당함 등 부정적인 생각들을 중화시키지 않는다면 인생이 늘 불안하다. 불안함은 고통과 괴로움을 수반하는 가장 대표적인 감정이다.

불안함으로부터 탈피하라. 고통으로부터 벗어나라. 괴로움으로부터 빠져나와라. 그렇게 하려면 그대는 순수를 붙들어야 한다. 순수가 그대의 상처를 아무런 조건 없이 치유할 것이다. 순수는 사랑과 이해와 감사와 용서를 부른다.

　순수한 사람의 사랑은 아주 작은 사랑이라도 타인에게 깊고 넓은 감동의 물결을 불러일으킨다. 순수한 사람의 이해는 아주 조그만 이해라 해도 주변 사람들을 편안하게 만들어준다. 순수한 사람의 감사는 주위의 모든 것들은 물론이고, 지상의 모든 것들에까지 긍정적 에너지를 퍼뜨리기에 충분하다. 순수한 사람의 용서라는 것은 죄지은 사람이나 죄에 근접한 잘못을 저지른 사람에게 자신을 되돌아보고 다시는 그러한 과오를 저지르지 않고 바르게 살아갈 수 있도록 따뜻한 가르침을 준다. 이 모든 것들을 가능하게 만드는 사람이 누구인가. 바로 순수한 사람이다.

　괴롭고 힘들수록 순수를 붙들고 살아가라. 그렇게 한다면 그대의 영혼이 맑아지고 삶이 평안해질 것이다. 순수하지 못한 사람들과 상황들이 순수한 그대를 괴롭히고 아프게 해도 절대로 순수하지 못했던 과거의 삶으로 되돌아가서는 안 된다. 끝까지 자신의 순수성을 지키고 살 수 있어야 한다. 왜냐하면 순수한 삶은 스스로 빛을 내어 타인을 감동시키고, 세상을 향기롭게 하고, 무엇보다도 자기 자신을 행복하게 만들어주기 때문이다.

　진정으로 거짓 없이 순수하게 산다면 괴로움도 별것 아닌 것이 된다. 이유는 간단하다. 내 자신의 괴로움만 보아왔던 순수하지 못한 삶이 아니라 나보다 더 아프고 괴로운 사람들을 볼 수 있게 되는 까닭이다. 그래서 더 이상 자신의 괴로움에만 연연하지 않게 될 수 있기 때문이다. 보다 더 넓게 세상을 바라볼 수 있는 참된 지혜가 생겨날 것이기 때문이다.

역경을 이기는 순수의 힘

번쩍이는 황금이 되기보다
순수한 풀꽃이 되어라

무료한 봄날의 느슨한 공기 속에서 혼자 사색에 잠긴 그대에게 어떤 사람이 두 가지 물건을 가지고 와서 불쑥 말한다. 잡상인은 아닐까 유심히 살펴보지만, 다행히 쓸모없는 물건을 강요하는 잡상인은 아니라는 판단이 들어 그의 말을 건성으로나마 들어준다.

"이 물건들 중에 어떤 것을 갖고 싶은가요? 당신이 원한다면 아무런 조건 없이 공짜로 드리겠습니다."

그가 가지고 온 두 가지 물건은 바라보기도 눈이 부신 누런 황금 덩어리와 태어나서 처음 보는 연보라빛 풀꽃이다.

당연하다는 듯 그대는 황금 덩어리를 냉큼 집어 들 것인가? 아니면 99.9퍼센트의 사람들이 함박웃음을 지으며 단번에 선택했다는 황금을 배제하고 극소수의 사람만 잔잔한 미소를 머금고 선택했다는 연보랏빛 수수한 풀꽃을 가슴에 품을 것인가?

순수란 풀꽃과 같다. 어느 곳에 피어 있는지 모르지만 이름 모를 산야에 늘 피어 있는 야생의 풀꽃처럼 인간의 마음속 동산에 항상 고고하게 피어 있으며, 새빨간 장미처럼 순식간에 홀리는 향기는 없지만 은은한 향기로 영혼까지 적셔주는 매력이 있으며, 존재 자체만으로도 세상을 아름답게 하는 것이 풀꽃과 무척이나 닮아 있다고 할 수 있다.

한 개의 꽃대에 한 송이 꽃이 외롭게 피어 있는 모습이라서 이름 지어진 홀아비바람꽃, 남쪽에서 제비가 올 때쯤 핀다는 제비꽃, 은방울을 닮은 은방울꽃, 딸의 집을 찾아 헤매던 할머니가 추위에 떨다 죽은 후 피어났다는 할미꽃, 청사초롱을 닮은 초롱꽃 등 숱한 풀꽃들이 지금 어디선가 고즈넉이 피어 있을 것이다.

굳이 제 존재를 드러내지 않아도 풀꽃을 떠올리며 누군가는 그것의 청초한 아름다움에 잠시 미소 지을 수 있는 것처럼, 순수한 사람은 아무런 내색 없이 그 자리에 있어도 스스로 향기를 내어 주위를 향기롭게 만든다. 그러나 지금의 세상은 번쩍이는 황금이 되지 않으면 즉시 도태되고 말 것만 같다. 순수한 풀꽃 같은 사람이 되려고 하는 사람은 극히 드물고, 만일 그러한 사람이 있다고 해도 황금이 되려고 바삐 뛰어가는 사람들에게 밟혀서 자신이 가려던 길을 중도에 포기하거나 경로를 바꾸거나 되돌아가고 만다.

지구상에 있는 대부분 인류의 신경 세포는 번쩍이는 황금이 되기 위해 촉각을 곤두세우고 있다. 어떻게 하면 돈을 더 많이 벌 것인가, 어떻게 하면 타인을 짓밟고 최고의 자리에 올라설 것인가, 어떻게 하면 더 많은 부와 명예를 움켜쥐고 상류층의 삶을 살아갈 수 있을 것인가에 에너지를 쏟아붓느라 여념이 없다.

이와 같은 세태 속에서 사람들은 남들에게 오해받지 않으려면 번쩍이는 황금이 되기 위해서 살아간다는 시늉이라도 해야 한다고 생각한다.

그래서 한 푼이라도 더 벌기 위해 정말 하기 싫은 야근을 하고, 적성에는 맞지 않지만 좋은 대학을 가기 위해 밤늦도록 학원을 순례하며 힘든 삶을 살아가고 있다. 그렇게 자신의 의중을 속이고 살아간다면 결과는 어떨까? 정말 하기 싫은 야근을 하면서 돈을 많이 모으면 행복해질까? 적성에도 맞지 않는 과를 단지 좋은 대학, 유명 대학에 가기 위해서라는 명목으로 진학한다면 행복해질 수 있을까? 번쩍이는 황금이 되려면 얼마나 많은 순수를 내버려야 될지 가늠할 수조차 없을 것이다.

순수를 버리지 않으면 인간은 번쩍이는 황금이 될 수 없다. 순수함을 간직한 사람은 타인을 짓밟고 올라서고 싶은 마음이 없으며, 오히려 자신보다 못한 사람들을 보면 자신의 등을 기꺼이 내어주며 밟고 일어서라고 할 것이기 때문이다. 그러므로 순수한 삶을 사는 사람은 마음이 평화로울 것이다. 항상 누군가를 이겨야 한다는 압박감이 없고 자신의 본모습을 숨기고 과장된 허상으로 위장할 이유도 없기 때문이다.

번쩍이는 황금이 되기보다 순수한 풀꽃이 되어라. 지반이 약한 건물은 작은 충격에도 와르르 무너져 내리고 만다. 반면에 지반이 튼튼한 건물은 아무리 충격을 주어도 결코 무너지지 않는다. 순수란 삶을 아름답게 만드는 원초적 토양이다. 이러한 순수를 가지지 못한 사람에게는 어떤 좋은 재료를 동원해서 건물을 짓는다고 해도 모래 위에 지은 집처럼 부질없는 행동이 될 뿐이다.

순수하지 못한 사람이 최고급 자재, 즉 세계에서 제일 유명한 대학의 졸업장이나 헤아릴 수조차 없는 엄청난 재산이나 뛰어난 전문성 등으로 인생이란 집을 짓고 있다면, 그는 순수한 사람이 순수라는 단 하나의 자재로 짓는 허름한 집보다 못한 건축물을 만드는 어리석음을 범하고 있다는 사실을 명심해야 할 것이다.

　제비꽃, 냉이꽃, 달맞이꽃, 에델바이스가 지금 그대의 가슴에 피어 있는가? 순수한 풀꽃 같은 삶을 살아가자. 큰 재물을 모으지 못하고 세인에게 주목받지 못하더라도 그런 삶이 진정으로 인간다운 삶이다. 소슬바람에 가볍게 흔들리며 시간을, 우주를 품고 그 어떤 꽃보다 더 지순한 영혼으로 지상에 핀 풀꽃 같은 사람이 되기를 바라는 것은, 오늘 우리에게 주어진 가장 절실한 과제이다.

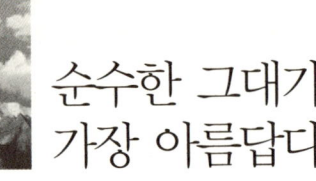

역경을 이기는 순수의 힘

순수한 그대가
가장 아름답다

오늘도 성형외과에는 수많은 사람들이 외면의 아름다움을 추구하기 위하여 문턱이 닳도록 방문하고 있다. 대한민국은 이제 성형 수술로 외화를 벌어들이는 성형 수술의 중심지가 되어 있다. 매년 수백 명의 외국인들이 우리나라의 성형외과에서 수술하기 위해 방문하고 있고, 그 수치는 날로 증가하고 있다. 그것은 한편으로는 뿌듯한 일이기도 하지만, 다른 한 편으로는 뭔가를 생각하게 만드는 일이기도 하다. 왜 인간은 외적인 아름다움을 얻기 위해 목숨을 담보로 수술을 받기를 주저하지 않는 것인가?

수많은 환자들 중에는 단순히 예뻐지기 위해서가 아니라 오랫동안 고민해왔던 콤플렉스를 극복하고 좀 더 긍정적인 삶을 살아가기 위해 수술하는 사람도 있을 것이다. 그러나 몇몇 사람들은 멀쩡하니 예쁘고 잘생긴 얼굴을 더 예쁘고 잘생기고 싶은 무리한 욕심을 채우기 위해 수술하는 경우도 있다. 그런 사람들에게 성형 수술은 수술이 아니라 그저 잠깐 한숨 자고 나면 되는 간단한 시술처럼 되어버렸다.

코를 높게 세우면 눈을 크게 만들고 싶고, 불거진 광대뼈를 축소하고 싶고, 각진 턱도 깎아내고 싶은 것이 사람 심리이다. 결국에는 얼굴을 몽땅 교체한 사람처럼 원래의 모습이 상상이 안 될 정도로 변해버린 사람도 있다. 배우들 중에도 그런 분들이 있다. 어느 배우가 몇 년 전에 보았던 그 배우라고는 도저히 믿어지지 않을 만큼 달라진 모습으로 드라마에 나와서 깜짝 놀랐던 적이 있다. 이름은 그 이름이 맞는데 얼굴이 전혀 다른 사람이어서 한참을 어리둥절할 수밖에 없었다. 특히나 내가 좋아하던 배우였기에 더 그러했다. 그런데 안타까운 것은 돈 들이고 고생한 보람도 없이 차라리 예전 모습이 더 예뻤다고 할 정도로 얼굴이 망가져버린 것이다. 정말 가슴 아픈 일이 아닐 수 없다.

애석하게도 외면의 아름다움으로 얻을 수 있는 것은 한정되어 있다. 아무리 흠잡을 데 없이 아름다워진다고 해도 마음이 아름답지 못한 사람은 결국 겉모습에 끌린 사람들에게 이용당하거나 잠시 환심을 살 수 있을 뿐 스스로 만족할 만한 인생을 살아갈 수 없다.

'이 세상에서 가장 아름다운 사람이란?' 하고 묻는다면 나는 순수한 사람이라고 말할 것이다. 왜냐하면 순수한 사람에게는 범접할 수 없는 고결함이 깃들어 있기 때문이다. 그렇다고 해서 그를 가까이하기가 어렵다거나 그렇지는 않다. 순수한 사람은 타인을 어떤 잣대를 가지고 대하지 않고 있는 그대로의 모습으로 대하기 때문에 오히려 순수하지 못한 영악한 사람들보다 더 상대하기가 편하다. 얼굴에 곰보 자국이 있고 코는 납작하고 정말 다시 돌아보고 싶지 않은 추녀나 추남이라고 해도 그가 내면에 순수함을 지닌 사람이라면 어느새 정이 들 수밖에 없다.

다른 사람들에게 좋은 인상을 주고 싶은가? 혹은 다른 사람들이 자신을 좋아해주기를 바라는가? 그렇다면 순수해지기 위해 노력하기를 권한다. 순수한 그대야말로 이 시대가 원하는 가장 아름다운 미녀고 미남이다. 제아무리 위대한 학문도 순수한 사람이 내뿜는 향기로움에 비하면 소소한 업적일 수밖에 없다. 인위적이고 가식적인 가면을 쓰고 오늘도 누군가에게 자신을 어필하려는 많은 이들은 이 점을 명심해야 할 것이다. 순수를 저버린 사람에게는 결국 파국이 찾아올 것이라는 사실을.

자신의 이득을 위해 혈안이 되어 물불을 안 가리고 사람들을 속이면서도 그것이 얼마나 비인격적인 행동인지 모르는 순수하지 못한 사람이 어떻게 남들에게 좋은 인상을 주고 사랑받을 수 있겠는가. 조금은 손해 보는 것 같아도 양보하면서 살라. 자신의 이익을 먼저 추구하기에 앞서 다른 사람에게 티끌 만큼이라도 손해를 끼치지 않을까를 염려하라. 그런 마음으로 사는 것이, 머릿속에 든 지식은 별것도 없으면서 아주 박식한 사람처럼 그럴듯한 언어들로 자신을 과대 포장하고 미화하는 불순한 사람들보다 훨씬 성공한 인생이다.

"넌 너무 모든 걸 있는 그대로 드러내. 조금은 내숭도 부릴 줄 알아야지."

친구가 나의 소탈한 모습을 보다가 참을 수 없었는지 잔소리를 했다. 사실 그것은 잔소리가 아니라 고마운 충고이기도 하다. 왜 그런지 몰라도 나는 내숭이라거나 자기를 그럴듯하게, 예를 들어 우아함을 강조하거나 아주 근엄하거나 멋진 척하는 것 등을 실행하기가 어색하다. 그 대신에 명랑 쾌활한 소녀처럼 연신 미소를 지으면서 두 눈에 호기심을 가득 담고 상대방에게 내 진심을 털어놓기에 바쁘다. 그것이 나의 본모습이다. 사람들은 그런 나를 보고 처음에는 고개를 갸우뚱할 것이다. 왜냐하면 글을 쓴다는 작가가 진중하거나 무게를 잡지 않고 그와는 정반대로 귀여움을 발산하는 행동을 하면서 진술하게 자신을 털어놓기 때문이다.

"그러게 말이야. 나도 내숭 좀 떨어야 하는데 자꾸만 이렇게 허심탄회하게 이야기하고 싶단 말이야. 진심을 이야기해주고 싶지, 그럴듯하게 내 자신을 꾸며 보이기가 어색해. 있는 그대로의 내 모습을 보여주고 싶어."

이런 나를 보고 사람들은 제각기 평가를 한다. 어떤 이는 소녀 같다고도 하고, 어떤 이는 아직 어리다고도 하고, 어떤 이는 철이 없다고도 하고, 어떤 이는 천진난만하다고도 한다. 이 모든 평가들이 고맙다. 내면에는 수많은 상념들이 떠돌고 진리에 대한 사유로 고통스럽지만, 겉으로 보이는 나의 모습은 늘 맑고 순수한 모습이기를 원하기 때문이다. 순수한 나의 모습을 보면서 타인들의 마음이 정화되고 티 없이 맑은 마음에서 우러나오는 진심으로 빚어진 애정을 선물받기를 바란다. 우리가 아름다워지기 위해 노력해야 할 것은 피부에 보습과 미백을 위한 팩이나 마사지를 하고 성형외과에 가서 코를 높이 세우는 그런 외적인 노력이 아니라, 가슴속을 순수함으로 가득 채우는 것이다.

몇 년 전에 정말 안타까운 사건이 있었다. 성형 수술의 부작용으로 모녀가 목숨을 잃은 일이다. 모델을 하는 딸에게 가슴 성형을 권유한 어머니는 딸이 가슴 성형 부작용으로 숨지자, 두 시간 후에 딸의 곁으로 떠나간 것이다. 자신을 딸의 곁에 묻어달라는 절절한 유서를 남기고 이 세상을 떠나간 어머니와 채 피지도 못하고 저버린 꽃다운 젊은 딸에게 외적인 아름다움만 중요시하는 현재의 세태가 가해자가 아니었다고 누가 떳떳하게 말할 수 있겠는가.

인터넷에는 청소년들이 보면 안 될 선정적인 장면들이 여과 없이 비춰

지고 외모가 경쟁력이라면서 너도나도 겉모습 가꾸기에 열심인 요즘, 순수함이 외면의 아름다움보다 더 중요한 것이라고 외치는 것은 어쩌면 계란으로 바위 치기처럼 무모한 일일 수도 있다. 그러나 나는 여러분이 진정으로 순수하기를 원한다. 그래서 겉모습에 치중하는 삶을 살지 않고 내면을 아름답게 가꾸어가는 삶을 살기를 간절히 바란다. 이것이 인간이 더 이상 외적인 아름다움을 추구하다가 삶을 허비하고 인생의 막다른 길에 이르는 불행을 막아줄 유일한 방법이기 때문이다.

역경을 이기는 순수의 힘

인간의 상처를 치유하는 순수

고적한 밤하늘에 빛나는 별들을 올려다보면서 순수라는 낱말을 떠올리며 가슴 설레어하던 소녀가 성장해 이제는 누군가를 위한 글을 쓴다. 그 글들이 최종적으로 지향하는 곳은 위로와 치유의 능력이다.

한 사람의 소망은 몽실몽실 만들어진 구름 꽃이 되어 하늘로 날아올라 많은 이들의 염원과 만나게 된다. 한 사람의 소망과 누군가의 염원이 수요와 공급의 원칙에 합치되면 비로소 소망은 이루어지고 인생의 보람을 느끼게 되는 것이다. 내가 그대의 마음의 상처를 위로하고 싶다는 소망을 품고 글을 쓴다면 그 글에는 분명히 나의 간절한 바람이 새겨지게 된다. 그리고 그대가 힘들거나 우울하거나 누군가의 위로가 필요할 때, 내 글은 비로소 하나의 완전한 소망이 되어서 자신의 본분을 다하게 되는 것이다.

순수는 인간의 수많은 염원들을 하나도 빠뜨리지 않고 읽고 있는 위대한 가치이다. 순수는 이미 우리가 존재하기 이전에 우주에 존재한 가치이기 때문에 인간이 무엇을 원하는지, 궁극적인 소망이 무엇인지에 대해 그 누구보다 더 잘 알고 있다. 인간은 결국 상처를 안고 살아갈 수밖에 없다는 가슴 아픈 사실을 간파하고 있으며, 거기에 어떤 치료가 적절한지를 익히 알고 있다. 몸이 아프면 우리는 황급히 병원으로 달려간다. 정신에 이상이 생기면 영 개운치 않지만 정신과에 가야 한다. 정신에 심각한 이상이 있는 사람이 정신과에 가기 싫다고 버티다가는 강제로 정신병원에 입원당하게 된다. 그렇다면 영혼이 아플 때, 우리는 어디로 가야 할까?

영혼에 병이 생기면 우리는 서둘러서 순수라는 의사를 만나야 한다. 그의 명성은 우주의 신들이 모두 알고 있다고 전해진다. 그는 자신에게 찾아온 모든 존재들에게 스스럼없이 자신이 소중하게 간직한 지혜를 내어주기 때문이라고 한다. 그는 인간에게나 동물에게나 식물에도 모두 공정하게 대하며 자연을 사랑하고 지구를 섬길 줄 안다. 순수로부터 치료받은 사람들이 죽음에 이르러서도 고통을 느끼지 않고 오히려 평안하게 삶을 마무리할 수 있다는 것은 이미 공공연한 사실로 널리 알려져 있다.

그렇다면 이토록 명성이 자자한 순수가 근무하는 병원은 어디인가? 바로 우리의 마음속이다. 언제라도 우리가 부르면 순수는 달려 나와서 상처를 들여다보고 소독해주고 약을 발라주는 자상한 의사이다. 순수야말로 아무런 대가도 바라지 않고 신이 인간에게 주신 최고의 명의이다. 눈이 보이지 않는 사람이라도 순수를 만날 수 있고, 가난으로 생계가 위협받는 극빈자라도 순수를 만날 수 있으니 얼마나 감사한 일인가. 그런 순수가 우리의 상처 난 영혼을 부작용 없이 완벽하게 치유해줄 의사인 것을 알지 못하면 상처는 더욱 악화되고, 병은 시간이 흐를수록 깊어지게 될 수밖에 없다.

그대는 애석하게도 지금까지 순수가 그렇게 위대한 존재인 것을 몰랐을 수도 있다. 순수라는 의사가 자신의 마음속에 항상 대기하고 있었다는 사실을 이제야 알게 되었다고 해도 늦지 않았다. 이제부터라도 인간의 영혼을 치유하는 영험한 의사인 순수에게 자신의 상처를 보여주어라. 부끄러워할 필요는 없다. 왜냐하면 순수는 외부에 있는 것이 아니라 그대의 내면에 있는 존재이기 때문이다.

순수는 그대 자신이고 그대의 마음이며 그대의 근본이다. 인간은 마음을 열어 자신의 상처를 순수에게 보여주어야 한다. 그렇게 함으로써 진실에 이르고, 거짓으로부터 벗어나게 되며, 사랑을 얻고, 또한 베풀어줄 수 있게 된다. 영혼의 상처를 낫게 하는 것은 그러므로 자기 자신의 힘이라고 할 수 있다. 결국 순수는 자기 자신이기 때문이다.

역경을 이기는 순수의 힘

삶을 아름답게 할
순수로의 회귀

 본래의 상태로 되돌아가고자 하는 본능을 우리는 회귀라고 한다. 해마다 명절이 다가오면 사람들의 회귀 본능은 최고조에 다다른다. 서울에서 지방으로 내려가는 귀성 열차표는 추석이나 설이 되기도 전에 벌써 매진이 되고, 고속도로에는 고향으로 가려는 차들로 만원사례가 된다. 방송에서는 꼼짝없이 고속도로에 갇힌 채 꼬리에 꼬리를 물고 늘어서 있는 차들을 보여주며 귀성에 걸릴 총소요 시간을 알려주고, 고향의 연로한 부모들은 자식들이 그 복잡한 길을 뚫고 올 생각에 연방 한숨을 내쉰다.
 "올해도 어김없이 막히네. 오지 말라고 했는데 굳이 내려오느라 저리 고생하네."
 "그러게요. 우리 애들이 저기 어디쯤에 있을 텐데요. 얼마나 힘들까 싶네요. 오기 전에 갈비라도 맛나게 쪄놔야겠어요."
 전국의 부모들이 텔레비전 앞에서 그렇게 걱정을 하고 있다. 하지만 앞으로 나아가지도 못하고 그렇다고 후진도 할 수 없는 상황에 있으면서도 차 안에서 기다리는 시간은 행복하기만 한 것이 귀성객들의 심정이다. 힘든 이 시간을 견디고 나면 정든 고향에 가서 사랑하는 부모 형제와, 어린 시절을 함께 보낸 소꿉친구들을 만날 수 있다는 것을 잘 알고 있기 때문이다. 그렇지 않다면 누구도 그렇게 새벽녘부터 서둘러 고향으로 가기 위해 나서지 않을 것이다.

영국 BBC 방송에 따르면 기후 변화와 인간들의 무분별한 개입 등에 의해 연어들의 회귀 본능이 현저하게 저하되었다고 한다. 연어들의 회귀 본능은 댐을 만들어도 꺾이지 않을 만큼 대단한 것이다. 미국의 컬럼비아 강에 만들어진 댐에는 특별히 연어들을 위해 계단식으로 물길을 만들어 놓았다. 관광객들은 강물을 거슬러 오르는 연어들의 당찬 몸짓을 보며 탄성을 내지른다. 자신들이 태어난 곳을 향해 가려는 연어들의 불꽃 같은 의지는 어떤 장애물에도 굴하지 않을 만큼 열정적이지만, 환경 오염과 인간들의 몰지각한 행동들로 인해 위협받고 있다.

명절 때마다 짜증날 만큼 지루한 교통 체증을 빚지만 고향으로 돌아가려는 사람들이나, 태어난 곳에서 생을 마치고자 그곳으로 굳이 돌아가려는 연어들이나 모두 본향에 대한 그리움에 이끌린다는 것은 똑같다고 볼 수 있다. 그러나 연어의 앞길을 가로막는 거대한 장애물인 댐처럼 인간에게도 본향인 순수로 돌아가려는 것을 방해하는 갖가지 장벽들이 도사리고 있다.

"저것만 가진다면 넌 분명히 성공할 거야. 자, 약간 양심에 찔리기는 하지만 저것을 가지려면 어쩔 수 없는 일이야. 그 사람들을 감쪽같이 속여서라도 넌 저것을 가져야만 해. 그럴듯하게 연극을 하란 말이야. 네가 하는 말들이 모두 자신들을 위해서라고 믿게끔 하란 말이야. 그래야 저것을 네가 가질 수 있으니까."

이렇게 부추기는 욕망의 목소리.

"넌 어차피 더 이상 전진할 수 없어. 타고난 재능도 부족하고 집안 환경도 다른 친구들에 비해 보잘것없지. 처음부터 너는 그렇고 그런 삼류 인생을 살다 갈 운명이었던 거야. 그러니까 무모하게 노력할 필요도 없단다. 그냥 하루하루 편안하게 배불리 먹고 즐기고 그렇게 살아. 되지도 않을 일을 위해 아까운 청춘을 낭비할 필요가 있겠니? 나를 봐봐. 얼마나 느긋한가."

능청스런 웃음을 흘리면서 옷자락을 잡고 늘어지는 절망의 목소리.

"네가 하나를 안다면 다른 사람에게는 열을 안다고 말해. 그래야 무시당하지 않는단다. 설령 네가 열을 안다고 해도 열을 안다고 말해서는 곤란하지. 그때는 백 개를 안다고 해야 하는 거야. 어떻게 해서든 너란 사람을 그럴듯하게 부풀려서 포장해야 해. 주위를 둘러봐. 아무도 자신의 모습을 적나라하게 드러내려고 하지 않지. 있는 그대로의 자신을 보이는 것은 모든 걸 포기한 바보들이나 하는 짓이야, 알겠지? 네가 가진 것이 둘이라면 절대 둘이라고 해서는 안 돼. 네가 아는 것이 한 가지라면 절대 한 가지만 알고 있다고 해서도 안 돼. 그보다 곱절은 많이 가지고 있고 알고 있노라고 말해야 사회에서 인정받는다니깐."

거드름을 피우면서 충고하는 허세의 목소리.

그 밖에 수많은 부정적인 것들의 목소리가 순수한 삶으로의 회귀를 방해한다. 그것이 그들의 의무이기 때문이다. 그렇지만 절망하는 것도 순수와 관련이 있단 말에 그대는 약간 의문을 가질 수도 있다. 왜 절망하는 것이 순수함과 관련이 있는지에 대해 알아보자. 절망한다는 것은 의지가 사라졌을 때 찾아온다. 자신의 인생에 대해 확고한 목표 의식이 있고 꿈을 이루고자 하는 의지가 결연한 사람에게는 그러한 절망의 유혹은 아무런 효과를 발휘하지 못한다.

의지란 자신을 믿는 힘이다. 순수가 결코 나약한 존재가 아니라고 말한 것을 기억하는가. 순수의 힘은 의지를 북돋워줄 수 있는 자기애를 생성시키는 모태이다. 자신을 사랑하는 것은 오로지 순수한 사람의 마음 안에서만 나올 수 있다. 자신을 사랑하지 못한 사람이 세상을 비난하고 타인을 원망하고 환경을 탓하기 쉬운 것이다. 그래서 절망하고, 꿈을 버리고, 나태와 손잡고, 타락의 길로 접어들고, 방황하는 것이다.

그러기에 순수한 사람은 절망하지 않을 힘을 지닌 사람이다. 순수는 처음부터 인간의 내부에 내재되어 있는 존재이다. 어떻게 추출해내는가에 따라서 그 양과 에너지의 질이 결정된다. 우리가 순수로 돌아가려고 하는 것은 그것을 추출해내려는 것과 같은 일이지만, 인간의 삶을 아름답게 할 더욱더 정확한 해결 방법이기도 하다. 그대의 나이나 성별이나 직업에 구애되지 말고 순수함으로 회귀하기 위해 노력하라.

추석이나 설날이 되면 가슴 설레면서 고향으로 돌아갈 생각에 짐을 꾸리고 선물을 사는 마음으로 우리의 본향, 순수로 돌아가기 위해 불순한 생각들을 끄집어내어 소각하고, 보다 더 긍정적이고 미래 지향적인 생각들로 자신의 영혼을 풍성하게 채워라.

강물을 거슬러 올라가는 힘찬 연어의 모습을 보면서 감탄하는 것은, 그것이 뚜렷한 목적의식을 지니고 변함없이 노력하기 때문일 것이다. 연어가 한 번은 동쪽으로 가려고 하고, 또 한 번은 뒤돌아서 되돌아가려고 하고, 또 한 번은 잠수하면서 노느라 여념이 없다면 아무도 연어의 회귀본능에 대해 말하지 않을 것이다. 순수하게 본향으로 돌아가려는 연어의 모습이 인간에게 잔잔한 감동을 주듯이, 우리의 일상도 가식을 버리고 진솔하게 본래의 모습을 사랑하며 당당하게 살아가는 것이 순수를 되찾는 최선의 방법이다.

CHAPTER 4

힘들어도 살아가라, 순수와 함께

힘들어도 살아가라, 순수와 함께

왜 포기하려고 하는가, 그대는 이미 완벽한 존재이다

사랑하는 그대에게 나는 이 질문을 꼭 하고 싶다. 그대는 자신이 얼마나 아름답고 완벽한 존재인지 알고 있는가? 일단 그것에 대한 대답을 마음에 두고 이 사실을 생각해보자. 우리는 하루에도 몇 번씩 자신에 대한 불합리한 회의를 품고 산다. 나 자신도 예외는 아니다. 인간이라면 숙명적으로 그런 시간을 가질 수밖에 없다. 왜냐하면 인간은 생각의 자유를 허락받은 존재이고, 모든 것들을 사색할 수 있는 능력을 지닌 존재이기 때문이다. 하지만 이것은 뜻밖의 부작용을 초래했다. 신은 인간에게 생각에 대한 자유를 주었으나, 인간은 그로 인해 스스로 불행해지고 있는 것이다.

자신을 행복하게 만들고 타인도 행복하게 만들 생각만 할 수는 없는 걸까? 왜 사람들은 끊임없이 자신을 자학함으로써 불행을 합리화하고 실패를 더 큰 비극으로 향하는 디딤돌로 삼는 것일까? 자신에 대한 바람직하지 못한 회의와 불만은 곧 인생을 망치는 지름길임을 기억하라.

자, 위에서 내가 한 질문에 대한 답을 이제 말해보라. 그대의 답은 세

가지 중 하나일 것이다. 그렇다, 아니다, 때론 그렇지만 때론 그렇지 않다. 풀어서 말하면 어떤 때는 자신이 참 소중하고 가치 있는 존재라는 사실을 깨닫지만, 또 어떤 때는 자신이라는 존재 자체가 거추장스럽고 싫어지고, 가끔씩은 이 두 가지 생각이 한꺼번에 교차된다는 것이다. 인간이 스스로 완벽하고도 위대한 존재라는 사실을 망각한다는 것은 절망에 가까워지고 있다는 증거이다. 그러므로 지금까지 자신을 홀대해온 사람이라면 이제부터라도 자신의 가치에 대한 인식을 획기적으로 바꾸지 않으면 안 된다.

그대는 자기 자신의 가치를 얼마 정도로 생각하는가? 회사의 상사나 학교의 다른 우등생들과 자신을 비교하고 있지는 않은가? 결혼해서 잘 사는 친구와 자신을 비교하고 우울해하지는 않았는가? 운 좋게 부동산 투기로 돈을 번 이웃과 자신을 비교해 상대적 박탈감으로 허탈해하지는 않았는가? 만일 그런 적이 한 번이라도 있다면 그 이유가 무엇인지 생각해보자. 그 이유는 그대 자신을 믿지 않았기 때문이다. 자신에 대한 신뢰와 사랑이 결여될 때 인간은 타인과 비교하면서 자신의 삶을 원망한다.

자기 자신을 사랑하라. 그대 자신에 대해 자부심을 가져라. 그대는 이미 완벽한 존재요, 충분히 아름다운 사람이다. 왜 포기하려고 하는가? 왜 절망하려고 하는가? 왜 슬픔의 늪에 고립되려고 하는가? 무엇을 하든 자신이 하는 일에 열정을 지니고 자신감을 가지지 않으면 그 일을 완성할 수 없다. 포기하고 싶고 삶에 대한 의욕을 잃는 가장 주요한 원인은 스스로를 신뢰하지 않았기 때문일 가능성이 크다. 자기 자신을 사랑한다는 것은 자기 자신을 믿어주는 일이다.

세계에서 가장 부유한 사람도 고민거리가 있다. 세상에서 가장 똑똑한 사람도 걱정거리가 있다. 어떤 분야의 대가가 된 사람도 자신만의 근심, 걱정이 있기 마련이다. 인간은 죽기 전까지 생각한다. 그 생각의 대부분이 부정적인 것들이라면 믿어지겠는가? 우리는 생각의 힘으로 살아가는 존재이다. 그러므로 생각을 통제할 필요성이 있다. 낙심하게 만들고 자조적인 생각에 인생을 허비하지 말라. 이 세상 누구라도 고민하고 걱정하며 살아간다는 사실을 기억하라. 자기 자신만 그렇게 불행하다고 생각하는 것은 더 큰 고독과 외로움을 자초하는 일이다. 인간은 대부분 자신을 불행하다고 생각하며 현재의 처지에 불만을 가지고 살아간다. 소수의 깨어 있는 지성적 인간만 자신의 불행이 모두 스스로의 부정적 생각으로부터 비롯되었다는 것을 깨닫고, 생각의 개혁을 통해 새롭게 삶을 꾸며나가고 있다. 위대한 인간은 자신을 지킬 줄 아는 사람이다. 힘들어도 그대 자신을 지켜라. 매사에 용기를 주고, 희망 어린 말들을 주문을 외우듯 스스로에게 해주어라.

"괜찮아, 모든 일이 잘될 거니까. 힘내! 다 잘될 거야."

나는 불쑥 찾아오는 부정적인 생각들에 점령당하지 않기 위해 이렇게 스스로를 위로한다. 우리는 지금 이대로의 모습 자체로도 매우 훌륭한 존재들이다. 우리가 얼마나 대단한 존재인지 아는가.

나는 아주 사소한 경험에서도 진리를 깨닫는다. 최근에 나는 얼굴에 물집이 생겨서 고생했다. 지금은 겨우 완치되었지만 그 과정을 조금 소개할까 한다. 잇몸이 다른 사람들보다 유난히 약한 나는 일 년에 한 번 정도 스케일링을 하지 않으면 안 된다. 그대도 스케일링을 해봤다면 그 끔찍한 통증과 불안감을 공감하리라 생각한다. 나는 스케일링을 하기 위해 입을 벌리는 과정에서 오른쪽 입술 끝에 물집이 자주 생겼다. 한 달

전, 스케일링을 받았을 때도 당연하듯 입술 끝에 물집이 생겼다. 물집이 생기면 초기에는 굉장히 간지럽고 따끔거린다. 그리고 세포 분열을 하는 것처럼 물집이 증식을 시작한다. 그냥 두면 저절로 나을 텐데, 성질이 급한 나는 그 물집을 자꾸 뜯었다. 그래서 상처가 더디게 나았다. 물집을 뜯은 자리에는 보기 흉한 딱지가 생겼다.

거울을 보면서 나는 한숨을 푹 내쉬었다.

"아, 이런! 이 물집만 없다면 얼마나 예쁠까. 물집 때문에 얼굴이 못생겨지고 말았어."

물집이 생기고 나니 비로소 물집이 없던 얼굴이 얼마나 예뻤는지 새삼스럽게 느낀 것이다. 그것은 한마디로 평상시의 내 얼굴이 아름다웠다는 평범한 사실을 이제야 인정한 것이다. 사소한 경험이지만 나는 다시 진리를 깨닫는다.

인간은 자신이 얼마나 아름다운 존재인지 인식하지 못함으로써 스스로를 더 행복해지게 할 수 있는 기회를 놓치고 있다!

자, 거울을 보라. 그대의 얼굴은 정말 아름답고 조화롭다. 그 어떤 사람의 얼굴보다 개성적이고 순수하며 삶에 대한 열정과 사랑으로 가득 차 있다. 포기하고 싶다거나 울고 싶다거나 어디론가 훌쩍 도망치고 싶다는 유약한 생각은 이제 그만해야 한다. 대신 어떤 악조건이라도 웃으면서 헤쳐나가리라 다짐하기를 바란다. 지금 포기하고 절망하는 것은 인생에 대한 예의가 아니다. 우리가 포기와 절망에게 삶을 헌납할 때 신은 울고 있다. 대신 우리가 주어진 인생을 감사하게 생각하고 난관을 극복하려는 강한 의지를 지닐 때 신은 우리를 응원하고 도움을 줄 것이다. 인간 세계에서도 마찬가지이다. 스스로를 포기한 사람을 도우려는 사람은 별로 없다. 가난해도 아파도 스스로 일어서려고 노력하는 사람에게 우리는 박수를 보낸다. 불굴의 의지를 보여주는 그들에게 우리는 감동을 느낀다. 그리고 그런 사람을 도와주고 싶은 것이 인지상정이다.

우리는 지금 이대로도 대단한 존재들이다. 이 불변의 진리를 가슴 깊이 새겨 넣어라. 결코 포기하지 말라. 절대로 포기하지 말라. 지금 이 자리에서 주저앉지 말라. 상처 입고 피가 나도 결연한 자세로 앞으로 걸어 나가라. 현실이 비참하고 힘겨워도 미래는 밝고 찬란할 것을 믿어라. 우리는 결코 포기를 받아들이지 않는다. 모든 조건이 절망을 종용해도 희망을 가지고 끝까지 걸어갈 것이다. 순수한 열정을 가지고 삶을 사랑하며 살 것이다. 불행 따위에 휘둘려서 삶을 낭비하지 않을 것이며 우리를 폄하하는 자들의 목소리에 귀 기울이지 않을 것이다. 우리는 자신의 위대함을 믿고 있기 때문이다.

힘들어도 살아가라, 순수와 함께

모든 게 다 부질없다,
쓸데없는 욕심을 버려라

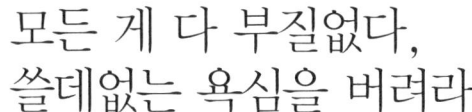

　지나가버린 기억, 추억. 추억은 늘 아련하다. 지금 살고 있는 곳으로 이사 오기 전에 살던 곳에는 나와 단짝인 언니가 있었다. 키도 나보다 크고, 얼굴도 예쁘고, 특히 머리가 좋은 똑똑한 언니였다. 그 언니는 봄이 되면 산으로 고사리를 채취하러 다녔는데, 그때면 꼭 나를 불렀다. 언니는 내가 좋았던 걸까? 아, 이제야 그 사실을 깨닫다니. 나는 언니가 어디를 갈 때면 왜 나를 불렀는지 그 당시에는 조금 귀찮게도 생각했다. 사실은 나를 좋아했던 것인데 말이다. 나 역시도 그런 언니가 싫지만은 않았다. 배울 점도 많고 믿음직스러워서 잘 따랐던 기억이 난다.
　"우리 오늘 날씨도 따뜻한데 산에 가서 고사리 뜯자."
　아지랑이가 피어오르던 봄날에 언니가 밝은 웃음을 지으면서 내게 말했다. 언니의 옷차림은 이미 산에 갈 만반의 준비를 마친 상태였다.
　"뱀 나오지 않을까? 무서워서……"
　뱀만 보면 무서워서 벌벌 떠는 겁이 많은 내가 말하자, 언니가 사람 좋게 웃어 보였다.

"걱정 마. 그곳에서 뱀을 본 적은 한 번도 없으니까. 그리고 내가 있잖아. 옷 길게 입고 나와."

그렇게 해서 산행에 나서게 된 내 눈에 가장 많이 들어온 것은 무엇이었을까? 물론 진달래, 소나무, 갖가지 야생화, 풀 등도 있었지만 가장 깊게 와 닿은 풍경은 무덤이었다. 누군가 누워 있는 장소, 한때는 나처럼 살아 있던 사람들, 고사리는 하필이면 무덤 근처에 많이 나 있었다. 언니는 아무렇지 않은 표정으로 무덤 위에 올라가서 고사리를 뜯었다. 나는 차마 무덤 위에는 올라가지 못하고 근처에서만 맴돌며 고사리를 뜯었다.

그러자 언니가 통통하게 살이 오른 고사리를 하나 들어 보이며 활짝 웃으면서 부드럽게 말했다.

"정미야, 괜찮아. 이 묘 주인도 우리가 와서 반가울 거야. 얼마나 적적했겠니. 이렇게 깊은 산속에서 찾아주는 이도 별로 없이 말이야. 이렇게 풀들이 웃자란 걸 보니 자녀들이 잘 보살피지 않은 것 같아. 산 사람이나 죽은 사람이나 사람 싫어하는 사람 없단다. 괜찮으니까 여기 와서 뜯어. 여기 고사리 많다."

언니는 내 마음을 읽어버린 걸까? 내가 머뭇거린 것을 본 것일까? 나는 그 순간 내 자신에게 부끄러워졌다. 살아 있다는 것으로 오만했던 것은 아닐까? 단지 죽은 자의 처소라는 이유로 그곳을 기피하거나 두려워할 필요는 없는 것 아닌가.

아무것도 가져가지 못하는 삶이다. 깊은 산속에 있는 무덤 속 우리의 선배들은 그 사실을 상기시켜준다.

"여기 우리 빈 몸으로 누워 있어. 생전에는 많은 것들을 가지려고 했고 욕심도 부렸지. 하지만 지금에 이르러 생각해보니 다 부질없는 것이었어. 살아 있는 순간을 마음껏 즐기라고. 인생은 축복의 시간들이야. 하고 싶은 일이 있거든 죽기 전에 해봐. 사랑하는 사람이 있으면 사랑한다고 자주 말해줘. 욕심 부리지 말고 네가 가진 것을 나누어주면 더 행복할 거야. 우리는 그렇게 하지 못했던 것이 안타까워. 하지만 죽은 후에 후회한들 무슨 소용 있을까. 인생의 후배들아! 죽기 전에, 살아 있을 때 서로 사랑하고 도와주면서 순수하고 착하게 살아가."

산새들만 가끔 찾아오는 무덤 속, 과거에 살았던 우리의 선배들은 이렇게 말하고 있지 않을까?

고사리를 뜯으면서 나는 이 무덤 속 주인이 살았을 생애는 어떠했을까 생각해보았다. 그 혹은 그녀도 누군가를 사랑하고 가정을 꾸리고 하루하루 고달픈 삶에 지치고 힘들어하면서 살았을 것이다. 우리처럼 '힘들다!' 는 탄식을 한숨과 함께 쏟아내면서 사느라 참 고단했을 것이다. 살아 있다는 것과 죽었다는 것은 백지장보다 더 얇은 차이다. 인간은 살아 있음에 오만하지 말고 순수한 마음으로 모든 존재들을 대해야 할 것이다.

지나치게 욕심 부리지 말라. 기본적인 의식주가 해결되었다면 굳이 더 많은 부를 쌓기 위해 그대 자신을 희생하지 말기 바란다. 어떤 사람은 자신의 욕심을 위해 가족을 희생시키고 더 나아가 직장 동료, 친구, 이웃을 희생시킨다. 어떤 정치인은 자신의 욕망을 채우기 위해 국민을 희생시킨다. 한창 잘나가던 사십 대 증권 투자가의 갑작스러운 죽음은 무엇을 말하는가? 성공도 욕심도 다 부질없는 일이라는 것을 증명하는 것이다.

물질적 성공에 기뻐하고 안도하는 것은 자신을 비하하는 일이다. 진정한 성공이란 것은 물질을 배제한다. 물질적으로 가진 것 하나 없어도 인간은 성공할 수 있다. 어떻게 가능한 일인가? 그것은 영적·정신적으로 성공하는 것이다. 우리는 신과 우주와 교감하고 소통하면서 인생의 지혜를 구해야 한다. 그리고 그렇게 해서 얻은 지혜로 인생을 품위 있게 살아가야 한다. 돈 한 푼 더 벌겠다고 자신의 소중한 시간을 낭비하지 말라. 그대의 시간이 곧 인생이다. 인생은 한 번뿐이고 결코 되돌릴 수 없다.

돈을 벌기 위해 꿈을 저버리지 말라. 비록 꿈을 추구하는 과정이 궁핍하고 참혹하더라도 참고 인내하라. 욕심 부리려거든 물질에 대한 욕심이 아니라 자신의 인격이 고양될 것을 욕심 부리는 건 어떨까? 자신의 지성이 향상될 것을 욕심내고 자신이 더 많은 사랑의 소유자가 될 것을 욕심 부리는 건 적극적으로 권장할 일이다.

나는 굉장히 욕심이 많은 사람이다. 어떤 욕심일까? 그것은 좋은 글을 쓰고 싶은 욕심이다. 조금 더 감동적인 글, 조금 더 유익한 글, 조금 더 심금을 울리는 글 그리고 조금이라도 독자들에게 도움이 되는 글을 쓰고 싶다는 욕심이다. 그래서 글을 쓰는 일이 힘겹다. 힘들어서 어쩔 때는 아무도 모르는 미지의 곳으로 도망치고 싶기도 하다. 그러나 이 과정이 행복한 것도 사실이다. 행복한 인생이란 이렇듯 긍정적인 욕심을 가지고 살아가는 사람에게 찾아오는 것이라고 생각한다. 모든 게 다 부질없는 삶이다. 쓸데없는 욕심으로 스스로를 괴롭히지 말고 세상을 밝히고 아름답게 할 욕심을 가지고 살아가라. 그런 욕심은 인간을 성장시키는 원동력이다. 다시는 돌아오지 못할 오늘 이 시간, 이 순간을 최선을 다해 사는 사람이 되어라. 언젠가 우리도 모두 과거의 사람이 될 것이다.

미래의 누군가 우리에게 다가와서 이렇게 묻는다면 어떻게 대답할까? "선배님, 전 지금 굉장히 고민이 많습니다. 사업이 잘되질 않네요. 빚까지 내어서 투자했는데 본전도 못 건지게 되었습니다. 그만 콱 죽어버리고 싶은 심정입니다. 선배님은 제게 어떤 조언을 해주실 건가요? 전 지금 굉장히 힘들고 괴롭습니다."

나라면 이렇게 조언해줄 것이다.

"모든 게 다 부질없다네. 쓸데없는 욕심을 버리게나. 자꾸만 채우려고만 하지 말고 이제는 그만 비워내기 위해 노력해보는 건 어떤가. 겸손하게 마음을 비우고 진짜 부자가 되어보는 거지. 진짜 부자란 물질적으로 가진 것이 많은 사람이 아니라 줄 것이 많은 사람이라네. 자네 안에 가득 사랑과 희망과 순수 그리고 긍정을 채워서 그것을 다른 사람들에게 나눠주게. 그렇게 한다면 지금 자네가 겪고 있는 고통의 절반은 줄어들 것이니까."

힘들어도 살아가라, 순수와 함께

인간은 다른 존재를 도울 때 행복을 누린다

내가 가장 존경하고 사랑하는 인생의 멘토는 불멸의 작가도 아니고, 위대한 정치가도 아니고, 유명한 사람도 아닌 우리 어머니이다. 이제는 하늘나라의 별이 된 어머니. 어머니는 나와는 다르게 굉장히 부지런했다. 피부도 굉장히 곱고 부드러웠으며 특히 눈동자가 천사처럼 맑았다. 어머니 생각만 하면 눈물이 난다. 모든 딸들이 그러하듯이 어머니는 내게 애틋함 그 자체이다.

눈물을 닦고 다시 정신을 가다듬고 어머니를 회상해본다. 너무나 부지런했던 어머니, 성실과 근면 그 자체였던 어머니, 그리고 늘 해맑은 모습의 순수한 소녀 같았던 어머니. 내가 어머니의 절반만이라도 영리하고 부지런했다면 얼마나 좋을까. 텃밭에는 계절마다 싱싱한 채소들이 자랐는데 그건 모두 어머니의 땀과 노력의 결실이었다. 특히 여름이면 꽃보다 더 아름다운 상추가 풍성하게 자랐다. 늘 물을 주고 풀을 매면서 지극 정성으로 돌본 어머니의 노력이 만들어낸 빼어난 작품이었다. 그렇게 정성 들여 키운 상추를 어머니는 아낌없이 뽑아 사람들에게 나눠주는 것을 좋아했다.

"엄마, 이렇게 많은 상추를 누구를 주려고 뽑아놓았어?"

어느 날, 커다란 비닐봉지에 가득 담긴 상추를 보고 심상치 않게 여긴 내가 묻자, 어머니는 선한 미소를 지으면서 대답했다.

"이건 병원 원장님 댁에 갖다 드릴 거란다. 간호사들이랑 같이 나눠드시라고 많이 뽑았어."

"저번에 고구마도 갖다 드렸잖아!"

그랬다. 어머니는 맛있는 게 생기면 병원에도 주고 친한 이웃들에게도 나눠주는 것을 즐겨 했다. 그것들을 내다 팔면 적지 않은 용돈이 될 텐데 어머니는 사람들에게 나누어주고 돈보다 더 값진 것을 받는 것 같았다. 그것은 바로 순수한 기쁨이었다. 그 당시의 내게는 어머니의 나눔이 이해가 되지 않았다. 한 푼이 아쉬운 어려운 살림살이인데 무조건 내주는 어머니가 이상하게 여겨졌던 것이다. 그러나 지금에 와서 생각해보니 어머니가 나눠준 상추나 고구마는 물질이 아니라 사랑의 마음이었다. 병을 치료해주는 의료진들을 향한 감사의 마음을 표현하기에 상추를, 같은 마을에 사는 이웃을 귀하게 여기는 마음을 표현하기에 고구마를 이용한 것이다. 인간은 다른 존재를 도울 때 행복을 누릴 수 있다는 것을 나는 어머니를 통해 깨달았다. 어머니는 여든이 넘어 하늘나라로 떠났지만, 평생을 소녀처럼 선하고 순수한 마음을 가졌던 분이다. 그래서 눈물겹게 그립다.

어느 날, 집에 초라한 행색의 어떤 아주머니가 왔다. 그분의 얼굴은 보랏빛 멍이 심하게 들었고 보기 흉하게 퉁퉁 부어 있었다. 알고 보니 남편이 술을 마시고 아주머니를 자주 폭행하는 사람이었다. 어머니는 그분을 우리 집에서 재워주었다. 철없던 나는 아주머니가 우리 집에서 묵는다는 사실이 약간 싫었다. 그래서 아주머니가 화장실에 간 틈에 어머니에게 투덜거렸다.

"엄마, 왜 저런 사람을 재워? 그 아저씨가 와서 해코지라도 하면 어쩌려고?"

그러자 어머니는 정색을 하면서 말했다.

"그런 마음 가지면 안 된단다. 사람이 어려운 처지면 어쨌거나 도와야지. 우리 딸은 엄마 말 잘 이해할 거야."

어머니가 장황하게 설명하거나 어려운 말로 훈계한 것도 아니었는데, 나는 그 순간 너무 부끄러워졌다.

그 후로도 아주머니는 가끔 우리 집에서 잠을 잤다. 그럴 때마다 어머니는 친절하고 따뜻하게 아주머니를 대했다. 사람을 사랑하는 것을 몸소 보여준 어머니, 항상 다른 사람을 원망하지 말고 착하게 살아가야 한다고 강조했던 어머니. 나는 지금도 어머니 생각을 하면 순수하고 선한 미소가 가장 먼저 떠오른다.

이제는 어머니가 기른 신선하고 맛있는 상추를 먹을 수가 없다. 이제 다시는 어머니와 함께 산 밑에 있던 비탈밭에서 캔 고구마를 먹을 수가 없다. 그러나 어머니가 내게 가르쳐준 순수한 사랑의 마음은 세월이 흐를수록 더 깊게 나를 감동시킨다. 사람들은 어떻게 하면 부자가 될까, 성공할까, 행복해질까를 고민한다. 어머니는 그런 고민을 하지 않았다. 다만 어떻게 하면 다른 사람들을 행복하게 만들어줄까를 고민했다. 바로 그 마음이 자신이 행복해지는 비결이라는 것을 나는 비로소 깨닫는다. 다른 존재를 도와라. 다른 존재를 기쁘게 하라. 다른 존재가 행복해지도록 노력하라. 그러면 부자가 되는 것도 성공하는 것도 그리 어렵지 않을 것이다. 그리고 세상에서 가장 행복한 사람이 될 것이다.

힘들어도 살아가라, 순수와 함께

운명은 순수하게
노력하는 자의 편이다

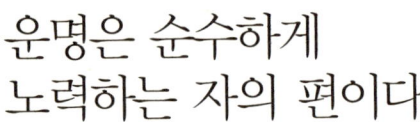

　오늘은 모처럼 외출을 했다. 나는 밖에 돌아다니기보다는 집 안에서 사색하고 공부하고 글 쓰는 것을 좋아하는 사람이다. 직업이 작가인 탓이기도 하지만 워낙 성향이 움직이는 것을 싫어한다. 하지만 생활필수품을 사거나 볼일이 있을 때는 마치 애벌레가 허물을 벗고 탈피한 것처럼 천천히 걸어 나간다. 더욱이 오늘처럼 날씨가 추운 날의 외출이란 드문 일이다. 눈발이 무섭도록 날리고 칼바람이 불었다. 볼살을 면도칼로 도려내는 것 같은 바람은 사람들에게 집 안에 있으라고 은근히 종용하는 것 같았다. 그래서인지 거리는 한산했다. 갑자기 몰려온 한파의 기세에 행인들을 찾아보기도 어려웠다. 적막한 겨울 공기만 소읍의 중심부를 가득 채우고 있었다.
　그런데 한곳에 유독 사람들이 많이 모여 있는 게 보였다. 나는 눈이 번쩍 떠졌다. 도대체 어떤 곳이기에 추위에도 아랑곳하지 않고 사람들이 모여 있는 것일까? 그곳은 바로 따끈한 호떡을 파는 곳이었다. 우리가 길거리에서 흔히 보는 포장마차형 호떡 가게 앞에 제법 많은 사람들이 모여서 추위를 녹이고 있었다.

　나도 호떡을 굉장히 좋아하는 편이어서 그곳에 줄을 서볼까 하다가 볼일이 급해서 다시 걸음을 재촉했다. 횡단보도를 건너 조금 더 걸어가니까 호떡을 팔던 또 다른 포장마차가 밧줄에 꽁꽁 묶여 있는 모습이 보였다. 가까이 다가갈수록 그것은 측은한 모습이었다.

　'어떤 이유에서 저 호떡 포장마차는 오늘 장사를 하지 않게 되었을까?'

　주인이 몸이 아파서일 수도 있고 급한 일이 생겨서일 수도 있다. 그러나 수많은 경우의 수를 제시해도 건너편에서 추위를 무릅쓰고 호떡을 만들어 파는 아주머니와 비교되지 않을 수 없었다.

　우리는 이런 이야기를 많이 듣는다. 유명 배우가 부친상에도 불구하고 촬영을 강행했다더라, 명망 있는 유명인이 시한부 인생을 선고받고도 주위에 그 사실을 비밀로 하고 자신이 할 일을 묵묵히 했다더라. 이런 비슷한 소식들을 접하면서 사람들은 "대단한 사람들이군!"이라고 말한다. 또는 "정말 지독한 사람들이야!"라고 말하기도 한다. 만일 문을 열지 않은 호떡 포장마차의 주인이 그저 오늘 날씨가 추워서 나오지 않았다면 어떨까? 그런 가정하에 본다면 똑같은 날씨에 한 사람은 나와서 호떡을 만들어 팔았고, 한 사람은 나오지 않았다. 손님의 입장에서 볼 때 추위를 무릅쓰고 호떡을 만들어서 파는 포장마차에 더 정이 가지 않을 수 없을 것이다.

　우리는 사회적으로 성공한 사람들에게서 한 가지 공통점을 발견할 수 있다. 그것은 자신이 할 일을 묵묵히 순수하게 해나가는 것이다. 날씨가 더워도 추워도, 몸이 아파도, 주위에 갑작스러운 일이 생겨도 자신이 맡은 일을 함부로 방치하지 않는다. 그것은 성실함이기도 하고 순수한 열정의 표현이기도 하다. 자신을 믿고 가게를 찾아올 손님을 위해 일 년 동안 단 하루도 문을 닫지 않은 어느 족발집 사장의 모습은 한 사람의 자영업자가 아니라 순수하고 아름다운 인간의 모습인 것이다. 우리는 그런 사람들에게 고마움을 느끼고, 다시 한 번 더 그곳을 찾아가보고 싶은 욕구를 가진다.

그대가 호떡 장사를 한다면 어떤 포장마차의 주인이 될 것인가? 날씨가 좋지 않다고, 집안에 사정이 생겼다고, 몸살이 났다고 포장마차를 열지 않는 사람이 될 것인가? 날씨가 좋지 않아도, 집안에 우환이 생겼어도, 몸이 아파도 장사를 하는 사람이 될 것인가? 운명은 순수하게 노력하는 자의 편이라는 것을 기억하라. 가난이 대물림된다고 당연하게 자신의 처지를 인정하지 말라. 사회적으로 인정받지 못함을 자신의 학벌이나 재능 탓이라고 여기지 말라. 얼마든지 가난의 사슬을 끊어낼 수 있고 재능을 넘어서는 능력을 지닐 수 있다. 그 비법은 바로 순수하게 노력하는 자세이다.

그 비법의 산증인이 여기 있다. 나는 가난한 집에서 태어났고 배움의 기회도 많이 갖지 못했다. 초가집을 아는가. 놀라지 마시기를 바란다. 나는 초가집에서 태어났다. 요즘 사람들에게 초가집이 뭐냐고 묻는다면 안다고 말할 사람이 별로 없을 것 같다. 그리고 유년 시절에 우리 집은 명절이 되어도 고기를 먹기가 힘들었다. 그 시절에는 다들 어려웠지만 어머니 혼자서 밭일, 논일, 품팔이를 하면서 가족들의 생계를 꾸려갔기에 그저 밥 안 굶고 사는 것만도 감사한 일이었다. 가난은 당연한 것처럼 여겨졌다. 도시락에는 늘 김치와 채소 반찬뿐이었다. 그러나 나는 가난한 집안을 원망하지는 않았다. 그 대신 내 꿈을 키워나갔다. 그것은 작가의 꿈이었다. 초가집에서 태어나고, 가진 것도 없고, 고학력도 아니고, 든든한 후원자도 없었던 내가 지금 이렇게 당당한 작가가 되어 있는 것을 어떻게 설명할 것인가?

나는 그 비결을 바로 순수하게 노력했던 것이라고 말하고 싶다. 힘들어도 용기를 잃지 않고 살아왔다. 포기하고 싶어도 희망을 버리지 않고 살아왔다. 그만 주저앉고 싶어도 '내일이 있으니 힘내!' 하면서 스스로를 위로하면서 살아왔다. 그리고 작가가 되기 위해 매일 글을 썼다. 컴퓨터에 글을 쓰지 않고 볼펜으로 노트에 글을 쓰던 시절에 나는 손에서 피가 나도록 글을 쓰기도 했다. 그만큼 작가가 되기 위해 노력했다. 그리고 독자의 입장에서 원하는 글이 무엇일까 생각했다. 그랬더니 가난은 서서히 물러나고 어엿한 작가가 된 것이다. 내가 글을 쓰는 이 시각은 밤 열두 시가 되어가고 있다. 누군가는 벌써 잠이 들었을 시간이지만 나는 잠보다는 글을 쓰는 것이 더 행복하다. 내게는 순수한 마음이 있기 때문이다. 내가 누군가의 글을 읽고 힘들고 어려운 시절을 헤쳐 나올 수 있었던 것처럼, 지금 어느 곳에서 힘들고 고통스러운 누군가 내 글을 읽고 희망을 되찾기를 바라기 때문이다. 이 마음이 바로 순수하게 노력하는 자의 마음이다.

사랑하는 그대! 돈을 위해 일하지 말라, 명성을 위해 일하지 말라. 순수하게 자신이 하는 일이 다른 사람들에게 도움이 되기를 바라는 마음으로 일하라. 그렇게 노력하면서 살아가면 운명은 그대의 편이 될 것이다. 운명의 여신은 그런 그대의 손을 잡아 최상의 행복과 마음의 평화가 머무는 천상의 낙원으로 이끌 것이다.

힘들어도 살아가라, 순수와 함께

희망의 노래를 불러라, 자신을 위해

언젠가 길을 걸어가는데 물웅덩이가 있는 것을 발견하지 못해서 빠진 적이 있다. 분명히 그 길은 평탄한 길의 연속이었으며 물웅덩이가 있을 만한 어떤 불길한 조짐도 보이지 않았다. 그래서 방심한 나는 발밑을 한 번도 유심히 쳐다보지 않은 채 걸었다. 그랬더니 별안간 물웅덩이와 맞닥뜨리게 된 것이다.

인생길도 이와 같지 않은가. 별일 없이 평화로울 때 우리는 방심한다. 다시는 불행한 일이 찾아오지 않을 것 같기 때문이다. 그러나 불행은 행복과 단짝이라는 사실을 간과하지 말아야 할 것이다. 불행과 행복은 너무 친해서 한쪽이 혼자 오래 있는 것을 참지 않는다. 행복이 조금만 혼자 있어도 불행은 어느새 행복의 곁에 와서 웃고 있고, 불행이 혼자 너무 오래 있었다 싶으면 행복이 천천히 찾아온다. 그러므로 우리는 행복할 때나 불행할 때나 스스로를 지킬 수 있는 자신만의 비밀 병기가 있어야 한다.

여기 가장 쉽고도 효과가 빠른 방법이 하나 있다. 그것은 바로 자기 자신을 위한 희망의 노래를 부르는 것이다. 사람들은 기분이 좋으면 자신도 모르게 흥얼거리면서 노래를 부른다. 기분이 좋으면 저절로 노래가 나오는 것이 보통 사람들이다. 그렇다면 기분이 나쁘고 힘들고 우울할 때는 어떠한가. 노래는커녕 한숨만 연방 나올 것이다. 깊은 한숨을 내쉬고 나면 더 힘이 들고 우울해진다. 그리고 곁에서 한숨 소리를 듣는 사람도 기분이 좋을 리 없다. 인생의 물웅덩이가 우리를 놀라게 하기 전에 우리는 자신을 위로하고 지켜줄 노래를 불러야 한다.

노래를 부른다는 것, 참 쉽고도 간편한 방법이다. 그렇지만 어떤 사람에게는 어려운 일일 수도 있다. 하지만 걱정하지 않아도 된다. 여기에서 내가 말하는 노래는 굳이 가사를 몰라도 멜로디를 완벽하게 몰라도 되는 노래이다. 세상에서 하나뿐인 노래여도 좋고 난생처음 듣는 노래여도 좋다. 가사 없이 흥얼거리기만 해도 좋다. 자기 자신을 위한 희망의 노래는, 노래방이나 사람들 앞에서 부르는 노래처럼 목을 가다듬고 음정과 박자에 신경 쓰면서 부르는 노래가 아니기 때문이다. 스스로를 위로하고 용기를 북돋아주는 희망의 노래란 어떤 노래일까?

그대가 우울할 때 갑자기 기뻐질 수는 없을 것이다. 그러나 희망의 노래를 부르면 서서히 기분이 좋아질 수는 있다. 그리고 그 희망의 기운은 그대의 평생을 지배하게 될 수 있다. 희망의 노래는 마음으로 부르는 노래이다. 미래에 대한 즐거운 상상을 하면서 마음이 가는 대로 흥얼거리다보면 입속에서 저절로 노래가 나오게 된다.

오늘의 걱정거리가 인생의 전부가 아니다. 오늘 도저히 가망이 없어 보이는 처지에 놓여 있더라도 시름에 젖지 말고 희망을 가져라. 고개를 들고 미래를 바라보라. 그리고 밝게 웃어라. 자신감을 가지고 성공한 미래의 모습을 그려보아라. 나는 가끔 스스로에게 최면을 건다. 이 최면의 효과는 상당하다. 비극으로 마무리 지었어도 전혀 이상할 것 없는 세월을 살아온 나이지만, 긍정적 측면, 즉 희망의 노래를 불렀기에 누구에게도 부끄럽지 않은 보람찬 삶을 가꾸어나가고 있다. 누구나 처음에는 벌거숭이였다. 그리고 누구든 마지막에는 벌거숭이이다. 그러니 다른 사람과 자신을 비교하는 데 시간을 낭비하지 말고, 아직 계발하지 못한 자신의 능력을 찾아내어 백 퍼센트 발휘하기 위해 노력하라.

지금 현실이 어렵다면 더 자주 희망의 노래를 불러야 한다. 희망의 노래란 미래에 대한 긍정적인 다짐이기도 하다. 그리고 과거에 대한 확실한 반성이기도 하다. 과거의 잘못은 현재의 자신에게 무엇인가를 시사해주고 있다는 사실을 아는가. 자신의 인생 전반에 걸친 진지한 고찰이야말로 희망의 노래를 부르기 위한 필수적 행동이 아닐까 싶다. 현명한 인간은 자신의 불행을 남의 탓으로 돌리지 않는다. 현명한 인간은 순수한 인간이기 때문에 순수하게 모든 일들을 바라본다. 불행도 고통도 모두 자신으로부터 비롯되었으며, 결국 그것을 타개할 장본인도 자기 자신임을 알아야 한다. 순수한 마음을 가진 사람은 매일 희망의 노래를 부를 것이다. 왜냐하면 다른 사람을 의심할 일도 없고, 다른 사람에게 원망을 퍼부을 생각도 없기 때문이다.

우리는 순수한 마음과 영혼으로 희망의 노래를 부르면서 살아가야 한다. 세상이 모두 순수하지 못한 것들에 의해 점령되어 엉망이 되어도 그대는 순수한 의지를 버리지 말기 바란다. 순수하게 자신의 미래가 행복해질 것을 믿으면서 살아가라. 누구도 원망하지 말고, 서운해하지도 말고, 미워하지도 말고 살아가라. 나는 지금 누구도 원망하지 않는다. 심지어 운명조차도 원망하지 않는다. 나는 지금 누구도 미워하지 않는다. 심지어 내 인생을 망친 원수조차도 용서했다. 나는 지금 누구에게도 서운한 감정을 가지지 않는다. 그것이 결국 모두를 위한 상생의 길임을 아는 까닭이다. 그대도 그렇게 살아라.

사랑하는 그대! 힘들면 힘들수록 노래를 불러야 한다. 기분이 가라앉을수록 더 크게 노래를 불러야 한다. 자신을 위한 진군의 나팔은 자신이 불어주어야 함을 명심하라. 다른 사람에게 의존하지도 말고, 가능성이 희박한 행운에 기대하지도 말라. 맹목적으로 복권을 사는 일을 멈춰라. 행운의 복권은 우리 자신에게 있다. 그것을 돈 주고 살 필요는 없다. 우리 마음속에 보물이 가득하다는 것을 기억하라. 오직 스스로의 힘으로 난관을 이겨내는 사람이 현명하고 순수한 사람이다. 우리의 고통은 우리의 힘으로 치유할 수 있다.

어릴 적에 나는 허공을 바라보거나 나뭇가지를 바라보면서 혼자 작사, 작곡을 하는 놀이를 즐겨 했다. 지금부터 희망의 노래를 불러볼까 한다. 그대가 힘겨운 일이 있거든 이 노래를 기억해두었다가 불러보기 바란다.

"♬♬♬ 몰랐었어, 산다는 게 이렇게 힘들다는 것을. 하루하루 산다는 게 죽는 것보다 더 고통스럽다는 것을 왜 신께서는 내게 미리 알려주지 않았을까. 원망하고 원망해보았지. 왜 날 이렇게 만들어준 것인지 운명의 여신에게도 비난의 화살을 돌려보았지. 그러나 다른 사람을 원망했더니 더 많은 고통이 내게로 왔어. 나는 오랜 세월이 흐른 후에야 하나의 큰 진리를 깨달았어. 내 인생의 주인공은 나라는 것을, 내 인생의 책임자도 나라는 것을, 내 인생의 감독도 나라는 것을. 그래서 그 누구도 원망하거나 미워하지 않기로 했지. 그랬더니 순수한 마음으로 돌아가게 되었어. 사람들을 사랑하는 일이 참 쉬워졌어. 원망하지 않았더니 문제를 해결할 지혜가 생겨났어. 그래, 맞아. 내 인생의 주인공은 나야. 내 삶을 책임질 사람도 나야. 현재의 나는 과거의 내가 만들었고, 미래의 나는 현재의 내가 만들 거야."

"♬♬♬ 몰랐었어, 산다는 게 이렇게 행복하다는 것을. 하루하루 산다는 게 천국에 오른 것처럼 행복하다는 것을 왜 신께서는 이제야 내게 가르쳐주신 걸까. 감사하고 또 감사해. 지금의 나를 만들어주신 운명의 여신께 감사의 기도를 올려. 그랬더니 더 많은 기쁨과 행복이 내게로 몰려오네. 날마다 새로운 기쁨이 솟아나서 환희의 물결이 출렁이네. 나는 오랜 세월이 흐른 후에야 하나의 큰 진리를 깨달았어. 내 인생의 주인공은 나라는 것을, 내 인생의 책임자도 결국 나라는 것을, 내 인생의 감독도 나라는 것을. 그래서 날마다 모든 존재에게 감사하고 사랑한다고 말하기로 했지. 그랬더니 순수한 마음으로 돌아가게 되었어. 사람들을 사랑하고 좋아하는 일이 습관이 되었어. 감사하고 사랑했더니 모든 문제가 사라졌어. 그래, 맞아. 내 인생의 주인공은 나야. 내 삶을 책임질 사람도 나야. 현재의 나는 과거의 내가 만들었고, 미래의 나는 현재의 내가 만들 거야. 나는 날마다 감사하고 사랑하면서 행복하게 살아갈 거야. 그래서 오늘 이 소중한 시간을 고민하거나 걱정하면서 허비하지 않을 거야. 그 대신 살아 있다는 것만으로도 감사하고 행복해할 거야. 미래는 그런 나를 원해. 긍정적이고 감사할 줄 알고 사랑이 가득한 지금의 나를."

힘들어도 살아가라, 순수와 함께

부정적인 생각을 떨쳐내라

지금부터 그대에게 특히 도움이 될 말을 하고자 한다. 현자를 만나거나 책을 읽거나 우리는 특히 주의해서 읽거나 들어야 할 시기가 있다. 바로 지금이 그 시점이다. 그대의 인생에 아주 중요한 영향을 끼칠 지혜를 나는 말하고자 한다. 그대가 아래의 사실을 늘 기억하면서 자신의 마음을 수련하고 살아간다면 인간관계가 호전됨은 물론이고, 꿈을 이루고 성공적인 인생을 사는 데 큰 도움을 받을 수 있을 것이다. 그것은 바로 인간의 특성에 관한 진리이다. 그리고 그 진리에 대처할 우리의 올바른 대응법이다. 자, 그럼 함께 그 진리를 알아보자.

불멸의 진리, 인간은 타고난 기질이 있다. 다른 말로 표현하자면 인간은 고유한 성격을 지니고 태어났다. 이것을 유전자의 영향이라고 하거나, 별자리 탓이라고 하거나, 운명 때문이라고 하거나 모두 같은 말이다. 인간은 각자 자신만의 특별한 성질을 지니고 있는 것이다. 우리는 살아가면서 그런 특징에 대해 가슴 저리게 깨닫게 된다. 주변 사람들을 보라. 어떤 사람은 성격이 무던하고, 어떤 사람은 불같이 쉽게 화를 낸다. 또한 긍정적으로 생각하는 것이 그리 어렵지 않은 사람이 있고, 매사를 부정적으로만 생각하는 사람도 있다. 그런 타고난 기질 때문에 자신의 운명을 망치는 경우가 많다는 것을 아는가. 천성을 고칠 수 있다는 사실을 알았더라면, 보다 많은 이들이 운명을 원망하면서 절망하지는 않았을 것이다. 인간의 기질을 바꿀 수 있다는 것은 신이 인간에게 준 축복 중 하나이다.

나 역시 타고난 기질이 있다. 그중 가장 심각하게 고민되었던 것을 고백할까 한다. 나는 내숭이 없는 작가이다. 그대를 위해 나는 내 치부를 열어 보일 수 있다. 나는 완벽한 인간이 아니다. 많이 부족한 사람이고, 지금도 여전히 진화 중인 사람이다. 내가 가진 성격적 결함에 대해 나는 아주 잘 자각했다. 그것은 나 자신이 느끼기에도 지나칠 정도로 부정적인 생각에 집착하는 것이었다. 성격 자체는 유순한 듯 보이지만, 한 가지 부정적인 생각에 사로잡히면 어둡고 축축한 생각의 늪에서 좀처럼 헤어나오지를 못했다. 그래서 너무 힘들었다.

지금도 완벽하게 그 성격을 고치지는 못했지만 예전에 비하면 훨씬 더 긍정적으로 생각하는 횟수가 많아졌다. 그것을 가능하게 한 것은 무엇일까? 첫째, 나 자신이 부정적인 생각에 자주 사로잡힌다는 사실을 인정했고, 둘째, 부정적인 생각이 주는 심각한 폐해를 가슴 깊이 깨달았다. 그런 후에 끊임없이 마음을 단련했다. 인간은 누구나 타고난 기질이 있고, 잘못 타고난 기질로 괴로워한다. 그렇지만 자신이 가진 좋지 않은 기질을 인지하고 긍정적인 성격으로 바꾸기 위해 노력하기 시작하면 못 고칠 습관이나 성격은 없다고 본다. 내가 그러했듯이 여러분에게도 자신을 **바꿀 기회는 아직 충분하다.**

신은 우리에게 기회를 주었다. 자신을 변화시킬 수 있는 기회를 누구에게나 공평하게 준 것이다. 잘못된 것이 있으면 위험을 무릅쓰고라도 바꿔야 한다. 고칠 곳이 있는데 방치한다는 것은 스스로를 파멸하는 일이다. 사회적 통념이나 윤리에 어긋나는 기질이 있는가? 바꿔라. 자신의 가치관이나 이상적 인간과 대립되는 성질이 내재되어 있는가? 지금이라도 바꿔라. 바꾸기만 하면 자신의 인생이 활짝 필 것 같은 문제점이 있는가? 두려워하지 말고 문제점에 대한 해결책을 찾아라. 우리는 안정된 테두리 안에서 생활하는 것에 익숙하다. 그러나 그 안정된 테두리가 우리 자신을 옥죄는 올가미가 된다면 과감하게 벗어던져야 할 것이다. 우리가 바꿔야 할 가장 중요한 기질은 바로 생각하는 방향이다. 어떻게 생각하고 있는지 자신을 유심히 관찰해보라. 부정적인 생각으로 스스로를 학대하고 있지는 않은가? 그렇다면 그대는 부정적인 생각을 일삼는 생각의 씨앗을 뿌리 뽑아야 할 것이다. 즉, 부정적인 생각을 떨쳐내는 결단력을 가져야 한다.

내가 이토록 부정적인 생각과의 단절을 그대에게 요구하는 것은 그만큼 중대한 일이기 때문이다. 부정적 생각의 노예로 전락한 채 살아갈 때, 어떤 환경에 있든지 결코 행복할 수 없다는 것을 명심해야 한다. 그러므로 우리는 부정적인 생각을 떨쳐낼 과감성을 키워야 한다. 악마의 속삭임보다 더 달콤한 부정적인 생각들의 귓속말에 속아 넘어가지 말라. 지혜로운 자는 생각의 방향을 긍정적이고 희망적인 쪽으로 이끌어갈 줄 안다. 하지만 어리석은 자는 긍정적인 상황에서도 부정적인 생각을 하면서 삶을 어렵게 만든다. 부정적인 생각이란 무엇인가? 우리의 인생을 꼬이게 만들고 괴롭게 만드는 주범이다. 부정적인 생각을 뿌리 뽑고 떨쳐내지 않는다면 어떤 성공도 이룰 수 없다.

그렇다면 부정적인 생각을 떨쳐낼 수 있는 방법은 무엇일까? 그 비밀의 열쇠는 바로 순수한 사랑이다. 자신을 순수하게 사랑하고, 타인을 순수하게 사랑하고, 자신의 인생을 순수하게 사랑하는 사람은 결코 부정적인 생각에 빠지지 않는다. 나는 순수한 사람이 좋다. 그대도 그렇지 아니한가? 순수하고 맑은 영혼을 지닌 사람과 함께한다는 것은 생각만 해도 가슴이 환해지고 행복해지는 느낌이 든다. 순수한 사람은 부정적으로 다른 사람을 바라보지 않는다. 순수한 사람은 부정적인 태도로 삶을 비관하지 않는다. 순수한 사람은 부정적인 마음으로 자신을 비하하지 않는다. 순수한 사람은 순수하게 사랑할 줄 알고, 순수하게 이해할 줄 알며, 순수하게 용서할 줄 안다. 순수한 사랑은 바로 순수한 사람에게 신이 허락한 사랑이라는 것을 기억하라.

어쩌면 오늘도 그대는 부정적인 생각의 공격을 받았을지 모른다. 미래에 대한 불안, 현재에 대한 불만, 과거에 대한 후회 등. 부정적인 생각으로 고통받았던 기억은 누구에게나 있다. 아련한 첫사랑의 기억보다도 더 치명적인 기억이 부정적인 생각으로 괴로워했던 기억일 수 있다. 그것은 인간이기에 당연한 일이다. 그렇다고 해서 앞으로도 계속 부정적인 생각으로 고통받으면서 살아가야 하는 것은 아니지 않은가. 그대는 행복해질 권리가 있고 즐거운 생각, 긍정적인 생각, 희망적이고 밝은 생각을 하면서 살아갈 수 있는 존재이다. 그렇지 않은가? 정말 그렇게 걱정 없고 근심 없이 행복한 인생을 살고 싶지 않은가? 그렇다면 지금부터라도 순수한 사랑을 갈구하라.

부정적인 생각의 반대말은 긍정적인 생각이 아니다. 부정적인 생각과

맞설 대항마는 긍정적인 생각이 아니라 바로 순수한 사랑이다. 순수하다는 것은 모든 부정적인 것들을 포용하는 넓은 사랑을 의미하기 때문이다. 그대의 인생을 순수한 사랑으로 가득 채워라. 그렇게 하면 부정적인 생각이 뿌리째 뽑혀 나갈 것이다. 가장 손쉽게 부정적인 생각과 결별하는 방법은 순수한 사랑을 하며 세상을 너그럽게 살아가는 것이다.

힘들어도 살아가라, 순수와 함께

눈물이 흐를 만큼 힘들거든 현명하게 울어라

　나는 울보였다. 지금도 가끔 눈물을 흘린다. 그러나 이제는 턱없이 울지는 않는다. 무턱대고 눈물을 흘리지는 않는다. 울더라도 현 상황에 대한 비관적인 판단은 자제할 줄 알게 된 것이다. 지난 시절에 나는 너무도 잘 우는 사람이었다. 조금만 힘든 일이 있어도 울었다. 우는 것도 습관이 되었다. 자주 울다 보니 자꾸만 눈물이 고였다. 그러면 그럴수록 삶은 힘들어졌다. 신기하게도 비애에 젖은 일이 잦을수록 슬픔도 더욱 짙어졌다. 물론 다른 사람 눈에 띄지 않는 곳에서 엉엉 소리 내어 울었지만, 그 울음 속에는 세상에 대한 원망과 분노가 분명히 포함되어 있었다. 그래서 울고 나면 영 개운하지 않았다. 개운하기는 고사하고 가슴이 답답하기까지 했다. 그리고 적개심과 적의만 가득 차올랐다.

　그 당시에 내가 흘렸던 눈물은 어떤 눈물이었을까? 지금 되돌아보면 그 시절에 내가 흘린 눈물은 자신을 오히려 곤궁에 처하게 하는 눈물이었음을 알 수 있다. 눈물은 인간을 정화하는 최후의 보루가 되어줄 수 있는 순수의 매개체이다. 그러나 눈물을 흘리면서 어떤 생각을 하는가에 따라 그 눈물이 오히려 독이 될 수도 있다. 기억하라. 눈물 속에 무엇이 포함되어 있느냐에 따라 우리의 미래가 달라질 수 있다.

눈물이 흐를 만큼 힘든 일이 있는가? 가장이라는 책임감 때문에 이러지도 저러지도 못하고 일상의 굴레에 갇힌 채 살아가고 있지는 않는가? 다른 사람들의 기대에 미치지 못해 자신의 능력에 대한 회의를 품고 괴로워하지는 않는가? 죽고 싶지만 죽는 것조차 마음대로 되지 않는다고 신을 원망하고 있지는 않는가? 사람들은 저마다 이렇게 괴로워한다. 보이지 않게 눈물을 흘리면서 겉으로는 괜찮은 척 연기하느라 진을 빼기도 한다. 눈물이 흐를 만큼 힘들거든 울어라. 울고 싶으면 울어야 한다. 대신 한 가지 약속을 하자. 그대가 흘리는 눈물 속에 이것만큼은 포함시키지 말라. 그것은 바로 분노와 원망이다. 그것을 세상에 대한 적의라고 하자.

울보였던 내가 이제는 울 수밖에 없는 모든 이들을 위해 위로를 건네게 되었다. 이것이 가능하게 된 까닭을 아는가. 예전에 나는 무작정 현실을 원망하면서 울기만 하는 바보였다. 하지만 이제는 눈물을 흘리더라도 현실에 대한 감사를 잊지 않는다. 비록 내가 처한 현실이 비루하고 보잘것없어도 나를 낳아준 부모와 나를 존재하게 해준 우주의 신에게 진심으로 감사하는 것, 이것이 진정으로 눈물의 참의미를 아는 사람이다. 그리고 세상에 대한 적의를 버리게 될 때 인간은 비로소 마음의 평화에 도달하게 된다. 그래서 눈물을 흘리는 상황에 처해도 인생을 낙관적으로 바라볼 수 있게 된다. 세상에 대한 원망은 부메랑이 되어 자신에게 돌아온다. 타인을 미워하는 것이 자신을 해치는 가장 날카로운 날이 되듯이, 세상에 대한 적의는 인간을 근원적인 부분까지 망치는 지름길이다. 세상에 대한 적의를 버려라.

요즘도 나는 가끔 운다. 여전히 울보 기운이 남아 있는 것인지, 나는 눈물에 약하다. 그런데 예전에 흘리던 눈물과 요즘 흘리는 눈물은 뭔가 다르다. 그것은 무엇이라고 표현해야 할까? 예전에 무작정 울던 때는 울고 나면 기운이 축 처지고 호흡이 잦아들고 맥이 없어졌다면, 요즘에는 울고 나면 마음이 차분해지고 새로운 지혜가 얻어진다. 이 현상을 나는 울어도 현명하게 우는 자가 얻을 수 있는 인생의 선물이라고 말하고자 한다. 울어도 현명하게 울어라. 무작정 현실의 어려움을 한탄하면서 눈물을 흘리는 것은 아무런 도움이 되지 않는다. 그 대신 마음을 차분히 가라앉히고 현재 자신의 처지에 대한 감사를 하면서 맑고 순수한 눈물을 흘린다면 내일을 살아갈 새로운 힘과 지혜를 얻을 수 있게 될 것이다.

힘든가, 외로운가, 슬픈가, 울고 싶은가? 울고 싶거든 울어라. 대신 반드시 세상에 대한 감사의 눈물을 흘리면서 울어라. 세상에 대한 적의는 이제 그대의 사전에서 지워라. 나는 아무리 어려워도 절망하지 않기로 했다. 힘든 일이 생길 때마다 여전히 나는 울지만, 내가 흘리는 눈물 속에는 앞으로 더 힘차게 살아가고자 하는 의지가 포함되어 있다. 그대의 인생에도 눈물 흘리고 싶을 만큼 힘든 일이 많이 일어날 것이다. 인생이란 으레 그런 것이기 때문이다. 그렇더라도 실망하지 말라. 힘든 일은 보편적으로 일어나는 일이다. 용기를 가지고 인내하면서 역경을 이겨나가라. 눈물 나게 힘들더라도 결코 나약함에 물들지 말라. 살겠다는 강인한 의지를 가지고 울어라. 그러면 그대가 흘린 눈물의 힘이 다시 그대를 일으켜 세워줄 것이다.

힘들어도 살아가라, 순수와 함께

외로워도
살아가라

사랑하는 그대여, 지금 나는 너무나 외롭다. 그대는 어떠한가? 그대도 가끔은 너무나 외로워서 치를 떨어본 적이 있는가? 그대도 때로는 너무나 외로워서 혼자 울어본 적이 있는가? 가족이 곁에 있어도, 친구가 함께 있어도 외롭고 쓸쓸한 심정을 주체하지 못해 몸서리친 적은 없는가? 나는 너무 외롭고 고독한 사람이었다. 그리고 지금도 외롭고 고독한 감정을 자주 느낀다. 그래서 그대의 외로움과 고독함, 쓸쓸함을 모두 공감할 수 있다. 얼마나 외로운가, 그대. 얼마나 쓸쓸한가, 그대. 얼마나 고독하고 힘든가, 그대. 그대가 곁에 있다면 나는 그대를 서로의 온기가 느껴질 만큼 진하게 껴안아주고 싶다. 우리는 너무나 외로운 존재들이다. 가엾고 서글픈 존재들이다. 한시적인 삶을 살아갈 수밖에 없는 찰나의 생명들이기 때문이다.

산다는 것은 외롭다는 것이다. 살아 있다는 것은 천형처럼 주어진 죽음보다 깊은 고독을 견뎌낸다는 의미이다. 나도 가족이 있고 친구가 있고 걱정해주는 수많은 이들이 있지만 외롭다. 그러나 이제 지나친 외로움으로 아파하지는 않는다. 내 외로움은 이제 세월의 날에 그만 무뎌진 것일까? 아니다. 외로움은 숙명처럼 인간에게 내재되어 있다. 그 외로움을 어떻게 견뎌내고 이겨내는가에 따라 우리는 삶의 질을 향상시킬 수 있는 것이다.

사랑하는 그대, 나는 그대를 사랑하는 그대라고 마구 부르고 싶다.

"사랑하는 그대!"

이렇게 부르니 왠지 눈물이 날 것만 같다. 가슴이 먹먹하고 애틋하다. 나처럼 외로운 그대, 나처럼 고독하고 쓸쓸한 그대를 생각하니 심장이 파르르 떨린다. 마음이 시리고 아프다. 우리는 왜 이렇게도 외로울까? 혼자 있어서 외롭다는 것은 편견이다. 둘이서 사는 사람도 외롭고, 넷이 사는 사람도 외롭고, 대가족과 함께 사는 사람도 외롭다. 심지어 군중 속을 걸어가면서도 우리는 외롭다. 그 까닭을 한번 생각해보자. 우리가 외로운 까닭, 우리가 이처럼 쓸쓸함에 가슴이 아린 이유는 무엇일까? 그것은 아마 내 마음을 온전히 열어 보여줄 사람이 없기 때문이 아닐까 싶다. 아무리 가족이라도 내 마음의 전부를 보여주기는 어려운 일이다. 부모와 자식 간에도 서로 비밀이 있고, 부부나 친구 사이에도 말 못 할 사연이 있다. 그래서 인간은 외로울 수밖에 없다.

외로울 수밖에 없고 고독할 수밖에 없는 존재로 살아가는 일이 어찌 힘들지 않기를 바라겠는가. 그 어떤 치료제도 근본적인 인간의 외로움을 치유해줄 수는 없다. 그렇지만 다행히도 우리는 외로움을 줄이고 살 수는 있다. 그 방법은 왜 우리가 외로운지를 이해하고 거기에 맞는 대처를 하면 되는 것이다. 위에서 말했듯이 인간이 이토록 외로운 까닭은 내 마음을 온전히 열어 보여줄 사람이 없기 때문이다. 숨 쉴 수 없을 만큼 절망적일 때 자신의 마음을 알아줄 단 한 사람이 없어서 자살하는 사람이 숱하다. 단 한 사람이라도 그 사람의 마음을 알아주고 공감해주었더라면 자살이라는 극단의 선택을 하지 않았을 경우가 너무나 많다. 그렇다면 우리의 마음을 온전히 알아줄 그 누구를 어떻게 구할 수 있단 말인가?

사람들은 병의 원인을 외부의 탓으로 돌리는 것에 익숙하다. 감기에 걸리면 다른 사람이 감기 바이러스를 옮겨서 걸렸다고 쉽게 말하고, 화병에 걸리면 자신을 분노케 한 타인에 대해 원망의 마음을 갖는다. 외로움도 마찬가지이다. 엄밀히 말하면 외로움은 마음의 병이다. 이 병의 원인을 외부에서 찾는다면 어떻게 될까? 자신의 환경이 외로움을 조장한다고 믿는다면, 그 환경을 개선하기 전까지는 외로움의 고통으로부터 벗어날 수 없을 것이다. 자신의 주변 사람들 때문에 외롭다고 생각한다면, 예를 들어 부모, 형제, 친구, 친척 등이 너무 무심하게 굴어서 현재의 자신이 외로움으로 힘겹다고 여긴다면, 그대는 그들이 변화되기 전까지는 결코 외로움의 굴레를 벗어나지 못하게 될 것이다. 그러므로 외로움의 원인을 외부가 아니라 내부에서 찾아야 한다. 만일 어느 날 그대가 문득 사무치게 외롭거든 자신의 마음속을 응시하라. 외로움의 원인은 바로 우리 자신이다.

혼자 밥을 먹는 일에 대해 어떻게 생각하는가? 매일 혼자 밥을 먹고 혼자 잠에서 깨어나는 사람들이 늘어나는 추세이다. 가족들과 함께 생활하면서 사는 사람도 밥을 먹는 행위는 결국 자신이 해내야 하는 일이며, 잠을 자는 것 역시 자신이 아니면 누군가 대신 해줄 수는 없는 일이다. 그래서 누구나 혼자라고 말하는 것은 다분히 과장된 표현이 아닌 것이다. 우리는 누구나 혼자이다. 하지만 영원히 외로워야 하는 것은 아니다.

그대가 정말 외롭고 힘든 시기가 오면 우선 자신을 응시하고 다독여야 한다. 주위에 하소연하는 것은 아무런 도움이 되지 않는다. 외로움은 타인이 해결해줄 수 있는 범주에 속하지 않음을 명심하라. 우리는 스스로의 힘과 의지로 외로움을 줄여나가야 한다. 자신을 다독이고 위로와 용기를 주어라. 왜 외로워하는가? 내면의 울먹임을 귀 기울여 들어라. 그래서 음악이 듣고 싶다면 멋진 음악회에 자신을 데려가주고, 영화가 보고 싶다면 극장에도 자신을 데려가주어라. 여행을 가고 싶다는 내면의 요구가 있다면 모든 일을 제쳐두고 훌쩍 여행을 떠나라. 그렇게 하면 외로움이 절망이 되지는 않는다. 외로움 때문에 삶을 포기하고 싶다는 생각 역시 들지 않을 것이다.

외로워도 살아가야 한다. 나는 정말 외로운 사람인데 왜 살아가고 있을까? 여기에서 우리는 한 가지 의문점을 지닐 수 있다. 외로운데 왜 사람들은 살아가고 있지? 외롭다는 것은 거의 죽음에 근접한 고통이라고들 하던데. 그렇다. 외롭다는 것은 죽음을 부르는 좌절의 신호일 수도 있다. 그러나 모든 것은 생각하기 나름이다. 외로움을 긍정적으로 이용해서 어떤 사람들은 자신의 인생을 오히려 풍요롭고 행복하게 만들어간다. 나 역시 그러하다. 외로운 사람이지만 오늘도 힘차게 살아간다. 그리고 씩씩하게 할 일을 한다. 이유는 간단하다. 외롭지만 해야 할 일이 있기 때문이다.

외로움을 극복할 수 있는 최고의 비법이 이제 나왔다. 그것은 바로 자신이 해야 할 일을 하는 것이다. 그대는 어떤 일을 해야 할 사람인가? 어떤 일을 할 때 외로움을 잊을 수 있을 만큼 몰입하는가? 자신이 해야 할 일을 알고 그 일에 최선을 다할 때 인간은 외로움으로부터 멀어질 수 있다. 그 사실을 기억하라. 외롭다고 한탄만 하고 있다고 해서 외로움이 반감되거나 사라지지 않는다. 외롭다는 것은 다분히 자의적인 해석일 수 있다. 자신은 외롭고 고독한데 다른 사람이 보기에는 전혀 외롭지 않아 보이는 것이 그런 예일 것이다. 그렇다면 외로움이라는 것은 생각의 농간일 가능성이 농후하다. 생각은 인간을 희롱하기도 하고, 한없이 지적인 존재로 만들기도 하는 오묘한 것이 아닌가. 생각이 인간을 희롱하는 가장 대표적인 예가 바로 외로움으로 고통받게 만드는 것이다. '외롭다', '쓸쓸하다'를 되뇌면 되뇔수록 더 외롭고 쓸쓸해진다. 그렇게 자신을 괴롭게 하기보다는 그 시간을 이용해 자신이 해야 할 일을 하라. 외로움은 해야 할 일을 하지 않을 때 찾아오는 생각의 희롱이라고 볼 수 있다.

그대 자신이 해야 할 일을 하라. 그것이 외로움으로부터 벗어나는 첩경이다. 영원할 것 같은 삶이지만 언젠가는 모두 끝을 맞이한다. 우리의 인생이 끝나기 전에 꼭 해야 할 일을 하지 않았다면 얼마나 비통할 것인가. 그러므로 그대는 지금 외로워도 자신을 놓치는 실수를 하지는 말아야 한다. 외롭다는 것이 인생의 실패자라는 증거가 될 수는 없다. 외로운 것은 인간의 숙명이다. 모두가 외롭고 쓸쓸한 운명을 지니고 태어났다. 하지만 해야 할 일을 하는 사람에게 외로움은 더 이상 고통의 발원지가 아니다. 자신이 아니면 그 누구도 대신할 수 없는 일이 있을 것이다. 그 일을 하라. 그 일을 즐겁게 하라. 그 일에 몰두하라. 그 일에 순수한 열정을 바쳐라. '외로워도 살아가야지.' 하고 굳게 마음을 다잡아라.

어둠 속에서 바람에 창문만 흔들려도 심장이 쿵 하고 내려앉는 외로운 사람들이 어디 한둘인가. 낙엽만 굴러가도 눈시울이 젖어드는 쓸쓸한 사람이 어디 한둘인가. 그래도 살아가야 하는 것이 인생이니까 외로워도 살아가자. 우리가 할 일을 순수한 자세로 묵묵히 해내면 외로움은 삶의 작은 소요일 뿐이라는 것을 알게 될 것이다. 자신의 고통만 들여다보면 고통은 점점 더 커질 뿐이다. 그러므로 우리는 자신의 외로움만 헤아리기보다는 다른 사람들의 외로움에 눈길을 돌려 그들에게 손을 내미는 따뜻한 사람이 되기를 원해야 한다. 바로 그런 태도가 외로움에 대처하는 가장 지혜로운 자의 선택이다.

힘들어도 살아가라, 순수와 함께

억울해도
살아가라

사람도 많고, 자동차도 많고, 사건·사고도 많이 일어나는 이 지구상에서 살아가다 보면 헉하는 억울한 일이 생긴다. '아니, 세상에 이럴 수가!' 하는 말도 안 되는 억울한 일이 생긴다. 하지도 않은 일을 했다고 하고, 한 일을 안 했다고 누군가 바득바득 우긴다면 얼마나 속이 터질 일인가. 게다가 그런 일이 경제적인 손해로까지 이어지고, 심지어 명예를 훼손하기까지 한다면 정말 딱 죽고 싶은 심정이 되는 것이다. 나 역시 이런 억울한 일을 당해본 사람이다. 정말 살다 보니 별일도 다 있었다. 꿈에도 그런 일이 일어나리라고는 생각도 못 해본 일이 생긴 것이다. 하지도 않은 일을 했다고 거짓말을 하는 사람에게 지독하게 괴롭힘을 당했었다. 그 괴롭힘은 무려 수년 동안 끈질기게 지속되었다. 내게 누명을 씌운 사람은 시간이 갈수록 더 지독하게 나를 괴롭혔다. 말도 안 되는 상황이 펼쳐진 것이다. 도저히 상식적으로 이해 불가능한 일이 벌어졌다. 전혀 만난 적도 없는 상대방으로부터 그런 일을 당했으니 내 심정이 오죽했겠는가. 그렇다면 나는 어떻게 대처했을까?

억울한 일을 당하면 감정이 소진되기 쉽다. 심장은 벌렁거리고 밤에 잠도 잘 오지 않는다. 너무 억울한 나머지 자살을 생각하는 사람도 있고, 모든 것을 버리고 깊은 산속이나 무인도에 은둔하고 싶다는 사람도 있다. 실제로 그것을 감행한 사람도 있다. 나에게도 억울한 일은 생겼었다. 누구에게나 억울한 일은 생기기 마련이다. 그러니 자신의 억울함을 특별하다고 여기지 마라. 억울하다고 해서 자신만 불행의 늪에 빠졌다는 자조를 해서도 안 된다. 오히려 자신을 억울하게 만든 사람을 불쌍하게 여겨라. 왜 불쌍하게 여겨야 할까? 그 사람은 자신의 인생을 살지 못하고 타인을 향한 부당한 분노에 사로잡힌 채 살아간다. 또한 어떻게 하면 자신의 죄가 들통 나지 않을까를 염려하며 상대방의 일거수일투족에 촉각을 곤두세우고 있다. 즉, 자신의 인생을 꽃피우지 못한 채 삶을 낭비하고 있는 것이다. 한마디로 그는 가해자가 아니라 불쌍하게 여김을 받아야 하는 사람이라고 볼 수 있다.

그러니 억울한 일이 생겼다고 해서 삶을 포기하고 싶다는 극단적인 생각을 해서는 안 될 것이다. 진실은 꼭 드러난다. 진실은 꼭 승리한다. 신은 진실한 자의 편이다. 또한 세상 사람들도 진실한 사람의 편에 설 것이다. 힘과 용기를 가지고 진실을 규명하기 위해 애써라.

만일 어떤 사람이 억울하다면서 밥도 잘 안 먹고 비실거리며 하던 일을 팽개치고 일탈을 일삼고 살아간다면 그에게 누명을 씌우던 사람은 더욱 활개를 치면서 계속 자신의 악행을 이어나갈 것이다. 그것은 그 사람에게도 불행한 일이다. 악으로 대항하지 말고 선으로 대하라. 누명을 씌운 사람을 용서하는 것이 그대가 살 길이다. 억울하게 만든 그 사람을 이해하는 것이 그대가 살 길이다. 만일 그 사람을 용서하지 않고 저주하고 원망하면 더 괴롭고 더 슬플 뿐이다.

우리는 억울해도 살아가야 하는 사람들이다. 봄이면 연초록빛 새싹이 움트고, 여름이면 파란 바다가 손짓하고, 가을이면 뒹구는 갈색 낙엽이 운치를 더하고, 겨울이면 새하얀 첫눈이 우리를 반겨주는 이 아름다운 세상에서 누구보다 행복하게 살아가야 하는 우리이다. 억울하다고 해서 울고 상심해본들 아무 소용이 없다. 그런 때일수록 정신을 바짝 차리고 자신의 일을 해나가는 것이 살 길이다. 착한 사람에게는 반드시 악한 사람이 다가온다. 왜냐하면 착한 사람을 보면 악한 사람은 좋은 먹잇감을 발견한 것처럼 흥분하기 때문이다. 그러나 명심하라. 처음부터 악한 사람은 없다는 사실을. 우리를 아프게 하고 누명을 씌우는 사람도 본래는 착한 사람이었다. 그러므로 우리는 누명을 씌운 사람, 용서할 수 없는 사람, 억울하게 만든 사람을 마땅히 용서하고 불쌍히 여기는 자애로운 마음을 지녀야 한다. 악행을 일삼는 사람은 착한 마음을 상실한 가엾은 영혼이라고 생각하라. 그는 치료가 시급한 사람이기도 하다.

억울한 일을 당했는가? 밤에 잠이 오지 않고 분해서 치가 떨리는가? 그놈을 당장 붙잡아서 흠씬 두들겨 패주고 싶은가? 그렇게 하면 속이 시원할 것만 같은가? 아니다. 지금 그 마음은 그대의 마음이 아니다. 조심하라. 그대의 진심을 가장한 거짓된 자아가 그대를 홀리고 있다. 우리는 누구도 다른 사람을 혼내고 싶다거나 보복하고 싶다는 악한 마음을 품고 살지 않는다. 다만 거짓된 자아가 진심인 양 우리의 정신을 유린하고 있는 것뿐이다. 우리의 마음은 맑고 순수하고 착하다. 그래서 보복은 고통을 수반하는 것이다.

억울해도 용서하고 살아가라. 억울해도 울지 말고 살아가라. 억울해도 자신이 할 일을 묵묵히 해라. 억울하다고 사방에 떠벌리지 말고 입을 다물라. 억울한 일을 당해도 미친 듯 화내지 않고 자신의 일에 매진하는 사람이 얼마나 멋져 보이는지 아는가. 억울한 사람은 많다. 억울하게 피해 보는 일도 많다. 하지만 억울한 상황에서 깨달음을 얻는 사람은 드물다. 나는 억울한 일을 당하는 가혹한 상황에서 깨달음을 얻었다. 그것은 억울하다고 해서 내게 억울함을 유발한 상대방을 미워하고 원망해서는 안 된다는 것이다. 도리어 그의 정신적 미숙과 잘못된 품성을 불쌍히 여김으로써 나는 진정한 마음의 평화를 얻을 수 있었다.

오늘 밤, 잠자기 전에 억울한 일을 모두 털어내라. 그대의 억울한 마음은 이미 하늘에서 다 알고 있을 것이다. 또한 내가 그대의 억울함을 안다. 그대는 정정당당하다. 그대는 착하다. 그대는 정의롭다. 그대는 좋은 사람이다. 우주의 위대한 신이 그대의 억울함을 모두 알고 있다. 그러니 훌훌 털어내고 자신의 길을 가라. 억울해도 살아가는 것이다. 그것만이 억울함을 없애는 방법이다. 억울함, 섭섭함, 삶에 대한 회의, 그 모든 것들에게 말하라. 나는 더 이상 너희에게 휘둘리지 않겠노라고. 오늘 밤, 잠자기 전에 억울함으로부터 벗어나라. 그 비법은 내가 그랬던 것처럼 그대에게 상처 준 사람을 기꺼이 용서하는 데 있음을 기억하기를 바란다.

힘들어도 살아가라, 순수와 함께

기도하고 소망하라, 꿈이 이루어질 것이다

"신이시여, 내게 이토록 가혹한 인생을 주셨으니 나를 불행하지 않게 하여주시고 아프지 않게 하여 주시옵소서."

누군가 이렇게 기도한다면 그의 기도는 신에게 도달할 수 있을까? 물론 도달할 것이다. 하지만 그 내용은 신의 마음을 열기에 미흡하다. 우주에 존재하는 신은 우주를 창조한 궁극의 존재이다. 그 존재는 인간의 눈에 보이지 않고 실재하지 않는 것처럼 여겨지므로 많은 이들이 신을 부정하고 있는 세태이다. 그러나 지극히 과학적으로 생각해보더라도 신은 존재할 수밖에 없다. 과학적 사고란 무엇인가? 내가 생각하는 과학적 사고란 결과에는 반드시 원인이 있다는 것이다. 즉, 열매가 있다면 그 열매를 맺기 위한 농부의 수고와 자연의 섭리, 씨앗이라는 원천이 존재한다는 것이다. 그렇다면 인간이라는 위대한 생명체는 어떻게 설명할 것인가. 나는 신의 존재를 믿는다. 그렇지만 나는 특정 종교에 얽매이지 않는 사람이다. 나는 나의 신을 대우주의 위대한 신이라고 부른다. 하여튼 나는 신의 존재를 믿는 사람이다. 신이 없다면 인간은 애초에 탄생하지도 못했을 것이다. 신은 우주의 원천적인 뿌리요, 시작이다. 그러므로 그대 기도하라. 기도란 신에게 보내는 우리의 마음이다.

어렵게 생각하지 않아도 된다. 우리는 어느 곳에서나 신을 만날 수 있다. 언제 어디에서나 신에게 기도할 수 있다는 뜻이다. 인간은 한정적인 시간만 살아 있을 수 있다. 그런 한계점을 인식하지 않고 살아가는 사람의 인생은 참담할 것이다. 우리는 겸허한 마음으로 생명의 임계점을 인정하고 살아가야 한다. 그렇게 한다면 무엇보다도 삶의 순간순간을 허투루 보내는 어리석음을 범하지 않게 될 것이다. 그런 겸허한 마음은 결국 우리를 만든 신에게 향하는 기도를 갈구하게 된다.

기도하지 않으면 삶이 황폐화될 것이다. 기도할 대상이 없다면 영혼이 빈곤해질 것이다. 기도할 내용이 없다면 인생에서 아무것도 이룰 수 없을 것이다. 자신이 바라는 것이 있다면 기도해야 한다. 꿈이 있는 사람은 기도와 동행해야 한다. 기도한다는 것은 신을 만나는 일이기도 하고, 자신을 반성하고 우주의 지혜와 접속하는 소중한 의식이다. 신은 기도하는 인간에게 너그럽고, 모든 지혜를 허락할 것임을 기억하라. 그렇지만 자신의 처지를 비관하고 인생을 부정하는 내용의 기도는 차라리 하지 않음만 못하다. 가혹한 인생을 한탄하는 기도는 버려라. 불행하지 않게 해달라는 일방적인 요구는 버려라. 그러한 기도는 기도라기보다는 떼쓰기와 한탄에 가깝다.

기도하고 소망하면 꿈은 이루어진다. 그러나 올바른 기도를 하지 않는다면 헛된 기대에 불과하다. 그렇다면 올바른 기도, 신과 원활하게 소통할 수 있는 기도란 무엇인가? 내 경우를 이야기해볼까 한다. 나는 마음속으로 늘 감사한다. 기도는 마음의 깊은 곳으로부터 우러나오는 간절한 소망이다. 나도 예전에는 삶을 한탄하고 원망하는 내용의 기도를 했다. 너그럽고 인자한 신은 나의 기도를 들어주었고, 매번 내게 좋은 기회를 주었다. 하지만 삶을 비관적으로 해석하고 바라보는 나였기에 좋은 기회가 와도 그 기회를 살리지 못하고 여전히 불행한 사람의 무리에 속한 채 고통받았다. 그 당시에 내가 했던 기도는 진정한 기도가 아니었던 것이다. 진짜 기도란 신에게 감사하는 말이어야 한다. 기도에 감사가 빠진다면 그 기도는 무가치하다. 그리고 무의미하다. 그저 살아 있다는 것만으로도 우리는 신에게 감사해야 한다. 그것이 인간의 도리이다. 늘 감사하라.

감옥에 갇힌 자도 감사해야 한다. 시한부 인생을 선고받은 이도 감사해야 한다. 내일 지구가 멸망한다고 해도 감사해야 한다. 그대의 기도에 감사란 말을 가장 많이 넣어라. 감사로 시작해 감사로 끝나는 기도가 신이 원하는 기도이다. 신은 우리의 원천이다. 우리를 만들었고, 우리의 심장 깊은 곳에 늘 함께하는 가장 가깝고 살가운 존재이다. 우리가 낙심하고 힘들어하면 우리의 신도 함께 눈물을 흘린다. 우리가 외롭고 고독해하면 우리의 신도 함께 외로움을 공유한다. 우리의 신, 우리를 만들어준 창조주, 위대한 궁극의 존재에게 우리는 처음부터 마지막까지 감사해야 하는 것이다. 만일 그대가 지금 이 순간부터 감사함을 기도하고 삶을 살아간다면 고민거리가 모두 사라지는 기적이 일어날 것이다. 이것은 내가 경험한 일이기도 하다. 삶을 한탄하고 원망하는 기도만 하던 내가 감사하는 마음으로 기도를 하자 사는 게 한결 수월해졌다.

걱정거리도 고민거리도 감사의 기도를 하는 사람에게는 보잘것없는 것일 뿐임을 기억하라. 기도하는 사람은 감사해야 한다. 불청객이 찾아와 그대의 옷을 모두 벗겨가도 감사해야 한다. 죽음 앞에서도 감사하고 종말 앞에서도 감사해야 한다. 감사의 기도를 하고 간절히 소망하라. 그런 사람에게 신은 꿈을 이루게 해줄 것이다. 나는 지금껏 감사하는 사람이 무례하거나 절망하는 것을 본 적이 없다. 그만큼 감사의 기도란 살아가는 힘이 되는 까닭이다. 나는 오늘도 경건하게 우주의 위대한 신에게 이런 기도를 한다.

"이 세계를 창조하시고 운영하시는 대우주의 위대하신 신이시여, 오늘 하루를 저에게 허락해주셔서 감사합니다. 이토록 아름다운 세상을 보게 해주시고, 아침 햇살의 눈부심과 새들의 청아한 지저귐과 사랑하는 이의 미소를 바라볼 수 있는 시간을 갖게 해주심을 감사합니다. 우주의 지혜를 깨우치는 혜안을 주심을 감사하고 좋은 글을 쓸 수 있는 재능을 주심을 또한 감사합니다. 불행과 역경이 저를 불시에 찾아오더라도 예전처럼 좌절하지 않겠습니다. 행복은 굳건한 의지에 의해 완성해나가는 노력의 산물이란 걸 알고 있습니다. 그러한 깨달음을 주셔서 감사합니다. 저의 재능으로 많은 이들이 위로받고 치유될 수 있도록 최선을 다하겠습니다. 잦은 실패에도 쉽게 굴복하지 않는 의연함을 지니겠습니다. 아무도 알아주지 않는 숲 속의 이름 모를 풀꽃이 되어도 순수한 마음으로 작가로서 열정을 바치겠습니다. 그리고 항상 감사하면서 살아가겠습니다. 감사야말로 인간을 가장 빛나게 하고 행복하게 만드는 최고의 가치인 것을 믿습니다. 제가 숨을 거두는 마지막 순간까지 매사에 진심으로 감사할 줄 아는 사람으로 살아갈 수 있게 도와주시옵소서."

힘들어도 살아가라, 순수와 함께

가끔 하늘을 보고,
또 가끔 풀잎을 보라

조금만 한눈팔아도 뒤처지는 것 같은 세상에서 삶의 여유를 찾는 것은 어쩌면 요원한 일인지도 모른다. 출근하는 것조차 힘들 정도로 생활은 가혹하게 사람들을 옥죈다. 하루 종일 하늘은 고사하고 햇볕도 한 번 받지 못하고 살아가는 사람도 부지기수이다. 그래서 삶의 여유란 머나먼 나라의 이야기처럼 이질감이 느껴지기도 한다. 그러나 그렇게 살아가는 자신이 때로는 무척 가엾게 여겨지기도 한다. 도대체 왜 사는 걸까? 자신을 부단히 채찍질하고 쉴 틈도 없이 달려가서 도달하고 싶은 곳은 어디일까? 그것이 더 많은 돈과 성공의 길이라면 목적지에 도달하고서 후회하지 않을 수 있겠는가?

자신보다 더 소중한 것은 없는데 그 사실을 잊은 채 자신이 힘들다고 소리쳐도 자지 않고 허리띠를 졸라매면서 산다는 것은 인생에 대한 예의가 아니다. 그대보다 더 소중한 것은 그 어디에도 없다. 그대 자신의 소중함을 잊지 말아야 한다. 자신을 소중하게 여기고 존중한다면 가끔 하늘을 보고, 또 가끔 풀잎을 보는 여유를 지녀야 한다.

빗방울이 떨어지는 날에 하늘을 보면서 느끼는 감회와, 맑고 햇빛이 강렬한 날에 하늘을 바라보면서 느끼는 감동이 남다를 것이다. 하늘은 이처럼 한순간도 정지하지 않고 다양한 모습을 보여준다. 그것은 마치 고단하고 다사다난한 우리네 인생살이와 같다. 파란 하늘만 생각하다가 흐리고 음울한 하늘을 보면 자연이 우리에게 주는 교훈을 얻을 수 있을 것이다. 자연은 경고한다. 인생도 항상 맑고 행복할 수는 없다는 것을. 그런 교훈을 얻는 데에는 오직 그대 자신의 깊은 사색이 필요하다. 하늘을 보고 풀잎을 보며 자연의 경이로움을 실감하면서 인간은 비로소 겸허해진다.

나는 풀잎을 벨 때 나는 풀 냄새가 참 좋다. 보통의 풀잎에서는 맡을 수 없는 진한 풀잎의 향기가 후각뿐만 아니라 영혼의 혈까지 자극해오기 때문이다. 그것은 풀잎이 뿜어내는 처절한 피의 향기가 분명하다. 풀잎은 가장 고통스러울 때 가장 향기롭다. 인간도 마찬가지이다. 풀잎처럼 허리가 잘리고 온몸이 갈가리 찢길 만큼 고통스러울 때 가장 지혜로워진다. 그러므로 오늘의 고통을 외면하지 말라. 오늘의 슬픔을 부인하지 말라. 오늘의 외로움을 거부하지 말라. 인생의 슬픔이란 모두 부정에서 출발한다. 이별을 부인하고, 슬픔을 부인하고, 자신의 병을 부인하고, 자신의 환경을 부인하는 데서 슬픔과 절망이 싹트는 것이다.

그날의 기억이 잊히지를 않는다. 어머니가 갑작스럽게 하늘나라로 떠나시던 날, 나는 정말 미칠 것만 같았다. 그러나 겉으로는 그렇지 않은 척 연기했다. 하지만 나는 어머니가 홀로 살던 고향 집을 정리하던 날, 주저앉아 통곡하고 싶을 만큼 괴로웠다. 이별을 받아들이기가 힘들었던 것이다. 아버지와 일찍 헤어지고 어머니만 보면서 살아온 막내인 나는 유난히 어머니에 대한 의존도가 높았다. 지금도 어머니 생각만 하면 저절로 눈물이 나온다. 오늘도 어머니를 떠올리면서 눈물을 흘렸다. 어머니가 세상을 떠났다는 사실을 안 순간 나는, '내 인생에 행복한 시절은 이제 끝났구나.'라고 생각했다. 너무나 깊이 어머니를 사랑했기 때문이다. 모든 자식들이 그러하겠지만 부모를 잃은 심정이 오죽했겠는가. 나는 슬픔을 부인했기 때문에 더 괴로웠다.

그렇게 괴로울 때 나는 하늘을 바라보고 풀잎을 바라보았다. 오직 어머니를 잃은 슬픔에만 초점을 맞추던 일상을 바꾼 것이다. 자연을 바라보니 내게 치유의 손길을 뻗어주었다. 하늘을 바라보니 어머니가 환하게 웃고 있었다. 풀잎을 바라보니 초록빛 풀잎들이 상처 난 내 마음을 어루만지면서 위로해주었다. 사람에게서 받을 수 없는 위안을 자연에게서 받을 수 있음을 나는 알게 되었다. 어머니는 항상 자연과 함께했다. 나는 자연 속에서 태어났고 자연의 품에서 성장했다. 지금도 머릿속에는 고향의 산과 바다가 한눈에 펼쳐진다. 어머니는 자연을 거스르지 아니하고 자연의 흐름에 맞춰서 농사를 지으셨다. 자연은 어머니의 성실한 노력에 보상을 잊지 않았다.

그대가 지금 괴롭고 힘들다면 그 이유는 현실에 대한 부정일 것이다. 이별로 힘들다면 이별을 받아들여라. 환경이 버겁다면 환경을 인정하라. 우리는 저마다 고통을 짊어지고 살아간다. 누구나 태어나고 누구나 죽는다. 그러므로 죽음의 고통과 이별의 고통은 피할 수 없으며, 살아가는 동안 숱하게 벌어지는 사건, 사고로부터 자유로울 수 없다. 그 모든 인생의 문제들을 인정하면 마음이 평온해질 것이다. 고통은 이미 준비된 운명의 일부분이다. 하지만 아주 다행히 우주는 인간에게 자연이라는 치료제를 주었다. 자연의 힘이란 무엇일까. 바로 순수함의 힘이 아닐까. 우리는 거무튀튀한 아스팔트를 바라보면서 마음의 평화를 얻을 수 없다. 우리는 잘 지어진 콘크리트 빌딩을 바라보면서 마음의 안정을 얻을 수 없다. 우리는 가공되지 않은 자연을 바라볼 때 비로소 잔잔한 치유의 파동을 몸속 깊이 느낄 수 있다. 자연의 힘이란 순수의 힘이다.

나는 슬플 때 하늘을 본다. 나는 외롭고 괴로울 때 킁킁거리면서 풀잎의 향기를 맡는다. 언제 어디서나 그것들은 나를 반겨주고 위로해준다. 가식적이지 않은 순수한 모습으로 인생의 난해한 문제들에 지친 내 마음을 어루만져준다. 자연의 순수함으로 그대의 영혼을 치유하라. 피할 수 없는 고통을 부정하느라 더 고통스러워지지 말라. 인정할 것은 인정하고, 잊을 것은 잊어라. 자연의 흐름처럼 자연스럽게 살아가라.

2월 중순, 겨울이 떠나가는 길목에서 멀리 사뿐거리며 새봄이 오는 소리를 듣는다. 자연은 우리에게 겨울의 혹독한 추위 뒤에 따뜻한 봄을 선물한다. 또다시 겨울이 찾아올 것을 알지만 봄의 향기가 그리 나쁘지는 않다. 나는 살을 에는 칼바람과 함께 혹독한 겨울이 다시 찾아와도 과거처럼 웅크리지 않을 것이기 때문이다. 하늘이 내게 준 소명을 다하면서 밝고 씩씩하게 살아갈 것을 자신과 약속해본다.

사랑하는 이여, 그대의 인생이 괴롭고 힘들다면 오늘은 잊지 말고 하늘을 보고 풀잎을 보라. 거기에 반드시 마음을 안정시킬 마법의 약이 있을 것이다. 순수한 자연의 에너지가 지친 우리를 기다리고 있음을 기억하라.

힘들어도 살아가라, 순수와 함께

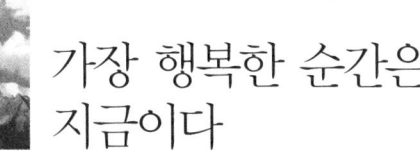

가장 행복한 순간은 지금이다

사람들은 왜 책을 읽는 걸까? 사람들은 왜 음악을 듣는 걸까? 사람들은 왜 친구를 만나고 사랑하는 사람을 만나고 싶어 하는 걸까? 사람들은 왜 꿈을 이루고 싶어 하는 걸까? 이런 질문들을 문득 해본다. 이 질문들에 대한 공통적인 대답으로 가장 적합한 것이 떠올랐다. 그것은 바로 행복이라는 낱말이다. 우리는 행복해지기 위해 살아가고 있다. 누구도 불행을 향해 달려가고 싶다고 말하지는 않는다. 책을 고르는 사람도, 음악을 듣는 사람도, 친구를 만나고 연인을 만나는 사람도, 꿈을 향해 노력하는 사람도 모두 행복을 희구하고 있다. 행복이란 인간이 지향하는 최상의 낙원쯤으로 여겨지기도 한다. 아프지 않고 행복하게 사는 것을 싫다고 할 사람은 없다. 그렇기 때문에 행복을 원하는 대중을 향해 끊임없이 행복 상품이 쏟아져 나온다. 행복하게 만들어준다는 책, 행복하게 해준다는 약, 행복하게 살 수 있다는 집 등등. 행복하려면 이것을 하고 저것을 하라는 다양한 지침이 쉴 새 없이 세상에 나오고 있다. 하지만 아는가. 우리의 행복은 지금 이 순간에 있음을.

그대의 행복은 지금 이 순간이다. 지금 이 책을 읽고 있는 이 순간이 가장 행복한 순간이다. 이 책을 덮고 그대가 식사를 한다면 식사하는 그 순간이 가장 행복한 순간이 되는 것이다. 그대가 식사를 마치고 텔레비전을 시청한다면 텔레비전을 보는 그 순간이 가장 행복한 순간임에 틀림없다. 행복은 순간의 예술이다. 순간의 미학이고 순간을 어떻게 활용하고 살아가느냐에 의해 결정된다. 그대가 행복해지고 싶다면 지금 이 순간 행복하다고 여기면 된다. 행복을 향해서 달려가지 말라. 행복한 내일이란 없다. 행복한 지금이 없다면 행복한 내일은 기약할 수 없는 것이다. 그대가 지금 이 순간 행복하다면 굳이 내일 행복해질 것을 염려하지 않아도 되기 때문이다.

나는 최근까지도 스스로 행복을 해치는 행동을 했다. 아무리 노력해도 부정적인 습관의 뿌리는 깊이 박혀 있다. 그래도 그것을 걷어내려는 노력을 거듭하면 언젠가는 그 뿌리가 말끔히 사라지게 될 것이다. 내가 최근에 한 어리석은 행동은 고민하는 일이다. 고민이란 참 달콤한 녀석이다. 마치 마약처럼 은근히 중독되게 만드는 묘한 매력이 있다. 하지만 하면 할수록 사람의 머리를 아프게 하고, 심장을 뛰게 하고, 기분을 망치게 만든다. 그래서 고민하다 보면 어느새 폭삭 늙은 자신의 얼굴을 발견하게 되는 것이다. 고민만큼 행복과 담쌓는 가장 빠르고 정확한 방법도 없을 것이다. 고민하지 말라. 고민하는 순간, 지금 이 순간에 누려야 할 행복이 저만치 달아나버릴 것이다.

현재의 가치를 존중하고 소중히 여겨라. '지금이야말로 내 인생 최고의 순간이다.'라고 생각하라. 지금 이 순간에 가장 위대한 인생의 지혜를 얻게 되고 가장 행복하고 즐거운 일이 벌어질 것이라고 생각하라. 그렇게 생각하면 그렇게 이루어진다. 그렇게 생각하지 않는다면 행복은 자꾸 내일로 연기될 뿐이다. 내일로 연기된 행복이란 결국 이루어지지 못할 허상이 되어버릴 것이다. 오늘, 지금 이 순간이 그대의 삶에서 가장 핵심적인 순간이라는 것을 잊지 말기를 바란다.

구질구질한 삶이라도 소중한 인생이다. 힘들고 벅찬 일상이라도 반드시 살아가야만 하는 인생이다. 산다는 것은 행복을 찾는 일이다. 행복은 가장 가까운 곳에 있는데 왜 먼 곳으로 시선을 돌려 그것을 찾는 것일까? 수많은 이들이 자신의 행복을 타인에게서 찾는다. 다른 사람이 자신에게 함부로 대하면 상처받고, 혹시라도 좀 잘해주면 행복해한다. 그러나 그것은 오해이다. 행복은 자기 자신의 태도에 달려 있다. 다른 존재들에게 행복을 구걸하지 말라. 또한 미래나 과거에서도 행복을 구하지 말라. 지금 현재의 그대에게 행복은 있다.

행복이란 한마디로 즐겁고 고민이 없는 것이다. 고민하지 말고 즐겁게 산다면 행복한 삶이 아니겠는가. 돈 때문에 고민하지 말라. 사람 때문에 골치 썩이지 말라. 실패 때문에 자신을 자책하지 말라. 그냥 즐겁게 살아라. 고민하지 않고 걱정하지 않으면 신기하게도 일이 저절로 해결된다. 고민하고 집착할수록 삶은 더 어려워지고, 행복은 메말라가며, 다크서클은 진해지고, 심장병은 슬며시 둥지를 튼다. 섬뜩한 일이지 않은가. 그만큼 고민하는 것은 해롭다. 전혀 쓸모없는 것이 고민이고 걱정이다. 그것들과 결별하라. 대신 즐겁게 웃으면서 살아라. 어떤 부정적인 사건이 발생해도 마음속으로 호탕하게 웃어라. 그러면 그대가 이길 것이다. 불행도 이기고 실패도 이기고 삶의 시름과 걱정, 고민도 모두 이기는 진정한 승자가 될 것이다. 지금 이 순간을 가장 즐겁게 산다면 그대의 인생은 황제보다 더 행복한 인생이 될 것이다.

힘들어도 살아가라, 순수와 함께

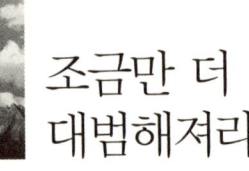

조금만 더
대범해져라

용기란 현 시대를 살아가는 우리에게 간절히 요구되는 덕목이다. 용기가 없을 때 인간은 한없이 나약해진다. 용기를 잃어버린 사람에게는 인생의 모든 일들이 최악의 상황이 된다. 용기란 그리 대단한 것이 아니다. 칼날 위를 걸어가거나 높은 곳에서 번지 점프를 하기 위해 내는 것을 용기의 전부라고 여기고 있지는 않았는가? 진짜 용기란 조금만 더 대범해지면 되는 것이다. 현재의 생활 태도가 1이라면 1.5 정도만 대범하게 살아가도 용기 있는 사람이다. 하나의 단계를 거칠 때마다 인간은 성숙해짐과 동시에 강인해진다.

그런데 1에서 8로 갑작스럽게 사회적 지위가 뛰어오르는 사람들도 있다. 예를 들어 복권에 당첨되어 하루아침에 벼락부자가 되거나, 자신의 능력이나 노력과는 상관없이 대중의 지지나 인기를 얻는 사람들이 있다. 그러나 모든 일에는 단계별로 얻어지는 지혜가 있다. 그대가 지금 -9여도 -8, -7, -6으로 서서히 걸어 올라간다면 8에 이르렀을 때, 단숨에 그 위치에 오른 운 좋은 사람들보다 훨씬 더 경험이 풍부하고 지혜로울 것이다. 그러므로 자신의 현재 위치가 지하에 머물러 있다고 해도 낙심하지 말기를 바란다.

나는 심장이 약한 편이다. 그렇다고 무슨 심장병이 걸린 것이 아니라 약간의 고소 공포증이 있어서 놀이 기구를 타는 것에도 두려움을 느끼는 것이다. 그리고 낯선 사람들 앞에 나서기를 두려워한다. 어찌 보면 매우 수줍은 편인 것도 같다. 그런 내가 두 번째 책을 내고 텔레비전에 출현했다면, 게다가 삼십 분 분량의 인터뷰를 했다면 믿어지는가. 방송 프로그램은 주요 부분만 남기고 모두 편집한다. 내가 삼십 분 분량의 인터뷰를 하기 위해서 세 시간 정도의 시간을 소요한 것을 시청자들은 몰랐을 것이다. 말하기보다는 글 쓰고 사색하는 것을 주로 하는 사람이 갑자기 그 긴 시간 동안 말을 했다는 것은 놀라운 일이 아닐 수 없다. 내가 그때 흘린 식은땀은 평생 흘린 식은땀에 가깝다고 해도 과장이 아니다. 그래도 나는 그 일을 해냈다. 정말 수줍어서 말 한마디 못 할 것 같았는데 조금 부족해도 인터뷰를 마쳤다. 나같이 수줍은 사람도 방송에 나가서 인터뷰를 할 수 있었던 것이다. 만약에 내가 미리 겁먹고 인터뷰에 응하지 않았다면, 나는 평생 방송에 출현하지 못한 사람이 되지 않았을까 싶다. 기적에 가까운 그 일을 가능하게 한 것은 용기, 즉 평소보다 조금 더 대범해지기 위해 노력한 것이다.

용기를 내었더니 그 일을 해낼 수 있었다. 조금만 더 대범해지자 불가능해 보이던 일이 가능한 것임을 알 수 있었다. 가끔 엉뚱한 동문서답을 하고 글을 쓸 때보다 훨씬 어눌한 말솜씨로 우스워보였지만, 그런 내가 나는 자랑스러웠다. 그 모습을 보고 누군가 손가락질한다고 해도 나 자신만큼은 나의 용기에 박수를 쳐줄 것이다. 스스로가 대견해 보였기 때문이다. 나 자신이 최선을 다하고 용기를 낸 점이 모든 부족함을 거뜬히 덮어줄 만큼 멋져 보였기 때문이다.

용기를 내자. 조금만 더 대범해지자. 우리가 불가능하게 여기던 것들은 사실상 불가능한 것이 아니라 용기가 없어 도전해 보지 못한 것들일 뿐이다. 우리가 가능하다고 여기고 그 일에 용감하게 덤벼들 때 하늘은 우리를 돕는다. 신은 우리의 그런 열정을 높이 사고, 우주는 그런 우리의 모습에 환호할 것이다. 대중은 그런 우리를 사랑해줄 것이다.

나는 책을 쓰는 작가이기도 하지만 책을 대단히 좋아하는 독자이기도 하다. 그래서 매일 인터넷 서점을 순례한다. 그래서 오늘은 어떤 책들이 새롭게 나왔는지, 오늘은 어떤 책이 베스트셀러에 올랐는지, 유심히 둘러본다. 그런데 요즘 베스트셀러의 가장 윗자리에는 화려한 경력, 한마디로 대단한 학력과 스펙을 지닌 사람들이 포진하고 있다. 저자 소개에는 그 사람의 학력에 관한 소개가 구십 퍼센트에 이르고, 평범한 사람들은 꿈도 꾸지 못할 것 같은 스펙이 나열되어 있다. 그것을 보면 헉 소리가 절로 나올 지경이다. 일류 대학교를 나오지 않았거나 엄청난 스펙이 없는 사람은 베스트셀러 5위 안에 명함도 못 내밀 것만 같다. 그리고 몇몇 출판사들은 슬프게도 스펙이 신통치 않은 작가의 글을 애초에 검토조차 하지 않는다. 그럼 나는 절망해야만 할까?

여기에서 한 가지 주목해볼 점이 있다. 지금 베스트셀러 1위를 고수하고 있는 책의 작가에 대해서 생각해본다. 지금 이 글을 쓰는 현재 모든 서점에서 1위를 차지하고 있는 작가는 자신의 신분을 전혀 노출하지 않은 사람이다. 그 사람이 어떤 학교를 나왔고, 얼마나 잘 살고, 인물이 어떠한지는 그다지 중요하지 않다. 독자들은 그의 외적인 것이 아닌, 그가 공들여 쓴 작품에 관심을 가진다. 그의 책은 출간 즉시 베스트셀러 1위에 올랐다. 그의 배경이나 출신 따위는 관심 밖이다. 오직 그의 작품이 그를 설명해줄 뿐이다. 나는 그를 보고 용기를 얻었다. 나는 절망할 필요가 없는 것이다. 내가 무슨 학교를 졸업했든 돈을 얼마나 가지고 있든 독자들에게는 중요한 사항이 아니다. 내가 눈이 부시게 예쁘든 징그럽게 못생겼든 백치 여인이든 손가락이 열세 개든 중요하지 않다. 오직 내가 어떤 책을 쓰느냐가 가장 중요한 것이다. 그러므로 나는 절망하거나 포기하지 않았다. 그래서 무모할 만큼 열심히 도전해서 책을 냈고 현재의 위치에 이르게 된 것이다.

나는 인생의 경험자로서 스펙과 재물 같은 외형적인 자산보다 중요한 것은 순수를 간직한 열정이고 용기라고 말하고 싶다. 대단한 스펙이 없어도 우리는 성공할 수 있다. 중학교를 다니다 그만두었든, 초등학교 문턱에도 못 가보았든, 대학원을 마쳤든, 그런 것은 그다지 중요하지 않다. 키가 작거나 왜소한 것도 그리 문제 될 일이 아니다. 집안이 찢어지게 가난하다고 주눅 들 필요도 없으며 부자라고 으쓱해할 필요도 없다. 기회 앞에 모든 이는 평등하다. 절대로 환경을 탓하며 좌절하지 말라. 특히 나이가 많다고 무기력해지지 말고 나이가 어리다고 망설이지도 말라. 성공에는 나이나 학력, 외모 등 외적 요인이 중요한 것이 아니라 자신이 그 일을 얼마나 간절히 원하고, 이루기 위해 노력하고, 용기를 내느냐가 가장 중요한 것이다. 꿈을 이루고 싶다면 눈물겨운 노력을 해야 한다. 성공하고 싶다면 주위에서 모두가 그만두라고 조소를 보내더라도 자신을 믿고 앞으로 나가야 한다.

가난한 어린 시절을 보냈던 나도 이렇게 용기를 내었다. 평소에 말수도 없고 화려한 언변을 소유하지도 않은 나였지만 이렇게 용기를 내었다. 자비 출판이 아니면 가능성이 없어 보이는 사람이 출판사에 당당하게 투고를 해서 책을 내고 있는 것이다. 게다가 저자로서 자신의 책을 소개하는 텔레비전 프로그램에 나가 긴 시간 동안 인터뷰까지 했다. 어떤 때는 하루 종일 말을 한마디도 하지 않던 사람이 말이다. 그대도 할 수 있다. 그대는 더 많은 일을 해낼 재능과 가능성이 있다. 자신의 잠재력을 믿어라. 자신을 믿어주고 용기를 내어라. 자신의 현재 위치가 중하위권이라고 해도 좌절할 필요는 없다. 그대의 현재 위치가 중상위권이라고 해도 자만하지 말라. 조금만 더 대범하게 자신이 하는 일에 노력과 순수한 열정을 쏟아부어라. 그렇다면 모든 이들이 존경하고 우러러보는 최고의 자리에 오를 것이다.

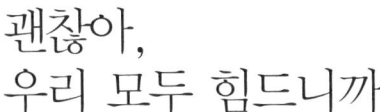

힘들어도 살아가라, 순수와 함께

괜찮아, 우리 모두 힘드니까

오늘 나는 역사적인 책의 마지막 장을 쓰려고 한다. 이 장을 수정하는 데 몇 달이 걸렸다. 내가 전하고자 하는 메시지가 가장 많이 응축된 장이기 때문이다. 읽고 수정하고 읽고 다시 수정하고 그러기를 몇백 번은 했을 것이다. 고요, 침묵, 경건함, 그리고 아득한 감동이 나를 휘감고 있다. 세상에 진리와 지혜, 삶의 희망을 전하라는 신의 뜻을 마침내 이룬 것일까. 아직은 가야 할 길이 먼 작가로서의 삶이다. 하지만 이 책이 내 인생의 전환점이 될 것임은 분명하다. 그러므로 지금 이 순간 나는 행복하다. 적막한 방 안에 홀로 앉아 이 원고를 써 온 시간들을 회상한다.

봄, 여름, 가을, 겨울을 지나는 시간 동안 미치도록 정열을 바친 원고. 과연 나의 진심이 독자들의 심금을 울릴 수 있을까? 모든 것은 운명에 맡긴다. 나는 최선을 다했으므로 행복할 뿐이다. 정말 간절한 염원을 품고 이 책을 썼다. 지금 이 글을 읽는 그대의 미래를 위해, 그대의 현재를 위해, 그대의 삶을 위해 정신없이 달려온 시간들.

"너도 많이 힘들구나. 너도 나처럼 아프구나. 그래도 힘내서 살아가자."

이 말은 이 시대를 살아가는 모든 이들에게 들려주고 싶은 말이다. 그리고 내 자신에게도 역시 들려주고 싶은 위로의 말이다. 또한 후세들에게도 보물처럼 남겨주고 싶은 말이다. 나는 이 말만큼 가슴에 와 닿는 응원의 문구를 접해본 적이 없다. 처음 이 제목을 생각하면서 가슴이 울컥했던 기억이 난다. 이 책을 쓰는 동안에도 몇 번이나 나는 이 제목을 보면서 용기를 얻었다. 글을 쓸 때면 모니터 아랫부분에 작은 글씨로 이 원고의 제목이 늘 보인다. 이 제목이 나를 응원해주었다.

'너도 많이 힘들구나. 힘들어도 살아가라. 힘들어도 글을 써라.'

이렇게 날 응원해주던 나의 책, 사랑한다. 작가가 자신이 쓰는 책 제목을 보면서 위로를 받는 일도 드문 일일 것이다. 이 제목은 신이 내게 선물한 말씀이라고 믿는다. 또한 이 땅에서 힘들게 살아가는 우리에게 선물한 최고의 문구라고 생각한다.

'힘들어도 살아가라. 힘들어도 걸어가라. 힘들어도 포기하지 말고 살아라.'

힘들어도 살아가야지, 이런 다짐을 하면 가슴 한구석이 그만 먹먹해진다. 심장이 가늘게 떨리고 눈가에 이슬이 맺히기도 한다. 힘들어도 살아가야만 하는 우리의 인생, 눈물겨워도 끝까지 걸어가야만 하는 우리의 삶에 누군가 따뜻한 목소리로 이렇게 말해준다면 불끈 용기가 나지 않을까.

"친구야, 너도 많이 힘들구나. 힘들어도 살아가라."

나는 그대에게 이런 친구 같은 존재가 되고 싶다. 이런 간절한 심정으로 이 책을 써왔다. 그리고 이제 그대와 작별의 인사를 할 시간이 되었다.

이별 앞에서 그대에게 솔직한 내 심정을 털어놓으려고 한다. 사실 나는 정말 힘들다. 글을 쓴다는 것, 누군가를 위로할 글을 쓴다는 것이 이렇게 힘든 일인 줄 예전엔 미처 몰랐을 정도로 힘들다. 나는 방금 전 어떻게 글을 쓸까 고심했다. '괜찮아, 우리 모두 힘드니까.' 이렇게 제목을 정해놓고 무슨 글을 써야 하나 곰곰이 생각했던 것이다. 그러다가 힘들다는 탄식을 나도 몰래 하고 말았다. 힘들어도 살아가라고 위로하는 사람도 역시 힘든 것은 마찬가지이다. 나는 거짓말을 하는 게 영 서툴다. 잘난 척, 있는 척, 힘들지 않은 척하기는 더 힘든 사람이다. 때로 나는 지나칠 정도로 솔직한 사람이다. 그래서 그대에게 진심을 말하고 싶다. 작가로서 글을 쓰는 일이 보람되고 행복하지만 한편으로는 꽤 힘든 것도 사실이다.

인간은 무슨 일을 하든 힘들지 않을 수 없다. 최선을 다하고 열정을 바치고 순수하게 몰입한다고 하더라도 힘든 것은 사실이다. 그러나 힘들다고 모두 중도에 일을 포기한다면 어떻게 될까? 선생님이 학생들을 가르치는 일이 힘들다고 모두 학교를 그만둔다면, 학생이 공부하기가 힘들다고 모두 학교를 자퇴한다면 곧바로 학교는 사라지고 말 것이다. 결국 사람들은 체계적으로 교육받을 기회조차 얻지 못하게 될 것이다. 상인이 까다로운 손님들을 상대하기가 힘들다고 마음대로 가게 문을 닫는다면 손님은 필요한 물건을 제때 살 수 없을 것이고, 환경미화원이 청소하기가 힘들다고 청소를 하지 않는다면 길거리는 온통 쓰레기 천지가 될 것이다. 또 의사가 날마다 아픈 환자들만 보는 것에 신물이 난다고 모두 그만두고 병원을 떠난다면 어떨까? 생각만 해도 아찔한 일이지 않은가.

아침에 텔레비전 프로그램을 우연히 보았다. 거기에 한 여배우가 나왔다. 그 여배우는 요즘 가장 인기 있는 드라마의 주인공이지만, 어색한 연기로 많은 시청자들의 질타를 받고 있는 배우이다. 나 역시 그 여배우의 연기에 대해 좋지 않게 생각했던 터라 그녀를 유심히 보았다. 그녀는 정말 연기할 때 어색하고 배우로서 약간 부족한 면이 있었지만, 밤새 한숨도 자지 못한 채 혹한의 추위를 견디면서 열심히 연기를 했다.

그 순간, 나는 이런 생각을 했다.

'저 여배우의 수고를 우리는 얼마나 알아주었을까?'

나는 그 배우의 열혈 팬도 아니고 안티 팬도 아니지만, 자신에게 주어진 일을 순수하게 노력하면서 해내는 모습에 그동안의 부정적인 평가를 다시 돌아보게 되었다. 그녀처럼 추위에도 아랑곳하지 않고 열심히 연기를 하는 사람이 있기에 우리가 편안하게 집에서 드라마를 시청할 수 있는 것 아닐까? 모두에게 만족을 주는 사람은 없다. 우리는 누군가를 비평하기 전에 그가 얼마나 순수한 마음으로 삶을 살아가고 있는지 알아주어야만 한다. 어떤 일을 하든 그 일에는 수고로움이 포함되어 있기 때문이다.

가만히 생각해보면 우리가 이렇게 편안한 삶을 누릴 수 있는 것은 여러 사람들이 힘들고 버거운 환경에도 굴하지 않고 할 일을 꿋꿋이 해주었기 때문임을 알 수 있다. 그러므로 힘들어도 살아가야 하는 이유는 우리 자신을 위해서뿐만 아니라 우리와 더불어 살아가는 전 인류를 위한 일이기도 하다. 그런 면에서 우리는 서로에게 무척 고마운 존재들이다. 그리고 소중한 사람들이다.

힘들다고 낙심하기 전에 자신이 가진 것을 돌아보라. 아무리 가진 것 없어 보이는 사람도 자신을 낳아준 부모가 있다. 생존해 있어도 혹은 이미 작고했더라도 자신의 부모를 생각하면 함부로 생을 낭비하지 않겠다는 생각이 들 것이다. 그대의 부모를 생각하고 힘을 내라. 또한 누구에게나 있는 것이 있다. 그것은 바로 자기 자신이다. 물질적으로 빈곤한 사람도 자기 자신은 존재한다. 정신적으로 유약한 사람도 분명히 자기 자신은 있다. 그대 자신을 생각하라. 이 세상에 유일무이한 존재이며 그 누구도 흉내 내지 못할 고유한 개성을 지닌 사람, 바로 그대 자신이다. 스스로에 대해 예의를 갖추어라. 자기 자신을 대우하라. 그러면 한결 삶이 만족스러워진다.

이제 어떻게 자신에 대한 예의를 갖추는지 말해볼까 한다.

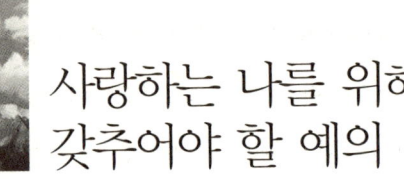

힘들어도 살아가라, 순수와 함께

사랑하는 나를 위해
갖추어야 할 예의

첫째, 몸을 청결하게 하라. 큰돈 들이지 않고 자신을 대우하는 손쉬운 방법이 바로 자신의 몸을 깨끗하게 하는 일이다. 손톱, 발톱도 정기적으로 깎고 수염도 깔끔하게 깎아라. 단정한 옷차림을 하고 목욕도 정기적으로 하고 외모에 관심을 가져라. 자신의 몸이 청결해지면 자신감이 생길 것이다. 아무리 지적으로 우수하고 훌륭한 사람이라도 지저분하고 더러운 몰골로는 자신의 능력을 온전하게 펼칠 수 없다.

둘째, 최대한 건강에 좋은 음식을 먹어라. 나는 자주 이런 말을 한다.

"먹는 게 바로 그 사람이 된다."

이 말은 진리이다. 건강에 좋은 음식을 먹는 사람과 건강에 유해한 음식을 먹는 사람은 분명히 다른 인생 행로를 걸어간다. 지금 그대는 자신에게 무슨 음식을 선물하는가? 최대한 건강에 좋은 음식을 먹기 위해서 노력하라. 병은 발병하기 전에 예방하는 것이 최선이다. 먹는 것은 바로 인간의 육체가 된다. 항상 음식을 섭취하는 일에 신경 써라. 지나치게 기름지고 달고 짜고 매운 음식은 피하라. 그 대신 신선하고 자극적이지 않으며 영양소가 풍부한 음식을 먹어라. 그대가 오늘 먹는 음식은 그대의 건강을 결정지을 것이다.

셋째, 정신적으로 성장하라. 이 말은 많은 것을 의미한다. 정신적으로 성장한다는 것은 우선 자신의 부족함을 인지하는 일부터 시작된다. 인간은 언제나 미완의 존재이다. 이 말은 내가 자주 하는 말이다. 그러므로 우리는 늘 배워야 한다. 겸손한 자세로 자신의 잘못을 인정하고 어떻게 하면 더 나은 인간이 될 수 있는가에 대해서 고심해야 한다. 양서를 읽고 좋은 사람들을 만나고 사색하고 경험하면서 인간은 정신적으로 성장해야 한다. 분노를 다스린다는 것도 자신의 정신을 성장시키는 일환이다. 나는 지금까지도 분노를 다스리는 일에 서툴다. 하지만 많은 연습을 통해 이전보다 훨씬 온화한 사람이 되었다. 이것은 모두 정신이 성장한 결과라고 말할 수 있다.

마지막으로, 세상의 모든 것들을 긍정적으로 보는 것이다. 자, 생각해 보자. 살면서 힘들 때가 언제인가? 우선 가장 많이 거론되는 것은 돈이다. 돈, 돈, 돈. 누군가는 너무 많아서 주체를 못하지만, 그보다 훨씬 많은 사람들은 그것이 부족해서 매일 힘겹게 살아간다. 돈이 부족하다는 것은 우리 입에서 '아, 살기 힘들구나.' 하는 탄식이 나오는 구실이 될 수 있다. 하지만 돈이 우리를 힘들게 하는 것은 아니다. 세상 모든 일이 그러하듯이 우리를 힘들게 하는 것은 특정한 인물이나 사건이 아니라 우리의 왜곡된 생각이다. 우리가 지금 이 순간부터 세상의 모든 것들을 긍정적으로 볼 수만 있다면 다시는 힘들다는 탄식을 하지 않을 것이다.

괜찮다! 우리는 모두 힘들다. 하지만 힘들어도 살아갈 수 있다. 바로 세상의 모든 것들을 긍정적으로 해석하기만 하면 된다. 이것이 자신을 지키는 최고의 비법이라고 나는 단언할 수 있다. 내가 지금까지 살아오면서 배운 최고의 지혜 중 하나가 이것이다. 세상의 모든 것들과 세상이 내게 주는 모든 일들을 긍정적으로 받아들이는 것이다. 불행을 만드는 것은 자기 자신이다. 무슨 말인가 하면, 불행한 인생은 결국 자기 자신이 만드는 것이라는 사실이다. 불행한 상황도 우리가 어떻게 생각하느냐에 따라 행복한 상황으로 극적으로 바뀔 수 있다는 사실을 명심하라. 우리는 혼자가 아니다. 누구에게나 부모가 있고 자기 자신이 있듯이, 또한 누구에게나 '우리'라는 친구가 있다. 우리는 나를 포함한 다른 사람을 지칭한다. 우리는 나이기도 하고 너이기도 하다. 인간은 우리로부터 위로 받을 수 있다. 서로를 사랑하고 이해하고 용서하면서 살아가자. 이것은 전적으로 순수한 마음에서 비롯될 수 있다. 그러므로 그대 순수하라.

힘들어도 다른 사람이나 상황을 탓하지 말고 살아가라. 그런 자세가 바로 순수한 사람의 자세이다. 눈물 나게 괴로워도 자신 이외의 다른 것들에 비겁하게 원인을 돌리지 말라. 순수하게 자신의 부족함을 인정하라. 순수하게 자신의 잘못을 시인하라. 그리고 그것을 발판 삼아 더 단단해지고 강해져라.

이 상황의 모든 책임자는 자기 자신이라는 것을 스스로에게 명백하게 공표하라. 그래서 어떤 가혹한 상황 앞에서도 침착하고 단호하게 자신을 조절하기를 바란다. 거센 폭풍이 몰아쳐도 위대한 선장은 마음이 쉽사리 동요되지 않는다. 우리는 인생이라는 배의 유일한 선장이다. 자, 함께 맹세하자. 우리는 역경의 폭풍이 몰아치고, 공포의 소용돌이가 인생이란 배를 흔들고, 불행이라는 기류가 목숨을 위협해도 자신을 믿고 희망을 잃지 않으면서 끝까지 힘차게 전진해나갈 것이다.

힘들어도 살아가라, 외로워도 살아가라, 눈물 나도 살아가라, 괴로워도 살아가라! 인생의 주체는 어쨌거나 우리 자신이다. 잘났든 못났든 자신이 이 세상에서 가장 아름답고 위대한 존재임을 인정하라. 순수한 마음으로 모든 것들을 너그럽게 이해하고 차별 없이 사랑하면서 살아간다면 역경을 이겨내고 꿈을 이루며 진정한 행복을 누릴 수 있을 것이다.

사랑하는 그대, 아무리 힘들어도 좌절하지 말고 즐겁고 씩씩하게 살아가기를 마지막으로 부탁한다. 밥도 많이 먹고 더 많이 웃어라. 나는 그대를 믿는다. 어떤 일이 벌어진다고 해도 흔들리지 않고 자신을 굳건히 지키면서 행복한 인생의 주인공이 될 것을. 삶이 힘들어도 포기하지 않고 끝까지 의연하게 살아갈 것을 믿는다.

너도 많이 힘들구나

1판 1쇄 발행 2013년 2월 20일
지은이 백정미
기획편집 조윤지 **외주편집** 김경미 **디자인** 최영진

펴낸곳 책비 **펴낸이** 조윤지 **등록번호** 215-92-69299
주 소 경기도 성남시 분당구 야탑동 시그마3 918호
전 화 031-707-3536 **팩 스** 031-708-3577
블로그 blog.naver.com/readerb

'책비' 페이스북
www.facebook.com/TheReaderPress

Copyright ⓒ 2013 백정미
ISBN 978-89-97263-42-4

책값은 뒤표지에 있습니다. 잘못된 책은 구입처에서 교환해 드립니다.

책비(TheReaderPress)는 여러분의 기발한 아이디어와 양질의 원고를 설레는 마음으로 기다립니다. 출간을 원하는 원고의 구체적인 기획안과 연락처를 기재해 투고해 주세요. 다양한 아이디어와 실력을 갖춘 필자와 기획자 여러분에게 책비의 문은 언제나 열려 있습니다.
이메일 readerb@naver.com